JN418444

심리학 · 재무금융학 · 경제학 · 회계학의 새로운 만남

소비와 투자의 경제심리학

최 영 곤 저

도서출판 두남

머 리 말

이 책은 심리학 · 소비자행동론 · 경제학 · 재무학 · 회계학 등이 서로 연계된 학제적 학문영역에 속하며, **전통적인 재무학 · 투자론 · 경제이론으로 설명되지 않는 소비자 및 투자자의 경제적 판단과 선택행동을 다루고 있다.** 우리가 불확실한 상황에서 일어나는 여러 문제에 대처하려면 특정분야의 전문지식뿐 아니라, 학문간의 협업 즉 학제적인 지식도 필요하다. 우리가 사회구성원으로서 마주치는 커다란 규모의 문제들은 여러 학문분야에 두루 걸쳐 있는 격자세공 위에 놓고 볼 때에만 해결될 수 있다고 한다. 대학에서 복수전공제도는 이미 일반화되었고, 미국 웨슬리 대학 등 일부 대학에서는 심지어 4개 학문 동시전공 제도가 운영되는 등 오늘날은 다중분야의 지식이 강조되는 시대이다. 사람들이 실제로 투자 · 저축 · 소비행위를 어떻게 결정하며, 자신들이 행한 경제적 선택 · 결정의 결과를 어떻게 평가하는가? 본서는 이러한 질문에 대하여 행동주의에 기반을 둔 재무학 및 경제학의 관점에서 설명하고 있다.

이 책은 인간의 경제적 선택행위를 행태주의 재무학behavioral finance, **행동경제학**behavioral economics **및 멘탈회계**mental accounting**의 시각에서 접근하고 있다.** 복잡한 금융시장을 이해하는 방법론으로 '인간의 행동에 기반을 둔 재무학'을 제시, 2002년 노벨경제학상을 수상한 버논 스미스 교수는"일반투자자는 물론 전문투자자조차도 주식의 가치를 평가할 때 합리적이고 이성적인 기준에 따르기보다는 개인적이고 때로는 비현실적인 지식과 경험에 다라 행동한다. 따라서 주식시장에서 남들보다 높은 수익을 얻기 위해서는 군중심리와 같은 비이성적인 심리와 행동양태를 예측할 필요가 있다."고 주장했다. 학자들의 연구에 의하면, 투자뿐만 아니라 사람들이 저축이나 소비를 결정할 때도 전통 경제학의 합리적 선택모델에서 한참 벗어난 여러 가지 비합리적 모습을 보인다고 한다. 투자 · 소비 · 저축에 대한 의사결정시 나타나는 여러 가지 비합리적인 선택 · 판단착오의 현상과 원인에 대한 이해를 통하여, 우리는 선택 및 의사결정의 질을 높일 수 있다.

이 책은 인간의 경제적 판단과 선택의 본질을 손실회피성향, 심리계정, 자기과신, 휴리스틱(주먹구구식 간편법)으로 인한 편향, 프레이밍(문제의 틀 짜기) 효과 등의 개념으로 분석하고 있다. 투자 · 저축 · 소비에 대한 결정을 내릴 때, 무엇이 우리를 움직이게 하는가? 예를 들어 주식시장의 주가는 총체적인 정보에 의해서 뿐만 아니라 투자자들이 각자 입수한 정보를 어떻게 처리 · 평가하느냐에 의해서도 결정된다. 훌륭한 경제적 의사결정을 위해서는 문제를 두 단계로 나누어 점검할 필요가 있다. 입수한 정보의 정확성과 합리성에 대한 검사와 심리적 실수 즉 오판의 심리에 관한 징후를 확인하는 두 가지 과정을 거쳐야 한다.

형식이 내용을 결정한다는 주장이 있다. 즉 내용에는 변화가 없더라도 문제의 제시방식이 바뀌면 사람의 선택행위가 달라질 수가 있다는 것이다. 우리는 알 수 없는 이유로 훌륭한 결정을 내리기도 하고,

전혀 터무니없는 이유로 바보 같은 결정을 내리기도 한다. 여기서 행태주의재무학과 경제심리학의 연구 성과가 시사하는 메시지가 있다. 성공적인 투자·저축·소비를 하려면 우선 우리 자신이 저지른 비합리적인 행동부터 이해해야 한다는 것이다. 경제적 행위에 대한 이해를 높이기 위하여 본서에는 주식시장의 투자자 행동, 개인의 저축 소비행위, 경마장 관중의 행태, 부동산 매도인의 심리, 노사협상에서의 프레이밍전략, 신용카드업과 사진현상 업종의 영업전략, 국가간 미사일 감축협상, 여행상품, 회원권제도, 숫자-한 개-뽑기 게임, 스넥과자 고르기, 선물의 선택 등의 사례가 소개되고 있다.

이 책은 멘탈회계 mental accounting를 프로스펙트이론에 의거 설명하고 있다. 멘탈회계는 정신회계, 마음속의 회계, 혹은 일종의 심리회계라고 할 수 있다. 기업의 회계장부처럼, 우리들의 마음속에도 일종의 장부 또는 돈의 주머니가 있다. 장부 속에는 여러 계좌가 있으며, 주머니는 일종의 계좌이다. 돈을 여러 다른 계좌(계정 account)에 넣어두고, 돈의 사용도 각 계좌별로 행한다. 각각의 결정과 행동 및 결과는 각 계좌별로 처리 저장된다. 각 계좌에는 한 가지 결정과 관련된 비용과 효익이 기입된다. 예를 들어 상품을 구입하고 지출하는 금액은 비용이며, 상품의 소비로 인한 만족이 효익이다. 비용과 효익에 대한 평가도 마음속에서 이루지는 것이다 일단 결과가 심리계좌에 할당되면 그것을 나른 방식으로 생각하기는 어렵다. 인간의 경제적 선택행위choice에 대한 심리를 보다 잘 파악하려면 멘탈회계와 휴리스틱에 대한 학문적 연구가 필요하다. 일반적으로, 심리회계의 규칙들은 중립적이 아니므로 인간의 판단과 선택에 영향을 미친다. 그러므로 멘탈회계의 프로세스에 대한 지식은 경제적 선택행위 등에 대한 우리들의 이해를 돕는다.

이 책의 구성은 다음과 같다.

제Ⅰ부(인지행위적 선택이론의 전개)는 경제심리학 개요와 멘탈회계의 체계를 제시한 제1장과, 제1장의 멘탈회계에 대한 이해를 도와주는 제2장(회계의 기초개념), 인간의 행동양식에 대한 이론적 배경을 다룬 제3장의 프로스펙트이론 및 제4장의 휴리스틱 등 4개장으로 구성된다. 제4장은 휴리스틱과 판단착오, 프레이밍에 대한 기초개념과 사례들을 제시하고 있다. 제Ⅰ부의 목적은 경제심리학·행태주의재무학 관점에서 인간의 경제적 판단과 선택행동을 설명할 수 있는 중요 개념과 이론적 배경을 제시하는데 있다.

제Ⅱ부(선택이론의 응용)는 4개장으로 구성된다. 제5장은 경제현장에서 일어나는 실제 사례를 프로스펙트이론의 시각에서 설명하고 있다. 제6장은 기회비용 ·매몰비용· 현금지출비용 등 비용에 대한 소비자의 인식과 판단심리를 예시설명하고 있다. 제7장 (행동재무와 심리)은 행태주의에 기반을 둔 재무학을 세 가지(휴리스틱, 프레임효과, 주식시장의 비효율성) 주제로 나누어 설명한다. 제8장은 행동회계학의 관점에서 사람들이 문제해결과정에서 저지르기 쉬운 오류 중 기능적 고착 현상을 다루고 있다.

제Ⅲ부(갈등해결과 결론)는 2개장으로 구성된다. 제9장은 계약 혹은 협상에서 일어나는 갈등현상의 원인과 해결방안을 세 가지 인지적 관점으로 접근하고 있다. 즉 손실회피심리·낙관적 과신·확실성 효과 개념을 이용하여 경제뿐만 아니라 정치 사회 국제 관계 등 보다 넓은 분야의 갈등해결 문제를 다루고 있다. 제10장은 앞의 논의를 토대로 휴리스틱, 심리계정, 프레이밍, 자기통제, 손실회피 ,멘탈회계 등 중요개념을 합리성의 관점에서 종합요약하고 있다. 비전문가뿐만 아니라 전문가들도 재무 의사결정에서 실수를 범한다. 결론부분에서 본서는 투자 저축 소비의 경제활동에 수반된 심리적 편견들을 극복하고 보다 합리적인 선택을 위한 함의 및 방안을 제안하고 있다. '인간이 어떻게 행동하는가' 에 대한 지식은 개인에게는 보다 합리적인 경제행위를, 그리고 정부당국에게는 정책집행의 효율성을 높이는데 기여할 수 있을 것이다.

이 책은 많은 분들의 연구노력과 관심과 지원의 산물이다. 특히 고마운 분들은 다음과 같다.

먼저 1980년대 초부터 Kahneman & Tversky 교수의 prospect theroy 등을 통해 지자를 이 분야 연구로 이끌어주신 김준석 연세대 경영대학원 원장님, 그리고 오랫동안 행동경제학 · 행태주의 재무 및 금융분야 연구를 집요하게 계속해 온 Kahneman & Tversky, Hersh Shefrin, Slovic, Statman, Colin F. Camerer, De Bondt, Thaler 교수님의 교육 및 연구성과가 본서의 출간을 가능케 하였다. 선도적인 대가들의 연구성과를 소개하는 과정에서 잘못 표현되거나 미비한 부분은 독자 여러분의 너그러운 이해 속에서 추후 보완될 수 있을 것이다.

끝으로 본서의 출간 제의를 흔쾌히 수락해주신 전두표 사장님께 심심한 사의를 표하며, 편집부의 강원모 실장님을 비롯한 모든 분들의 열정과 도움에 깊은 감사를 드립니다.

2006년 6월

최 영 근

요약목차

제Ⅰ부 인지행위적 선택이론의 전개

제Ⅱ부 선택이론의 응용

제Ⅲ부 갈등해결과 결론

목 차

제Ⅰ부 인지행위적 선택이론의 전개

제Ⅲ부 갈등해결과 결론

제 I 부

인지행위적 선택이론의 전개

제1장 경제심리학과 멘탈회계

1. 경제심리학의 개요

전통경제학의 가정

인간의 욕망은 무한한데 그것을 충족시켜 주는 경제적 자원은 제한되어 있기 때문에 우리는 선택chioce과 결정decision making의 문제에 직면하게 된다. 전통경제학에서는 모든 경제주체가 합리적이라는 기본가정을 채택하고 있다. 전통경제학자들은 항상 자신에게 이익이 되는self-interest 합리적 선택을 하는 인간관(호모 이코노미쿠스 : homo economicus)을 가정한다. 합리성rationality은 경제학에서 추구하는 올바른 선택의 전제조건이다. 합리적인 선택은 어떤 행위로 인하여 얻을 수 있는 효익(이득)과 그에 관련된 비용의 정확한 파악 및 비용-효익에 대한 비교분석의 과정을 필요로 한다.

전통 미시경제학이 의존하는 개인행동에 대한 가정(예, 효용극대화 원칙)들이 과연 실제 개인들의 행동을 제대로 나타내주는가? 이에 대한 해답을 구하기 위해 행동경제학자(또는 경제심리학자)들은 실험실 실험 방식으로 연구를 진행해왔다. 경제학에 심리학적 이론과 연구방법을 접목한 경제심리학은 — 가망 없는 주식을 지나치게 오래 움켜지고 있는 현상, 공짜로 생긴 돈을 함부로 쓰는 행태, 미래보다는 당장의 만족을 우선하는 심리 등 — 돈 앞에서 바보가 되는 인간의 모습과 비합리적인 투자소비저축 행태를 잘 설명하고 있다. 본서에서 경제심리학은 행동경제학behavioral economics과 유사용어로 사용된다.

경제심리학적 관점에서 전통경제학의 가정(예, 인간의 합리성)들을 수정하거나 완화하여 심리적 리얼리즘을 크게 증가시키는 방향의 연구들이 있다. 계산능력, 자제력 및 이기심에 대한 인간의 한계를 단순히 인정하는 가정이 설정되기도 한다. 이러한 가정은 '절차적 합리성'을 지닌 것으로 간주될 수 있다. 왜냐하면 최신 컴퓨터 알고리즘으로도 정확히 풀기 어려운 복잡한 문제를 풀기 위하여 인간은 종종 기능적인 휴리스틱(heuristic:주먹구구식 방법)을 적용하기 때문이다.

경제심리학의 부상

심리학적 기반 위에 경제분석을 함으로써 경제현상을 보다 현실감 있게 설명·예측할 수 있다는 경제심리학적 견해가 최근 주목받고 있다. 약 25년 전까지만 해도 행동경제학은 하나의 분야로서 존재하지 못했다. 대부분의 경제학자들은 경제학에 심리학의 식견내지 통찰력을 끌어들이는 데 매우 회의적이거나 심지어 적대적이었다. 2002년 심리학자인 프린스턴 대학의 카네만 교수가 노벨 경제학상을 받으면서 경제심리학이 주목을 받기 시작했다. 2003년 6월에는 미국연방준비제도이사회 FRB 산하 12개 지역연방은행 중 하나인 보스턴 연방은행이 '인간은 어떻게 행동하는가-경제학과 정책에 주는 시사점'을 주제로 연례 컨퍼런스를 가졌다. 그동안 주류 경제학자들 사이에서 이단으로 통할 만큼 관심을 끌지 못했던 행동경제학이 FRB의 토론주제로 선정된 것은 놀라운 사건이다. 오늘날 행동경제학은 사실상 경제학 분야의 주류에 진입하기 시작했다.

경제심리학은 전통경제학에 비하여 보다 현실감 높은 심리적 토대를 제공해줌으로써 경제학의 설명력을 증대시키고 있다. 그렇지만 한편으로는, 행동경제학의 부상(浮上) 및 실험경제학의 성과들로 인하여 합리적 선택이론과 경제심리학적 사고(思考) 사이에 충돌이 야기되기도 했다. 경제심리학자의 입장은 합리적 선택이론의 아이디어로는 인간의 정서나 감정, 생물학적 특질 및 태도의 몽타주를 적절하게 설명하지 못한다는 것이다. 경제심리학적 사고는 재무·금융·법·회계 등 여러 사회과학 분야의 현상을 설명할 수 있다.

경제심리이론의 평가기준

경제이론의 유효성에 대한 판단기준에는 몇 가지가 있겠지만, 로스티글러는 현실을 얼마나 잘 나타내는가(리얼리티), 일반화 가능성이 높은가(일반성) 및 다루기 쉬운가(유순성)등 세 가지 기준을 제시한 바 있다. 손실회피개념을 예로 들어 경제심리학 이론이 리얼리티, 일반성 및 유순성을 갖추고 있는지를 살펴보자. 어떤 판단기준점 reference point에 미치지 못하는 손실금액을 회피하려는 강한 욕구와 판단기준점을 넘어서는 동일 크기의 이득에 대한 보다 약한 욕구사이에는 차이가 있다. 그러한 차이나 불일치를 손실회피라고 한다. 손실회피는 부wealth에 대한 전통적인 연속형태의, 오목형 효용함수에 비하여 리얼리티가 더 높다는 사실이 많은 실험에서 입증되었다. 손실회피는 전통이론의 예측이 빗나갈 만한 곳을 식별해내는 데 유용한 것으로 나타났다. 손실회피개념은 가격탄력성의 비대칭성 및 재무분야에서 지분프리미엄 퍼즐현상(제5장 참조)을 설명할 수 있다. 판단기준점(예;제로)을 중심으로 이득의 한계효용에 대한 손실의 한계비효용의 비율로 손실회피의 파라미터 값을 구할 수 있다. 전통 모델은 손실회피계수가 1이 되는 특수 케이스에 해당된다. 손실회피 개념이 항상 간단하고 다루기 쉬운 것은 아니지만, 몇몇 연구에서 — 프로스펙트이론과 자산가격을 연구한 바베리스(2001) 등 — 손실회피는 유순성이 있는 것으로 입증되었다.

인간의 뇌를 일종의 정보처리 도구로 보는 관점이 1960년대 초 무렵의 인지심리학을 지배하였다. 이러한 관점은 자극-반응기재로 본 행동주의자들의 뇌에 대한 시각을 바꾸게 했다. 정보처리자라는 은유적 개념은 그간 등한시되었던 기억, 문제해결 및 의사결정 같은 토픽 연구에 신선한 활력소 역할을 했다. 이 새로운 토픽들은 행동주의적 개념의 경우에 비하여 효용극대화라는 신고전적 개념과 연관성이 분명 더 높았다. 워드 에드워드, 던칸 루스, 아모스 트베르스키 및 다니엘 카네만 같은 심리학자들은 자신들의 심리모델을 대조적으로 나타내기 위하여, 경제모델을 일종의 벤치마크로 사용하기 시작했다. 아마도 결정적 영향을 미친 두 가지는 트베르스키과 카네만 교수의 연구성과물이었다.

경제심리학의 역사

트베르스키와 카네만 교수는 경제심리 및 재무 분야에 심대한 영향을 미친 두 개의 논문을 발표했다. 1974년 사이언스Science 학술지에 게재된 그들의 논문은 인간은 '주먹구구식 방법' heuristics을 이용하여 판단과 선택행위를 하므로 통계법칙으로부터 벗어난 확률적 판단을 하게 된다고 주장하였다. 인간의 판단과 선택에 관한 심리학적 연구에 몰두한 이들은 인간의 합리성에 기초를 둔 경제학의 효용이론이 실제 현실에서는 소비자 등의 경제행동을 잘 설명하지 못한다고 하면서, 인간의 선택이나 판단이 오히려 주먹구구식 방법에 의해 더 잘 설명된다고 주장하였다.

1979년 이코노매트리카Econometrica 학술지에 발표된 "프로스펙트이론: 위험하의 의사결정" 논문을 통해, 이들은 기대효용이론에 위배되는 사례를 제시하면서 심리학적 원리에 기반을 둔 새로운 이론을 제안했다. 이들의 프로스펙트이론은 그간 이코노매트리카 학술지에 발표된 수많은 논문들 중 가장 많이 인용되는 논문의 하나가 되고 있다.

그 후 1986년에 개최된 시카고 대학의 컨퍼런스는 이정표가 된 사건이었다. 의례직으로 폭넓은 영역의 사회과학자들이 다양한 논문을 발표하였다. 10년 뒤 1997년 학술지, Quarterly Journal of Economics는 경제심리학 논문의 특별 호를 발행했다.

연구방법

경제심리학 또는 행동경제학의 연구방법은 경제학의 다른 분야에서와 비슷하다. 초기에, 행동경제학은 주로 실험실 실험방법으로 수집된 증거에 의존하였다. 보다 최근의 경향을 보면, 필드자료를 이용하거나 현장실험방법, 컴퓨터 시뮬레이션, 및 심지어 뇌파 스켄(예, 어떤 제품에 대한 소비자의 반응을 MRI로 조사)방법을 활용한 논문들도 발표되고 있다.

행동경제학은 심리학의 여러 분야들 중 행동적 의사결정 연구 분야에 주로 의존해왔다. 이 분야 연구는 대체로 **판단과 선택**의 두 가지로 분류할 수 있다. 판단에 관한 연구는 사람들이 확률을 추정할 때 이용하는 프로세스를 다룬다. 선택에 관한 연구는 사람들이 내린 모든 관련된 판단을 고려하여, 여러 대안들 중 하나를 선택하는데 이용하는 프로세스를 다룬다. 이들 두 가지 토픽의 배경을 확률적 판단과 선호라는 제목으로 살펴보기로 한다.

확률적 판단

어떤 사건의 발생가능성에 대하여 판단하는 일은 인간 경제생활의 중심을 이루고 있다. 경기하강기에 당신은 일자리를 잃게 될 것인가? 한국은행이 금리를 인상할 것인가? 신한은행과 조흥은행의 합병이 이익을 증가시킬 것인가? 제주도 휴가 중 비가 올 것인가? 이러한 질문들에 대한 응답은 발생가능성에 대한 어떤 평가과정을 통하여 나온다.

경제학에서 확률판단probability judgment을 모델화하는데 사용되는 표준원칙은 통계적 샘플링, 및 새로운 증거에 따라 확률을 수정하는 베이즈정리Bayes's rule이다. 베이즈정리는 조건부확률을 계산하는 공식이다. 베이즈 정리는 인지적인 관점에서 볼 때 다음과 같은 비현실적인 몇 가지 특성을 내포하고 있기 때문에, 이에 따라 인간이 판단을 한다는 가정은 서술적으로 옳지 않을 가능성이 있다.

첫째, 베이즈정리에 따라 확률을 수정하려면 사전확률 정보가 필요하다.

둘째, 사전에 판단한 확률(사전확률)과 새로운 자료나 정보에 대한 평가(사후확률)를 서로 분리해야 하다. 그러나 인간의 많은 인지적 매카니즘은 관찰된 것을 여과 혹은 해석하기 위하여 종전의 정보를 이용한다. 이는 분리원칙으로부터 벗어나는 현상이다. 도로변에 설치된 소화전 같은-익숙한 곳에서 어떤 사물을 보는 사람은 커피숍 계산대 같은 -예상치 못한 곳에서 소화전을 보는 사람에 비하여 그 사물을 보다 정확하게 지각한다.

셋째, 주관적 기대효용이론은 여건적 상태에 대한 확률판단과 그러한 상태로부터 나올 효용의 분리를 가정한다. 이 분리원칙은 희망사항 wishful thinking 이나 이기주의적 동기유발로 인하여 지켜지지 않는다. 간절한 소망을 가진 사람이 있다고 해보자. 소망이 목표달성의 모티베이션의 요소로 작용하면 그만큼 열심히 노력하게 되고, 결국 소망 그대로 성취되는 경우가 많다. 그러나 희망사항과 실현가능성이 전혀 별개의 것인 경우도 있다. 노련한 투자자는 희망사항과 확률을 엄격히 구분하지만, 투기꾼들은 큰돈을 바라면서 객관적 확률이상으로 그 욕심의 실현가능성을 크게 잡는다고 한다.

넷째, 정보의 입수순서에 따른 효과는 베이즈정리에 의한 확률수정시 고려되지 않는다. 그러나 인간의 기억장치에서 최근정보의 강도에 기인된 순서효과order effect는 흔히 볼 수 있는 현상이다(최근효과 recency effect). 때로는 먼저 제시된 정보가 나중에 제시되는 정보보다 더 큰 영향력을 발휘하는 초두효과primacy effect가 나타나기도 한다. 이러한 순서효과는 정보의 제시순서에 따라 확률판단이 왜곡됨을 의미한다. 순서효과는 제8장에서 다시 논의된다.

인지심리학자들은 휴리스틱 메카니즘에 대한 견해를 제시해왔다. 휴리스틱의 적용은 시간의 제약과 인지적 한계가 있는 경우 빠르게 최적에 근접한 해답을 얻을 수 있는 이점이 있지만, 한편으론 논리적인 원칙을 거스르는 것이어서 판단 착오를 유발하기도 한다. 휴리스틱은 좋은 점과 좋지 않는 점의 양면을 지니고 있다.

가용성availality 휴리스틱의 예를 들어보자. 사람들은 어떤 사건이 빈도나 확률을 판단할 때 구체적인 사례를 기억으로부터 회상 또는 인출해내기가 얼마나 쉬운가에 의존해 판단하는 경향이 있다. 즉 예가 쉽게 머릿속에 떠오르면 빈도도 높게 판단하는 것이다. 가용성 휴리스틱으로 인하여 후견편향hindsight bias 등 추가적인 편향을 초래할 수 있다.가용성이외에도 확률판단에 관련된 휴리스틱에는 전형성representativeness, 기저율의 무시, 소수의 법칙, 도박꾼의 오류, 확증의 편의 등이 있다. 이들 개념은 제4장과 제10장에서 다룬다.

선호

개인의 선호preference는 선택이라는 겉으로 보이는 행동을 통해 드러난다. 선호에 대한 기본전제는 규범적 이론과 기술적 이론 사이에 차이가 있다. 규범적 이론을 제시하는 쪽은 선호도는 일관성이 있으며 시간의 흐름에 따라 변하지 않는다고 가정한다. 기술적 이론을 제시하는 쪽은 선호도는 구성되는 것이며, 개인의 선호가 바뀔 수 있음을 고려한다. 또한 사람은 자신의 선호를 조절할 수 있다고 한다.

표준적인 선호이론(규범적 이론)은 몇 가지 가정을 가지고 있다. 예를 들어 상이한 재화 묶음들 사이의 선호는 현재의 자산상태나 소비와 무관하게 불변이라는 가정이 있다. 이러한 단순화시킨 가정과는 반대로, 다양한 형태의 증거들이 선호는 개인의 준거포인트(현재의 소유상태)에 의존함을 나타내고 있다.

선호는 대안들이 어떤 식으로 묘사·기술되는가에 따라 즉 표현양식에 따라 영향을 받지 않는다는 가정이 있다. 즉 선호는 불변이다. 선호도는 문제 상황을 어떤 식으로 나타냈느냐와 상관없이 선호도는 항상 일정하다. 그러나, 이 가정과 반대되는 증거들도 축적되고 있다.

즉, 선택안의 제시 방식이 드러난 선호를 흔히 결정한다는 사실이 후술할 **프레이밍효과** 연구에서 입증되고 있다.

표준이론에서 벗어난 또 하나의 현상은 앵커링 효과이다(제4장과 제10장 참조). 선호를 도출하는데 사용된 방법에 따라 극적인 변화들, 때로는"**선호의 역전preference reversals**"현상이 일어날 수 있다. 배팅bets안을 실험과제로 사용하여 사람들에게 두 가지 방식으로 자신의 선호를 표시하게 하였다고 해보자.

A 배팅안은 보상을 받을 확률이 높은 반면 보상액수는 그리 많지 않고, B 배팅 안은 보상액수는 상대적으로 크지만 그 확률은 낮다. A와 B 어느 쪽을 택할 것인가 하는 물음에 대해, 대체로 사람들은 B보다는 보수성이 보다 높은 A안을 선택한다고 대답한다.

둘째 방식은 각 배팅 안에 대해 사람들이 지불할 용의가 있는 액수의 상한가를 매기도록 하였다. 이 경우 사람들은 대체로 위험성이 보다 높은 B배팅 안에 더 높은 가격을 지불하겠다고 표시한다.

또 하나의 선호역전 형태는 두개 재화를 결합해서 평가하는 방식과 두개 재화 각각에 대해 분리 평가하는 방식사이에서 나타난다. 두 가지 항목을 개별적으로 평가하는 경우 B 보다 A를 더 높게 평가하거나 더 높은 가격을 매긴다. 그렇지만, 사람들은 흔히 두 가지 항목을 상호 비교한 다음, 동시에 가격을 매기는 경우에는 A보다 B를 더 높게 평가한다.

위에서 살펴본 바와 같이 선호도는 미시경제학 책에 나오는 미리 정의된 무차별곡선의 세트가 아니다. 선호는 흔히 제대로 정의 안 된 엉성한 상태로 존재하거나 특정 상황이나 맥락에 좌우되기도 한다. 선호를 어떻게 유발하느냐에 따라 선호는 달라질 수 있으며, 선호역전현상은 선호도가 구성됨을 보여주는 증거이다.

2. 멘탈회계의 정의와 요소

멘탈회계는 행동경제학을 연구하기 위한 도구의 하나이다. 회계는 기업뿐만 아니라 학교, 자선단체, 정당 정부기관, 1인 가계에서도 필요하다. 회계는 돈의 조달과 사용 및 그 결과물(회계정보)을 체계적으로 기록 · 관리하는 과정이라 할 수 있다. 모든 경제실체의 회계시스템explicit accounting systems은 이해관계자들에게 회계정보를 보고하는 역할도 수행한다. 기업과 마찬가지로, 개인이나 가계도 돈의 유출 · 유입을 파악하고 지출에 대한 통제를 위하여, 거래를 기록 요약 분석 보고할 필요가 있다. 사람들의 마음속에도 일종의 회계시스템implicit accounting systems이 있어서 그와 유사한 작용을 한다. 기업은 기업회계기준에 따라서 회계업무를 수행한다. 기업회계기준은 여러 가지 규칙과 가정들로 구성되어 있으며, 그 내용은 오랫동안에 걸쳐 진화해왔다. 멘탈회계 분야에서는 그에 상응하는 공준이나 가정에 대한 원천을 찾아내기가 어렵다. 멘탈회계에 대한 이해를 높이기 위하여 우리가 할 수 있는 것은 단지 인간의 행동을 관찰하여 적용규칙을 추론해볼 수 있을 따름이다.

사람들의 마음속에 자리 잡은 회계시스템은 종종 예상치 못한 형태로 판단과 선택에 영향을 미친다. 행태주의 재무학이나 행동경제학 분야의 학자들은 개인이나 가계의 마음속에 내재한 멘탈회계시스템의 특성들을 어떻게 묘사할 수 있을까 대해 고민해왔다. 전통적 경제이론에 비하여 프로스펙이론prospect theory이 경제주체의 투자 저축 소비 행위를 훨씬 잘 설명·예측할 수 있게 됨에 따라, 최근 프로스펙트이론을 실제 경제현상에 응용하는 연구들이 활발히 진행되고 있다.

심리학은 인간의 마음이 어떻게 움직이는 지를 다루는 학문으로 알려져 있다. 마음은 인지와 감정이라는 두 가지 영역의 지배를 받는다. 인지는 사고하고 지식을 얻는 과정 즉 정보를 입수·처리· 해석하는 인간 뇌의 작용이며, 감정은 그러한 정보를 이용하여 행동을 유발하는 믿음을 형성하는 작용이다. 감정과 인지의 상호작용이 인간을 하여금 바보스러운 행동 또는 현명한 결정을 내리도록 유도 한다. 투자 저축 소비에 대한 결정을 내릴 때, 무엇이 우리를 움직이게 하는가? 이것은 흥미로운 주제이다.

주식시장의 주가는 총체적인 정보에 의해서 뿐만 아니라 투자자들이 각자 입수한 정보를 어떻게 처리 평가하느냐에 의해서도 결정된다. 훌륭한 경제적 의사결정을 위해서는 문제를 두 단계로 나누어 점검할 필요가 있다. 입수한 정보의 정확성과 합리성에 대한 조사와, 심리적 실수 즉 오판의 심리에 관한 징후를 확인하는 두 가지 과정을 거쳐야 한다. 우리는 알 수 없는 이유로 훌륭한 결정을 내리기도 하고, 전혀 터무니없는 이유로 바보 같은 결정을 내리기도 한다. 여기서 행태주의 재무학과 행동경제학의 연구 성과가 시사하는 메시지가 있다. 성공적인 투자 저축 소비를 하려면 우선 우리 자신이 저지른 비합리적인 행동부터 이해해야 한다는 것이다.

멘탈회계mental accounting란 무엇인가? 멘탈회계는 정신회계, 미음속의 회계, 혹은 일종의 심리회계라고 할 수 있다. 우리가 멘탈회계의 내용을 제대로 이해하려면 기업실무에 적용되는 회계(예, 재무회계 및 관리회계)에 대한 기초지식이 약간 필요하다 (본서의 제2장 참조). 전통 경제학이론에 의하면 돈에는 라벨(표식)이 부착되어 있지 않다. 돈은 모두 같은 돈인 것이다. 그러나 사람들은 정신적으로 돈에다 라벨을 붙인다. 우리는 도박으로 번 공돈, 월급, 연말 보너스, 할아버지로부터 물려받은 재산 등으로 구분한다. 저축을 할 때 신차 구입자금, 자녀 결혼자금, 여가생활(영화보기, 여행, 잡지구입), 잡비 등의 계좌 등으로 분류한다. 이들 계좌들 상호간에는 이자율이나 수익률에 차이가 있으므로 이들을 통합 운영하는 것이 부의 극대화방안이다. 그렇지만, 종종 사람들은 통합 운영할 마음이 없는 것이다. 즉 사람들은 돈을 종종 구분하여 생각하는 경향이 있다. 기업회계상의 회계장부처럼, 우리들의 마음속에도 일종의 장부 또는 돈의 주머니가 있다. 장부속에는 여러 계좌가 있으며, 주머니는 일종의 계좌이다. 돈을 여러 다른 계좌(계정, account)에 넣어두고, 돈의 사용도 각 계좌별로 행한다. 각각의 결정과 행동 및 결과는 각 계좌별로 처리 · 저장된다. 각 계좌에는 한 가지 결정과 관련된 비용과 효익이 기입된다. 예를 들어 상품을 구입하고 지출하는 금액은 비용이며, 상품의 소비로 인한 만족이 효익이다. 비용과 효익에 대한 평가도 마음속에서 이루지는 것이다. 일단 결과가 심리계좌에 할당되고 나면, 그것을 다른 방식으로 생각하기가 어렵게 된다.

멘탈회계를 연구하는 주된 이유는 '선택의 심리'psychology of choice에 대한 지식을 높이는데 있다. 일반적으로, 심리회계의 규칙들은 중립적이 아니므로 인간의 판단과 선택에 영향을 미친다. 그러므로 멘탈회계의 프로세스에 대한 지식은 경제적 선택행위 등에 대한 우리들의 이해를 돕는다. 예를 들어 백화점 쇼핑객들은 바겐세일 기간 중 구매한 것을 어느 범주(계좌)에 넣을 것인가, 구매거래의 결과를 그 범주내의 다른 것과 결합할 것인가의 여부, 마음속의 장부를 어떻게 마감할 것인가 등과 같은 회계상의 결정들accounting decisions이 선택의 주관적 매력도에 영향을 미칠 수 있다.

학자들의 연구에 의하면 흔히 인간의 선택행위는 문제의 객관적 특성 못지않게, 문제가 제시되는 형태나 형식의 영향도 받는다. 카네만과 트베르스키Kahneman & Tversky는 이러한 현상을 프레이밍framing이라 명명하였다. 전통적 경제이론이나 재무이론의 울타리 내에서 본다면, 프레이밍이 인간의 행동을 바꿀 수는 없다.

여러 상황에서 의사결정을 할 때 우리는 이미 매몰된 비용들을 고려해서는 안 된다. 그러나 소비자들은 한번 지불되고 난 뒤 회수할 수 없는 **매몰비용**에도 주의를 기울인다. 또한, **기회비용**보다는 **현금지출비용**을 중시한다. 이러한 멘탈회계 관련 개념들을 통하여 행태주의behavioralism에 기반을 둔 투자자 및 소비자의 선택이론을 발전시킬 수 있을 것이다.

멘탈회계가 의사결정에 영향을 미치는 이유는 그것이 **대체가능성**fungibility이란 경제학의 규범적 원칙을 깨트리기 때문이다. 사람들의 마음속 각 심리계정에 들어있는 돈들은 상호간에 대체가 어렵다. 돈의 가치는 다 같은데도 각 심리계정에 넣어둔 돈들의 가치를 서로 다르게 취급·평가한다. 대체가능성의 위배 때문에, 멘탈회계 문제가 대두된다. 이하에서는 주로 탈러교수(1985, 1999)의 연구성과를 중심으로 멘탈회계를 설명하기로 한다.

어떤 이유로 멘탈회계가 중요시되는가? 몇 가지 사례를 통하여 알아보기로 한다. 다음의 세 가지 일화는 모두 멘탈회계라고 불리우는 인지과정을 설명하고 있다. 탈러Thaler교수에 의하면 멘탈회계 분야에서 가장 주목을 끄는 구성요소는 다음의 3가지이다.

(1) 사람들은 선택이나 결정의 결과outcomes를 어떤 식으로 지각하고 인지하는가, 결정은 어떻게 내리며 또한 결정에 대한 평가는 어떻게 하는가?

회계시스템은 사전적·사후적 비용-효익분석에 필요한 입력정보를 제공해준다. 아래의 침대카버 구매 사례를 통하여 이 요소를 이해할 수 있다. 거래효용의 측면에서 "딜deal"의 가치를 구매결정 계산식에 넣어보면 소비자의 선택행위를 이해할 수 있다.

- *어느날 아내가 침대카버를 사려고 백화점에 들어간 적이 있었다. 마침 선호하는 모델의 상품이 세일 중임을 알고 기분 좋았다. 침대카버는 더블, 퀸 및 킹의 3가지 사이즈가 있으며 평시의 정상가격은 각각 20만원, 25만원 및 30만원이었다. 세일기간 동안에는 3가지 가격이 모두 15만원으로 동일했다. 아내는 킹 사이즈 규격의 침대카버를 구입했다. 비록 구입한 침대커버가 커서 더블사이즈 침대 옆면을 덮고도 남았지만, 그녀는 자신의 구매행위에 아주 만족했다.*

(2) 각종 행위를 어느 계정에 어떻게 할당하는가?

멘탈회계시스템 뿐만 아니라 기업의 실제 회계시스템에서도 각 자금은 그 원천 및 사용별로 라벨이 부착되어있다. 지출은 항목(식료비, 관리비, 여행경비 등)별로 분류되어 있으며, 때로는 지출이 명시적 혹은 암묵적 예산의 제약을 받기도 한다. 흐름량flow(정기적 소득, 우연한 소득)이든 저장량stock(시재현금, 연금자산 등)이든 간에, 지출가능한 자금들에도 라벨이 부착되어 있다. 이러한 분류(어떤 범주로 나눔)프로세스를 예시한 일화를 아래에 두 가지 소개한다. 스위스 방문 중 강연(심리계정)이 계획되어 있어, 강연료로 휴가비용 지출의 일부를 충당할 수 있다면 휴가비 지출의 고통을 완화할 수 있다. 자선기관에 대한 기탁금 심리계정은 손실로 인한 고통을 완화시킬 유연한 방법의 하나다.

- *몇년 전 시카고대학의 T교수는 스위스를 방문하여 기업의 경영자들을 대상으로 강연을 한 적이 있었다. 모임을 마치고 부인과 그는 일주일간 스위스 명소를 관광하면서 시간을 보냈다. 그 당시 스위스 프랑의 환율이 미국 달러에 비하여 상대적으로 강세였으므로, 이들 부부에게 스위스의 물가는 놀라울 정도로 높았다. 다행히 T교수는 값비싼 호텔 숙박료 및 음식 값을 쉽게 충당할 수 있는 정도의 후한 강연료를 받았으므로, 이들 부부에겐 그래도 위안이 되었다.*

- *재무관리와 투자론을 가르치는 K교수는 자신을 철저히 합리적인 사람이라고 자랑하였다. 오래전에 그는 생활과정에서 발생되는 불운이나 불쾌한 사건들을 다루기 위한 현명한 전략-사소한 불운 부담 없이 처리하기-을 한 가지 세우고 실행에 옮기고 있다. 매년 초 그는 자신이 좋아하는 자선기관에 기부할 목표금액을 설정해 둔다. 그러나 실제기부금은 연말에 전달할 계획이다. 예컨대 교통*

위반 범칙금을 물거나 물건 분실 등 그 해를 살아가면서 운 나쁜 일이 닥치면 그로 인한 손실액을 자선기관에 기부하기 위해 따로 책정해놓은 돈(자선기관 계정)에서 빼내어 쓴다. 이러한 전략은 손실에 대한 고통을 거의 제로(0)에 가깝게 해준다. 어차피 남에게 줄 돈으로 처리하기 때문이다. 그 자선기관은 교수의 예금 계좌에서 남은 액수를 받게 될 뿐이다. 교수는 그것을 사소한 불운에 대비한 일종의 보험증권 으로 간주하는 것이다.

(3)계정에 대한 평가를 언제 하는가? 평가의 간격, 평가의 빈도가 문제가 된다. 이것을 소위 "선택의 브래킷"이라 부른다. 성급한 주식투자자는 자신의 투자금액을 매일 평가할 것이나, 장기투자자는 3년 이상의 장기적 시야를 견지할 것이다. 계정의 결산을 매일, 매주 한번씩 또는 1년에 한번씩 등 간격을 좁게 혹은 넓게 정할 수 있다. 유행가의 가사에 **"포커판의 테이블에 앉아 있는 동안에는 호주머니 돈을 세지마라."** 라는 문구가 있다. 이 가사는 포커판 뿐 아니라 주식투자 등 불확실성하의 의사결정 문제에도 적용된다. 멘탈회계를 동태적으로 분석해보면, 우리는 왜 이 문구가 아주 훌륭한 지침이 되는지 그 이유를 알 수 있다.

3. 이득과 손실의 프레이밍

가치함수

개인이나 가계가 경제활동을 하면서 내리는 의사결정과정을 살펴보기로 한다. 사람들은 구매항목의 결정, 저축금액의 결정, 자동차를 구매해서 탈 것인가 또는 렌트로 이용할 것인가 여부 등 경제적 의사결정을 어떤 식으로 내리는가? 또한 재무적 거래의 결과를 어떻게 지각하고 평가하는가?

카네만과 트베르스키가 제시한 프로스펙트이론prospect theory의 가치함수에 따라서 사람들이 의사결정의 결과를 지각한다고 가정해보자. 제3장에서 논의될 기대효용이론에 대한 대안의 하나로 제시된 프로스펙트이론은 사람들의 실제 선택행동을 묘사하고자 하는 기술적 의사결정모델이다.

이 이론은 '효용' 개념을 '가치'로 대체시켰다. *효용utility은 재화나 용역을 소비하는데서 얻는 개인의 주관적 만족을 나타내는 개념이며, 기수적 효용과 서수적 효용으로 구분된다. 효용은 선호를 나타내는 한 가지 방법이다.* 효용이 대개 순부純富(순자산, net wealth)만으로 정의되지만, 가치는 어떤 판단기준점 reference point으로 부터의 이득과 손실로 정의된다. 기대효용이론과는 달리, 프로스펙트이론은 다음과 같이 예측한다.

"문제가 어떻게 구성frame되는가에 따라서 사람들의 선호도가 달라질 것이다."

카네만과 트베르스키에 의하면, 문제의 객관적인 특성 만큼이나 문제가 어떤 식으로 제시되느냐에 따라서도 사람들의 선택행위는 영향을 받는다고 한다. 전통적 경제이론은 프레이밍(틀 짜기 혹은 틀의 구성:framing)이 행동의 변화를 유발하는 현상을 설명하지 못한다.

프로스펙트이론은 사람들의 선택과정을 두 단계로, 즉 편집단계와 평가 단계로 나눈다. 편집단계에서 사람들은 문제 상황을 어떤 판단기준점과 비교하여 이득과 손실의 영역으로 분류한다. 이러한 분류과정을 프레이밍이라 하며, 각 영역에서 사람들의 위험에 대한 태도가 달라진다. 즉 이득 영역에서 사람들은 위험회피적 태도를 보이지만 손실의 영역에서는 위험추구적 태도를 보인다. 여기서 판단기준점은 절대적인 영점(0)을 가리키는 것이 아니라 선택을 하는 사람의 현재 상태 status quo를 기준으로 형성된다. 그리고 판단기준점과 비교하여 자신이 얼마를 얻고 잃는가, 즉 절대량이 아닌 변화량에 민감하게 반응한다.

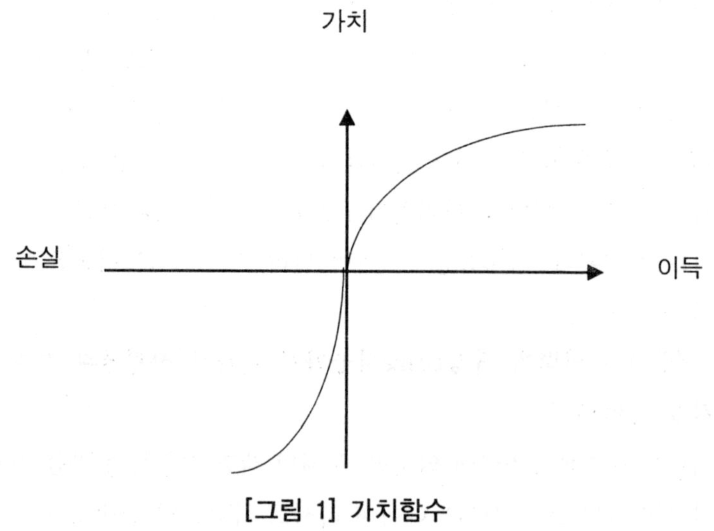

[그림 1] 가치함수

그래프의 오른쪽 윗부분은 이득영역을 나타낸다. [그림1]에서 보는 바와 같이, 이 곡선의 기울기는 오른쪽으로 갈수록 완만해진다. 이득의 크기가 점점 더 커질수록 사람들이 각각의 추가적 단위에서 얻는 추가적 만족의 양은 감소된다. 이것은 경제학의 '**한계효용체감법칙**'과 유사하다. 예를 들어 100만원의 객관적 이득은 10단위의 주관적 만족을 주지만, 200만원의 이득은 20단위 미만의 만족을 준다.

그래프의 다른 측면, 왼쪽 아래에 있는 절반은 손실에 대한 반응을 보여준다. 이 역시 직선이 아닌 곡선이다. 곡선이 처음에는 급하게 기울다가 점차 완만해진다. 이것은 **'손실의 한계비효용 체감'**현상을 보여준다. 첫 게임에서 처음 10만원 잃는 것은 다음 게임에서 10만원을 잃는 것보다 더 고통스럽다. 그래서 20만원 잃은 것은 10만원 잃은 것보다 객관적으로 2배 더 나쁜 상황이지만, 주관적으로 2배 더 나쁘지는 않다.

주어진 문제 상황이 간단하게 편집되고 나면 평가가 이루어진다. 프로스펙트이론의 구조는 기대효용이론과 유사하지만 그 안에 들어가는 함수가 다르다(제3장 참조).

기대효용이론= $\sum u(Xi)p(Xi)$

프로스펙트이론= $\sum v(Xi)\pi(Xi)$

(Xi: 한 대안의 여러 속성들)

프로스펙트이론에서는 효용함수(u:utility function)대신 **가치함수**(v : value function)가 들어가고 확률(p : probability)대신 **결정가중치함수**(π : weighting function)가 들어가게 된다. 여기서 가치함수는 이득영역과 손실 영역에서 각각 다른 모습을 갖게 된다. 가치함수는 판단기준점인 원점을 변곡점으로 하여 이득영역에서는 오목한 형태이고 손실영역에서는 볼록한 형태를 나타낸다. 두 영역의 그래프의 특성이 다르다. 그래프의 손실부분은 이득부분보다 기울기가 더 급하다. 그림에서 보는 바와 같이, 손실영역(손실에 대한 가치함수)은 볼록하고 상대적으로 경사가 급하다. 이득영역(이득에 대한 가치함수)은 오목하고 경사가 그다지 급하지 않다. 기울기의 차이로 인하여 손실이 이득보다 "확대되어 보인다." 그래서, **100만원의 손실은 100만원의 이득보다 더 크게 느껴진다는 것이다.** 두 영역 그래프의 또 하나의 특성이 있다. 두 영역의 곡선(가치함수의 곡선)은 모두 절대값 10에서 20으로의 변화량이 절대값 110에서 120으로의 변화량보다 훨씬 크게 지각된다는 것을 시사한다.

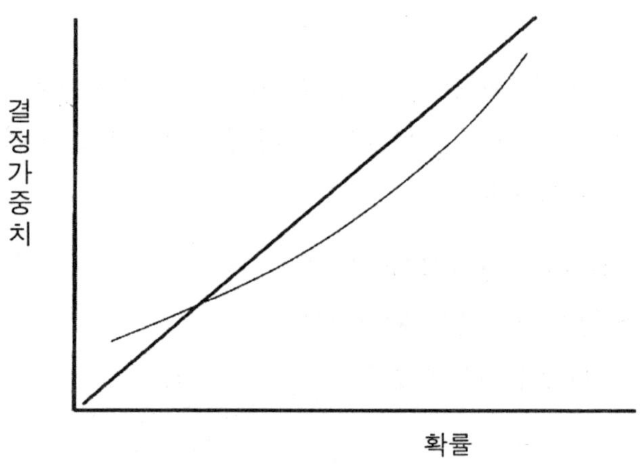

[그림 2] 객관적 확률과 결정가중치의 관계

결정가중치는 객관적인 확률의 개념을 사람들이 어떻게 주관적으로 이해하는가를 반영한 함수라고 볼 수 있다. 특정한 결과를 유발하는 확률을 다루는 방식에서 프로스펙트이론과 기대효용이론은 차이가 있다. 기대효용이론의 가정에 의하면, 의사결정자는 승률이 50%인 게임에 대해서 이길 확률이 정확히 50%라고 평가한다. 이에 비하여, 프로스펙트이론은 선호도를 '결정가중치'의 함수로 다루고, 이런 가중치는 항상 객관적 확률에 일치하는 것은 아니라고 가정한다.

결정가중치의 특징을 보면, *사람들은 낮은 확률에 높은 가중치를 부여하며, 보통수준의 확률과 높은 확률은 과소평가하는 경향이 있다. 그러나 확률이 1인 경우는 과대평가하며, 이는 확실성효과로 알려져 있다.*

[그림2]를 통하여 전형적 결정가중치 함수는 낮은 확률에서는 대각선위에 위치하고, 보통수준의 확률과 높은 확률에서는 대각선 아래 위치함을 알 수 있다. 이 그림에서 곡선은 객관적 확률에 대하여 사람들이 주관적으로 느끼는 결정가중치이며, 직선은 객관적 확률과 결정가중치가 같은 경우를 나타낸다.

가치함수는 인간의 쾌락기능장치와 관련하여 다음의 세 가지 중요한 특성을 갖고 있다. 이들 각각은 멘탈회계의 핵심적 특성을 표현하고 있다. 프로스펙트이론의 가치함수에 따라 행동하는 사람의 특성은 다음과 같다.

(1) 의사결정대안의 결과 예측을 어떤 판단기준점과 비교하여 상대적 이득 혹은 손실로 구분한다. 기대효용이론은 현재 소유한 재산 즉 부(富, wealth)의 수준에 초점을 두지만, 프로스펙트이론의 가치함수는 부의 변화에 초점을 둔다. 멘탈회계는 이러한 특성을 반영하고 있다. 사람들은 흔히 거래를 다른 여타 거래들과 결합하지 않고, 각 거래별로 한 번에 한 개씩 평가한다.

(2) 이득함수 및 손실함수의 민감도는 모두 감소한다. 즉, 이득함수는 오목하며, 손실함수는 볼록하다. 이 특성은 정신물리학의 기본

원리(웨버-패츠너 법칙)와 유사하다. *일만원과 이만원의 차이는 십만원과 십일만원의 차이보다 더 크게 느껴진다.*

(3) 손실-기피경향을 보인다. *십만원을 잃은 고통이 십만원을 딴 기쁨보다 더 크다* ; **v(x) 〈 -v(-x)**

멘탈회계시스템에서 손실기피의 영향은 매우 크게 작용하며, 아주 신속하게 나타난다.

의사결정의 프레임

멘탈회계에서 가치함수는 의사결정자들이 사건들을 어떻게 지각perception · 코팅coding하는지를 묘사해주는 역할을 한다. 카네만과 트베르스키는 멘탈계정 또는 심리계정을 일종의 결과프레임으로 다음과 같이 아주 좁게 정의했다.

"일종의 결과프레임이다. 이것은 통합 평가한 결과들의 묶음 및 통합의 방식을 명시해준다 그리고, 중립적 혹은 정상적으로 간주되는 판단기준점을 명시해준다."

흔히 판단기준점은 현 상태를 말한다. 이 정의에 의하면, 심리계정은 의사결정의 결과에 대한 일종의 프레임(틀)이다. 탈러Thaler교수는 멘탈회계를 '사건을 코드화 ,범주화, 평가하는 전체 과정'을 나타내는 용어로 보다 넓게 정의했다.

카네만과 트베르스키(1981)에 의하면, 어떤 선택이나 결정의 결과outcomes는 세가지-미니멀계정, 토픽별 계정, 포괄계정 -방식으로 프레임 될 수 있다.

미니멀계정을 이용하여 두 대안을 비교하는 경우, 두 대안들의 공통적 특성을 배제한 후, 두 대안 사이의 차이만을 검토한다. 토픽별 계정은 선택 가능한 대안들의 결과를 어떤 판단기준과 연관시켜 검토한다. 포괄계정은 모든 다른 요인들(현재의 자산, 미래의 소득, 기타의 확률적 보유결과 등)을 고려한다. 사람들은 포괄적 계정을 이용하여 결정을 내린다고 보는 것이 경제이론의 일반적 가정이다.

다음은 멘탈회계가 토픽별로 이루어진다는 예시이다.

당신이 자켓 한벌을 ($125)[$15]에 그리고 계산기를 ($15) [$125]에 구매하려한다고 가정해봅시다. 당신이 구매하려는 그 계산기가 차로 20분 소요되는 거리의 다른 영업점에서는 ($10)[$120]로 세일중임을 판매원으로부터 들었다면, 세일중인 그 점포로 갈 것인가요?

이 문제를 두 가지 버전으로 받은 대부분의 사람들은 $15 품목의 경우 $5절약하려고 20분 운전하길 원하며, $125품목의 경우 그렇게 하길 원하지 않는다는 대답을 하였다. 만약 사람들이 미니멀계정 프레임을 이용한다면, $5절약하려고 20분 운전하길 원하는지 여부를 스스로 자문할 것이며, 양쪽 버전에서 동일한 대답을 할 것이다.

흥미롭게도, 이와 유사한 분석이 포괄계정 프레임에도 적용된다. 현재의 자산을 W(wealth)로 표시하고, W+는 현재의 자산 플러스 자켓 및 계산기 마이너스 $140이라고 해보자. 그러면 이 선택은 W+ 플러스 $5의 효용 대對 W+플러스 20분의 효용으로 요약된다.

이 사례는 중요한 일반적 포인트를 예시해준다. -만약 의사결성자가 포괄적 자산에 기초한 분석을 한다면, 결정과제가 프레임되는 방식에 따라 선택이 달라지지는 않을 것이다. 그렇지만 현실세계에서 프레이밍은 선택을 변경시킨다. 왜냐하면 선택의 상황에 영향을 받아, 사람들은 결정을 한 조각씩 개별적으로 내리기 때문이다.

4. 쾌락적 프레이밍의 원리

멘탈회계는 항목별 및 단편적으로 행해진다. 그러한 특징은 자켓 및 계산기 문제를 통하여 알 수 있다. 하지만 이 사례를 통하여 좀더 많은 것을 배울 수 있다. 고가품보다 저가품 구매시 돈을 절약하려고 보다 기꺼이 동네 밖으로 운전하려는 이유가 무엇일까?

정신물리학적 관점에서 본다면, $5는 $15 짜리 물품구매의 경우 커다란 절약으로 보이지만, $125짜리 물품구매의 경우에는 그렇지 않은 것으로 보인다고 한다. 그러나 이러한 불균형은 무엇을 의미하는가? 절약의 효용은 차이의 가치가 아니라, 가치의 차이에 기인된다. 즉, 고가품목의 구매시 $5절약금액의 효용은 v($5)라기 보다는 오히려 (v(-$125) - v(-$120)) (혹은 아마도 이들 가치의 비율)이다. 그렇지 않으면 두 가지 버전사이에 아무런 차이가 발생하지 않을 것이기 때문이다.

이외에 멘탈회계 산식에 대해서 우리가 아는 것이 또 무엇이 있을까? 구체적으로 (하나의 계정 속에) 두개 혹은 그 이상의 재무적 결과들이 어떤 식으로 **결합**되어 있을까? 이것은 중요한 의문사항이다.

소비자는 그러한 구매거래 등 사건들을 어떻게 평가하는가? 이에 대한 지식은 소비자 평가모형을 구축하는데 도움을 준다. 소비자들은 일반적으로 선택행위의 결과에 대한 평가시, 결과들이 좋건 나쁘건 간에, 이들을 통합(결합)한다. 사람들이 사건들의 통합을 어떤 식으로 코드화하는가? 이에 대한 모형의 구축을 위하여, 사람들은 가능한 한 더 큰 기쁨을 얻으려고 한다는 가정이 우선 필요하다. 이 프로세스의 특징을 묘사하기 위하여 우리가 무엇을 알아야 하는가?

프로스펙트이론의 가치함수를 가진 사람들은 다중적 결과들 multiple outcomes로부터 얻게 될 이득이나 입게 될 손실이 어떻게 프레임되기를 원하는가? 이에 대하여 우리는 알 필요가 있다. 탈러교수는 이러한 의문사항에 대한 연구를 진행해왔다.

x와 y 두개의 결과가 있다고 해보자. 그러면 v(x+y)은 언제 v(x) + v(y)보다 더 크게 될까? 가치함수의 모양이 주어져있는 경우, 복수의 결과들에 대하여 효용의 극대화를 가져오는 평가방식 즉, 쾌락석 프레이밍 원리를 도출해내는 것은 어렵지 않다.

(1) 두 가지 이득은 서로 분리시킨다(왜냐하면 이득함수는 오목하기 때문이다)

두 결과가 이득인 경우는 두 결과를 따로 떼어 분리해서 지각하는 것이 유리하다. 두 결과를 각각(x, y)라고 하면 x 〉0, y 〉0 이다. 프로스펙트이론에 의하면 이득에서의 가치곡선은 감소함수이기 때문에 v(x)+v(y) 〉 v(x+y)이다. 그러므로 두 이득을 분리해서 생각하는 것이 더 큰 즐거움을 얻게 된다.

(2) 손실은 통합시킨다(왜냐하면 손실함수는 볼록하기 때문이다)

두 결과가 다 손실인 경우는 두 결과를 통합하여 지각하는 것이 유리하다. 두 결과를 (-x, -y)라고 하면 손실에서의 가치곡선은 증가함수이기 때문에 v(-x) + v(-y) 〈 v(-(x+y)) 이다. 신용카드가 널리 사용되는 이유를 이 식의 적용 예로 들 수 있다. 신용카드를 사용함으로써 다수의 적은 비용들이 매월 말 카드대금 청구서상에 한데 모아져 하나의 비용으로 지출되기 때문에 지출에 따른 손실감이 적게 느꺼진다.

한 잡지기자와의 인터뷰에서 카네만 교수도 스스로 멘탈회계에 굴복한 경험을 고백한 적이 있다. 손실이 혼자 올 때보다 더 큰 손실에 부가되어 다가올 때 덜 고통스럽다. 말하자면 어떤 게임에서 이미 10만원을 잃어버린 후 다시 10만원을 잃어버리는 것이 완전히 분리되어 있는 시기에 각각 10만원씩 잃어버렸을 때보다 덜 고통스럽다는 것이다. 갑자기 새 집으로 이사하게 되었을 때, 카네만 교수는 바로 그 개념을 염두에 두고 부인과 의논해 새 집을 산지 1주일 만에 모든 가구를 새것으로 장만했다고 한다. 그들이 만약 가구에 들어가는 비용을 독립된 계정으로 생각했더라면 그들을 그 비용을 부담스러워할 테고, 결국 필요로 하는 것보다 적은 수의 가구만을 구입하고 말았으리라 (안진환 역, 2003).

(3) 보다 작은 손실은 보다 큰 이득과 결합시킨다(손실기피감을 상쇄시키려고 하기 때문이다.).

하나는 이득이고 하나는 손실인데 이득의 가치가 더 큰 경우, 즉 결과가 (x, -y)이고 y인 경우는 v(x) + v(-y) 〈 v(x-y) 이므로 통합이 유리하다. 이득이 큰 경우 손실이 상쇄되는 효과가 있다. 게임에 이겨 10만원을 번 사람이 교통위반으로 8만원을 지출해야 하는 경우 이때는 두 사건을 합쳐 2만원이 그냥 생겼다고 생각하는 것이 덜 속상하다.

(4) 작은 이득(은빛자락)과 큰 손실을 분리시킨다(왜냐하면 이득함수는 출발지점에서 가장 급격한 기울기를 보이나, 작은 이득의 효용은 미량으로 감소하는 큰손실의 효용을 초과하기 때문이다.)

즉 (x, -y)이고 y가 x 보다 상대적으로 큰 경우는 분리가 유리하며, 두 결과의 절대값이 비슷한 경우는 통합이 유리하다. 예를 들어 교통위반으로 8만원을 지출 하고 난 후 1만원짜리 복권에 당첨되었다고 가정해보자, 이 경우 두 사건을 합쳐서 총 얼마를 썼다고 생각하기 보다는 기분이 언짢은 일도 있었지만 기쁜 일도 있었다고 따로 분리하여 생각하는 것이 좋다.

실험실 실험연구를 통하여 탈러는 대부분의 사람들이 위의 네 가지 원리들로 이끄는 직관을 공유하고 있음을 밝혀내었다. 또한 이 원리가 사람들의 실제 행동을 기술하기도 하면서 사람들이 따르면 좋은 규범이 된다고 제안하였다. **이 원리들을 활용한다면 기분 좋은 일이 있을 때에는 그 기쁨을 더 크게 할 수 있고 언짢은 일이 있을 때에는 그로 인한 마이너스 감정의 강도를 줄일 수 있기 때문이다.**

"게임에서 각각 50,000원과 25,000원을 딴 사람과 한번의 게임에서 75,000원을 딴 사람 중 어느 쪽이 더 기뻐할까?"

어느 연구에 의하면, 이 질문에 64%가 두 번 이긴 사람이 더 기쁘다고 대답했으며. 나머지 세 가지 원리에 관련된 직관도 대다수가 공유하였다(원리. 1). 제품에 대한 주관적 매력도의 극대화 관점에서 특정 제품의 장단점을 소비자에게 기술하려 한다면 쾌락적 프레이밍 원리들이 유용한 지침이 된다. 예를 들어 *어떤 제품의 판매를 일시적 가격 내림보다는 "리베이트"로 프레임하는 것이 이득의 분리(원리.4)를 촉진한다. 이들 원리는 마케팅marketing 문제를 다루는 경우에도 아주 유용하다.*

사람들은 어떤 사건의 결과outcome에 대한 자신의 정서반응을 아래의 원리에 따라 조정할 수 있다. 이것은 두개 이상의 결과가 있을 때 이를 사람들이 어떻게 입력·처리하는가에 달려 있다. 결과는 이득이나 손실로 입력될 것이며, 다수의 결과를 처리하는 방식에는 통합 integration이나 분리 segregation가 있다.

예를 들어 두 개의 결과가 있는 경우를 생각해보자. 두 개의 결과가 있을 때 다음의 네 가지 가능성이 있다; (1) 두 결과가 다 이득인 경우 (2) 두 결과가 다 손실인 경우 (3)하나는 이득이고 하나는 손실인데 이득의 가치가 더 큰 경우 (4)하나는 이득이고 하나는 손실인데 손실의 가치가 더 큰 경우이다. 앞서 살펴본바와 같이, 이들 네 가지 경우에 두 결과를 통합하느냐 또는 분리해서 지각하느냐에 따라 사람들의 정서반응의 정도가 달라질 수 있다는 것이다.

쾌락적 프레이밍을 통하여 사람들은 심리적으로 가장 높은 만족을 얻을 수 있도록 돈을 여러 심리계좌에 넣어둔다. 각기 다른 심리주머니를 여러 개 가지고 있는 듯 행동하며 , 상황에 따라 다른 지갑을 사용한다. 감춰진 마음속의 회계장부가 소비를 부추킨다. 절약으로 비축한 돈을 심리적인 '특별 계좌'에 넣어두었다가 또 다른 지출에 돈을 사용한다. 예를 들어, 배당금은 주식투자자들에게 쾌락적 프레이밍의 기회를 제공해준다. 주가 하락시에 배당금은 주가하락으로 인한 고통을 완화시켜준다고 생각한다. 설사 주가가 나중에 하락한다 해도, 투자한 돈은 결국 배당금의 형태로 자신의 호주머니로 되돌아옴을 알고 있으니 위안이 된다는 식의 쾌락적 프레이밍이 투자자자의 마음속에 일어난다.

5. 쾌락적 편집가설의 실패

이들 원칙이 하나의 좋은 서술적 멘탈회계 모형으로도 활용될 수 있다면 편리할 것이다. 사람들은 자신들이 고려한 혹은 겪은(체험한) 복수의 결과들multiple outcomes을 최적optimal으로 간주될 수 있는 방식으로(즉 쾌락적 편집) 과연 편집 혹은 분석(설명, 해석, 세밀한 조사)하는가? 좀더 공식적으로 표현하자면, 다음 규칙을 적용한 것이 쾌락적 편집이다. 여기서 기호“&”는 두개 결과의 인지적인 결합을 나타낸다.

$$v(x \ \& \ y) = \mathrm{Max}[v(x+y),\ v(x) + v(y)]$$

쾌락적 편집 가설은 분명히 이론적 매력을 지니고 있긴 하지만, 서술적으로는 옳지 않다고 하는 견해도 대두되고 있다. 효용이 극대화되도록 $5 절약금액을 코드화한다면, 양쪽 어느 경우든 그 절약금액은 분리될 것이다. 하지만, 이는 실제 데이터와 불일치된다. 더욱이, 자기-기만을 할 인간의 능력에는 틀림없이 어떤 한계가 있는 것이다. 왜 $5 이득을 분리시키지 않는가? 왜 1$의 다섯 배 이득으로 그것을 코드화하지 않는가? 그럼에도 불구하고, 복수의 사건들을 코드화하는 방식을 조사할 때 쾌락적 편집은 훌륭한 출발점이 된다.

탈러와 존슨은 쾌락적 편집가정의 한계를 조사하였다. 사람들은 $9 잃은 후 $30을 따는 것과 같은 복수의 사건들을 어떻게 느끼는가?, 피험자(실험참가자)들은 같은 날, 일주일 간격 등 두개가 각각 분리된 상태로 발생 혹은 단일의 결합된 상태로 발생하는 것 중 어느 쪽을 좋아하는지에 대한 질문을 받았다. 이득의 경우 쾌락적 편집가설이 지지되었다. 피험자의 대다수가 이득 사건들 간의 시간적 간격(분리)이 더 많은 기쁨을 가져온다고 생각했다. 그러나, 쾌락적 편집 가설과는 대조적으로, 손실들 사이의 시간적 분리도 좋다고 생각했다. 왜 그런가? 사람들이 손실들을 결합시키길 원한다는 이 가설의 직관은 손실함수가 체감적 민감도를 나타낸다는 사실에서 도출된다. 한 가지 손실을 다른 손실에 가산하면 그것의 한계적 영향은 감소해야 한다는 것이다. 연구에서 얻은 증거는 다음과 같다:

그렇지만, 실제로 피험자들이 느낀 것은 다르다. 즉 손실은 한가지씩 개별적으로 겪어야 하며, 한가지의 손실을 참으면 그다음에 닥치는 손실에 보다 민감해진다는 것이 피험자들의 생각이었다. 쾌락적 프레이밍의 규칙들은 이득 및 손실 사건들의 배합·구성에 대한 사람들의 선호를 잘 묘사해주고 있다. 또한 사람들은 의사결정의 결과가 이들 규칙에 일치되는지를 적극적으로 검토할 것이다. 물론, 손실이 여러개 발생하는 경우는 이들 규칙에 예외가 있다.

이러한 연구결과가 멘탈회계에 주는 시사점은 다음과 같다.

첫째, **기쁨의 증대와 고통의 감소를 누구나 원한다**. 쾌락추구적인 측면에서 우리는 멘탈회계의 규칙을 가능한 한 효율적으로 활용할 수 있을 것이다. 예를 들어, 가능하다면 항상, 사람들은 손실을 그 보다 큰 이득과 결합시키려고 할 것이다.

둘째, 사람들이 손실들의 영향을 감소시키기 위하여 손실 사건들을 서로 결합시키기는 어렵다. 그러므로 프로스펙트이론의 가치함수가 제시한 것 이상으로 **손실기피현상**은 **대단히 중요하다**. 기업의 회계시스템 이든, 사람들의 마음속 회계시스템이든 간에, 모든 회계시스템은 회계처리상 어느 정도의 재량권을 행사한다. 기업이든 개인이든 경제주체는 이러한 재량을 이용하여, 손실의 고통을 피하려고 할 것으로 우리는 예상해야 한다.

6. 멘탈회계 의사결정

거래효용

물건과 돈을 교환하는 거래 즉 무언가를 구매하려고 하는 경우, 소비자의 마음속에 어떤 일이 일어하는가? 제품의 취득은 이득으로, 주머니에서 빠져나간 돈은 손실로 마음속에 기재(코드화) 할 가능성이 있다. 그러나 손실기피증으로 인하여 이러한 프레임은 쾌락추구적인 면에서 볼 때 비효율적이다. 일천원의 지폐보다 청량음료 한 병을 선택하려는 소비자가 700원에 청량음료 판매하는 자동판매기 앞에 서 있다고 해보자. 한 병 마시면 분명히 소비자는 기분이 더 좋아질 것이다 . 그렇지만, 돈의 지출이 소비로 인한 기쁨보다 인지적으로 2.25배(손실기피의 상관계수를 추정한 값)의 강도에 달한다면, 구매행위는 단념할 것이다. 이러한 사고방식은 일반적으로 비용을 손실로 본다는 생각과 상치된다. 탈러에 의하면, 소비자는 구매로부터 두 가지 효용 - 취득효용과 거래효용 -을 얻는다. **취득효용**은 입수한 물품의 가격 대비 가치의 측정치이며, 경제학 개념상의 소비자잉여와 유사하다. 소*비자가 어떤 재화를 구입할 때 지불하는 가격은 맨 끝 단위의 한계효용에 의하여 결정된다. 그러나 한계효용 체감 현상이 존재하므로 그 앞 단위는 끝 단위보다 더 큰 효용을 가질 것이다. 이 때 총 효용과 소비자가 실제로 지불한 총액 사이의 차이를 소비자잉여라 한다. 소비*

자가 실제 지불한 것보다 더 많은 만족을 얻기 때문에 그러한 명칭이 부여된 것이다(정창영, 2000). 이것은 소비자가 시장에 참여하여 얻게 되는 이득이며, 상품의 구입을 통해 소비자가 얻게 된 효용의 크기를 나타낸 것이다.

취득효용은 소비자가 선물로 받은 물품에 부여하는 가치에 지급된 가격을 뺀(-) 것이다. **거래효용**은 "딜"의 가치를 주관적으로 평가한 측정치이다. 그것은 지급금액과 그 물품에 대한 참조가격의 차이이다. 참조가격은 소비자가 이 제품에 대해 지급하려고 예상하는 정규가격을 말한다. 거래효용의 역할을 연구하기 위하여 탈러는 다음과 같은 시나리오를 피험자들에게 제시하였다.

무더운 날 당신은 해변에 누워 있다. 당신이 마시고 싶은 것은 오직 차가운 얼음 물이다. 지금 당신은 애용하는 상표의 시원한 맥주를 한 병 마실 수 있으면 얼마나 좋을까 생각하고 있다. 마침 옆에 있던 친구가 일어나 공중전화박스로 가면서, 맥주 판매하는 가까운 곳(팬시 리조트 호텔) [구멍가게]에 들러 맥주 한 병 사 가지고 올까 묻는다. 아마도 맥주 값이 좀 비쌀 것이므로 당신이 제시한 가격 이하일 때만 사오겠다고 한다. 당신은 친구를 믿으며,(바텐더) [가게 주인]과의 흥정가능성은 없다. 당신은 친구에게 얼마의 가격을 제시할 것인가?

이 질문 항은 둥근 괄호와 네모진 괄호의 두 가지 버전으로 되어 있다. 두 버전의 중위수 값은 $2.65(리조트) 와 $1.50[가게]로 나왔다. 사람들은 리조트 맥주에 대해 기꺼이 더 많은 값을 지불하려고 한다. 이유는 그러한 상황에서 참조가격이 보다 높기 때문이다. 소비에서 느끼는 맛(효용)은 둘 다 동일하기 때문에 표준적인 경제모델은 이러한 효과를 수용할 수 없다. 즉 구매 장소는 무관련해야 한다.

시장에서 일어나는 구매 산식에 거래효용을 부가하면 두 가지 효과가 나타난다.

첫째, 어떤 물품에 대한 구매가 주로 이루어지는 이유는 특별히 좋은 딜(거래,deal)이 되기 때문이다. 이러한 현상을 나타내는 증거로 우리들 가정의 옷장 속에 거의 입지 않은 옷들이 얼마간 있다. 판매원이 정상소매가격(참조가격의 역할을 함)보다 싸다는 점(절약)을 강조함으로써 소비자의 이러한 편벽을 이용한다.

둘째, 이와 대조적으로, 소비자를 더 즐겁게 해줄 것으로 보이는 구매를 피하는 경우도 있다. 가격이 리조트맥주는 $4이고 구멍가게 맥주는 단지 $2인 경우, 그 목마른 맥주애호가가 $2.5 가격의 구멍가게 맥주는 비싸다고 구입을 단념함으로써 무더위에 목을 축이는 즐거움을 놓치게 될 것이다.

계정의 개시와 폐쇄

계정의 개시 및 계정의 폐쇄(마감) 시기의 결정은 회계시스템에서는 재량적 요소의 하나이다. 당신이 1주에 만원인 주식 100주를 매수한다고 가정해보자.

초기 투자금액은 백만 원이지만, 그 가치는 주가의 상승 하락과 함께 변동한다. 주가가 변동하면 주식의 매도 때까지, 투자자에게는 "서류상의" 이득 혹은 손실이 있을 뿐이다. 매도하면 서류상의 이득 혹은 손실은 "실현된" 이득 혹은 손실이 된다. 서류상의 이늑 혹은 손실을 멘탈회계로 다루기는 어렵지만, 실현된 손실은 서류상의 손실에 비하여 보다 더 고통스럽다는 점은 직관적으로 명확하다. 멘탈회계의 예측은 다음과 같다.

'손실상태로 계정을 마감하는 것은 고통스럽기 때문에, 투자자는 주가하락으로 투자금액이 감소된 증권의 매도를 꺼릴 것이다.'

당신이 보유한 두 주식중 하나는 최초 구입시점보다 가격이 상승한 주식이고 다른 하나는 가격이 하락한 주식이다. 당신은 얼마간의 돈을 마련하기 위하여 둘 중 하나를 매도해야한다고 가정해보자.

멘탈회계의 예측에 의하면, **투자자는 상승한 주식의 매도를 선호한다**. 그러나 하락주를 매도하는 것이 합리적 분석에 따른다면 선호되어야 할 것이다. 세법이 주식매매차익(자본이득)에 과세하고 매매손실금액을 과세소득 계산과정에 차감항목으로 인정하는 경우 합리적 투자자는 하락주를 매도할 것이다.

오딘(1988)은 대형 디스카운트 증권사의 거래계좌10,000개의 거래내역을 추적한 자료를 이용한 연구에서, 투자자는 주가가 하락한 종목보다는 상승한 종목의 주식을 처분하는 경향이 높음을 발견하였다. 이러한 연구결과는 멘탈회계의 예상을 강력하게 지지해준다.

계좌를 적자상태로 마감하길 꺼린다는 또 다른 증거는 기업의 회계처리 실무에서도 발견된다. 대다수 공개기업들이 공식적으로 매 분기별 실적(매출액, 영업이익, 순이익 등)발표를 하고 있다. 재무정보에 대한 외부감사가 실시되지만, 다양한 수익&비용 항목들을 어느 시점에 회계장부에 인식 · 반영할 것에 대한 **재량**이 기업에는 어느 정도 있다. 이로 인하여 기업은 외부보고용 재무제표 수치에 대한 통제력을 얼마간 행사한다. 실적의 악화나 손실을 피하려고 재량권을 사용한다는 연구결과도 나오고 있다. 특히, 주당순이익(EPS: 당기순이익/발행주식수)의 작은 부분(주당 10원) 혹은 주당순이익의 변동분(금년 1분기 대비 작은 1분기)은 제로(0)상태에서 급격한 비연속성을 보인다. 기업들은 주당 10원의 하락보다는 주당10원의 상승을 더욱 선호하며, 또한 주당10원의 손실보다는 적어도 주당10원 만큼 지난해의 실적을 초과하길 더욱 바란다. 그래서 작은 손실금액은 작은 이익금액으로 변환시켜둔다. 한편, 큰 이익금액은 조절・삭감(차기에 다시 이익의 증가 여지를 증대시킴)한다. 보통수준의 손실금액은 약간 부풀려 반영시킨다. 기업의 이해관계자들은 프로스펙트이론의 예상과 일치되는 방식으로 실적발표에 반응하는가? 기업 측은 그렇게 믿고 있다.

선불구매, 매몰비용, 지급금액의 감가삼각

소비에 앞서 미리 구매하는 행위는 소비자가 한 계좌를 열고 닫는 시점을 정해야 하는 상황과 맞물려 있다.

한달 후에 열릴 축구경기 입장권 티켓 2매 구입에 10만원을 지불했다고 해보자. 티켓이 참조가격으로 판매되고 있으므로 거래효용은 제로라고 가정한다. 이 경우 아마도 소비자는 티켓 구입시점에 자신의 어떤 계좌를 열 것이다. 이때 10만원이 차감된 잔액이 그 계좌에 남게 된다. 일단 경기 당일 경기를 관람하면, 그 계좌는 마감될 수 있다. 만약 폭설로 경기장에 도착하지 못했다면 어떻게 될까?

이 경우 소비자는 당해 계좌를 10만원 손실로 마감해야만 한다. 회계학적인 용어를 빌리자면 손실을 인식해야 한다. 이러한 사태는 비용cost을 손실로 변환시키는 것이며, 대개 사람은 손실을 피하려는 경향이 있다. 일개월전 지출금액(매몰비용:sunk cost)이 폭설에도 불구하고 그로 하여금 관람장으로 가도록 이끄는 이유가 어디 있을까? 이 질문에 대한 해답을 구하기 위하여 거래가 마음속에서 어떻게 평가되는지를 고찰해보자.

대부분의 일상적 거래의 경우 사람들은 계좌의 마감 시 사후적 평가를 하지 않는다. 거래의 규모가 커지거나 구매나 상황이 비일상적인 경우 사후적평가의 가능성은 증대된다. 이미 지불한 어떤 이벤트에 참석하지 않게 되면 그 구매행위는 소비자에게 아주 두드러진 거래로 느끼게 되며, 평가대상이 된다. 눈으로 덮인 길을 운전하여 경기장에 도착함으로써, 그 소비자는 축구경기 게임을 명시적인 평가 대상이 아닌 통상적 거래로 되돌려놓는다. 이리하여 (도중에 사고가 나지 않았다면) 비용·효익 계산cost-benefit analysis을 피할 수 있게 된다. 더군다나, 사후 평가를 설사 한다고 해도, 경기장에 가는데 따른 추가비용은 평가에 반영하지 않을 것이다. 해스(1995)가 제시한바와 같이, 경기장으로 드라이브하는데 따른 비금전적인 비용은 분석에 포함시키지 않을지도 모른다. 눈보라를 헤치면서 경기장으로 가기로 결정하는 사람은 경기를 즐기기 위해서가 아니라, 입장권 구입비용을 날리는데 따른 아까움을 피하기 위해서 일까?

1. 프로축구결승전 혹은 한창 흥행중인 오페라 티켓을 구입했다고 가정해보자. 그런데 들어가는 입구 바로 앞에서 10만원에 구입한 티켓을 분실했다는 것을 알았다. 경기 혹은 오페라를 보기위해 당신은 다시 10만원을 지불하겠는가?

2. 같은 시나리오 이지만 이번에는 티켓을 현장에서 직접 구입하기로 마음먹었다. 티켓 판매창구에 줄서 있는 순간, 주차장 어딘가에서 10만원을 분실했음을 알았다. 하지만 지갑에는 아직 티켓을 살 수

있을 만큼의 돈은 남아 있다. 당신은 티켓을 사겠는가?

당신이 보통 사람이라면 질문1에는 "아니오", 질문2에는 "예" 라고 대답할 것이다. 이 두 가지 시나리오에 나타난 딜레마는 사실상 같다. 즉, 10만원을 손해 보았으며, 경기든 오페라든 즐기려면 또 다시 10만원의 지출이 필요하다. 그럼에도 불구하고 이렇게 양자간의 선택이 달라지는 이유는 무엇일까?

그것은 대부분의 사람들이 1. 시나리오에서는 오락비로 총20만원이 든다고 느끼기 때문이다. 즉, 10만원의 티켓을 실제로 두장을 사게 되는 셈인 것이다. 프로축구 경기든 인기 높은 오페라이든 20만원은 너무 비싸다는 느낌을 갖게 한다. 반면 대부분의 사람들에게 있어 잃어버린 현금 10만원과 티켓을 사는 10만원은 '심리적'으로 서로 전혀 별개의 것이라는 계산이 성립된다. 운은 좋지 않았지만 그 둘 사이에는 아무런 관계가 없다는 것이다. 이렇듯 본질적으로는 같은 10만원의 손실을 그 발생 원인이 다르다고 해서 전혀 별개의 것처럼 취급해 버리는 사고야말로 '멘탈회계'의 전형적인 사례라고 할 수 있다.

일반적으로 부wealth, 특히 돈은 대체가능한 것이라고 여기는 전통경제학에서는 '멘탈회계'라는 개념을 그다지 달가워하지 않는다. '대체가능성'의 본질은 노름으로 번 10만원이나 급여로 받은 10만원, 또 세금환급액 10만원은 모두 똑같은 가치를 지닌다는 것이다. 동일한 액수의 돈이라면 누구나 맥도날드의 5천원 짜리 햄버거 세트메뉴를 같은 수량만큼 살 수 있다는 의미이다.

동일 금액의 분실경우보다 티켓 분실 후에 티켓 구매하려는 시도가 대체로 더 약할 것이다. **극장-티켓** 사례의 경우 두 번째 티켓의 구입을 꺼리는 마음이 생긴다. 돈의 분실은 포함되어 있지 않지만, 티켓구입은 극장 관람비 용도의 심리계좌에 포함되어 있기 때문이다.

매몰비용은 돈이 지출된 후에 일어나는 후속 의사결정들에 영향을 미친다. 그렇지만, 그 영향이 무한정 머물러있는 건 아니다. 당신이 **구두**를 산다고 해보자. 구두 매장에서 신어 볼 때는 발이 아주 편안한 느낌이었다. 그러나 구입한 구두를 신고 출근한 첫날 발에 통증이 오고 불편하였다. 며칠 후 다시 신어 보았으나 첫날보다 더 높은 강도의 통증이 느껴졌다. 지금 어떻게 되고 있을까? 세 가지 가능성이 제기된다.

1.구두 구입비용이 높을수록 어떻게든 구두를 신어 보려고 더 많이 시도할 것이다(특히 다른 비싼 구두로 대체해야 한다면, 이러한 선택은 합리적일 것이다.).

2.결국 당신은 그 구두를 신지 않게 될 것이다. <u>그렇지만 구두를 내버리지는 않을 것이다.</u> 구두 구입비용이 높을수록, 그만큼 더 오랫동안 신발장에 보관할 것이다(값비싼 구두가 공간을 덜 차지하지 않는다면 이러한 행동은 비합리적일 것이다.).

3. 얼마로 구입했던 간에, 그 구입액이 완전 "상각"된 어떤 시점에 이르면, 당신은 그 구두를 내버릴 것이다.

아킷과 블러머는 매몰비용 효과의 지속성에 대한 연구를 위하여 자신들의 실험에 참가한 학생들을 무작위로 세 집단에 배정하였다. 이들은 대학교내 캠퍼스극장의 **시즌티켓 입장권**을 구매하려고 한다. 제1집단은 요금을 전액 지급하였고, 제2집단은 13$ 할인을 받았으며, 제3집단은 47% 할인금액을 지급하였다. 실험자들이 시즌동안 피험자들이 극장을 관람하는 회수를 확인한 결과, 시즌의 전반부에, 요금을 전액 지불한 집단은 할인받은 집단에 비하여 관람회수가 현저하게 많았다. 그렇지만 시즌의 후반부에서는, 집단들 간에 차이가 없었다. 종국적으로, 사람들은 매몰비용을 무시한다. 과거에 지출된 금액의 의사결정 관련성 강도는 점차 약화되며, 구빌리와 소멘은 이를 **'지출금액의 감가상각'**이라 부른다. 어떤 **헬스클럽**이 회원들에게 일년에 2차례 회비를 부과한다고 해보자. 헬스클럽 이용 회원 수는 6개월 치 회비를 납부한 달에 최고조에 달하며, 그 다음 5개월 동안은 감소한다. 그리고 다음 고시서가 회원들 집에 배달되고 나면 이용 회원 수는 다시 껑충 뛰어 오른다.

어느 와인 수집가의 멘탈회계에서도 유사한 이슈가 내포되어 있다. 그는 숙성시까지 10년 이상 동안 저장해 둘 생각으로 와인을 구매한다. 나중에 한 병을 소비한다면 어떤 일이 일어날까? 샤필과 탈러는 어떤 와인 뉴스래터 구독자 명단을 파악, 열성 와인 소비자/수집가들을 상대로 다음과 같은 질문을 하였다.

당신은 1982년산 보르도 와인 한 상자를 선물시장에서 $20로 구입했다고 가정해봅시다. 이 와인은 지금 옥션에서 병당 $75에 거래되고 있다. 당신은 한 병을 따 마시기로 했다. 다음 중 어느 항목이 당신이 마시게 될 한 병의 주관적 비용에 가장 근접한다고 느낍니까?

응납자는 5개 ($0, $20, $20 플러스 이자, $75, -$55)중 하나를 선택하도록 되어 있었으나 ,각각의 선택비율은 30%, 18%, 7%, 20% 및 25%로 나타났다. 경제학적 관점에서 정답($75)을 선택한 응답자 대부분은 실제로 이코노미스트들 이었다(뉴스래터, Liquid Asset, 이코노미스트 아센펠디가 발행하며 많은 이코노미스트 구독자를 확보하고 있음.). 응답자의 반 이상은 그 와인을 마신다고해서 아무런 비용이 드는 것은 아니며 사실상 돈을 절약하는 셈! 이라고 말했다.

이러한 서베이 조사결과를 토대로 사필 & 탈러는 다음과 같은 질문 항을 이용하여 후속연구를 하였다. 이번 질문내용은 다음과 같다.

당신이 보르도 한 상자를 선물거래 가격 futures으로 $400에 구입한다고 가정해봅시다. 배송시점에 이 와인은 소매로 상자 당 약 $500으로 판매될 것이다. 당신은 10년 동안은 이 와인을 마시지 않고 보관해 둘 생각한다. 이 와인을 취득한 시점에서 당신이 느끼게 되는 감정을 가장 정확하게 표사한 문장은 어느 것입니까?

a. 나는 주말 야외 나들이에 $400 돈을 쓰는 것과 같은 느낌으로 $400를 막 소비했다고 느낀다.
b. 나는 $400을 투자한 것이며 몇 년 후 천천히 소비할 것이라 생각한다.
c. 나는, 선물거래가격과 와인의 인도시점에 형성될 거래가격과의 차이인, $100을 절약했다고 생각한다.

응답자들은 상기 세 가지 항목 중 하나를 선택한 다음 5점-척도상에 선호의 정도를 표시하였다. 대부분은 (b)를 선택하였으며, 당초에 구입한 것을 투자로 생각했다. 이러한 선택은 무엇을 의미하는가?

전형적 와인 감식가나 전문가들은 와인의 구입을 위해 처음에 지불힌 돈을 투자로 보며 나중에 와인을 마실 때는 공짜 와인이라고 생각하는 것이다.

'와인에 대한 투자는 지금하고, 마시는 것은 나중에 하므로, 결코 돈을 써버리는 것이 아니다.'

이러한 멘탈회계로 인하여 값비싼 취미가 돈이 들지 않는 공짜(free) 취미로 변환된다는 점을 주목해보자. 동일한 멘탈회계가 **콘도** 등 시분할방식의 공동휴가시설(공동 임차 · 공유 물건으로 여러 사람이 교대로 사용함)에도 적용된다. 제주도에 위치한 어느 리조트를 연중 1주일 이용할 수 있는 회원권을 구입할 당시 지급액은 투자로 느끼며, 나중에 리조트에 도착한 후에는 공짜 휴가를 즐기는 것으로 느낀다.

분리 현상

와인의 사례에서 본 봐와 같이, 선불지급은 구매행위와 소비행위를 분리시킴으로써, 그러한 행위의 코스트를 인지적으로 줄여주는 것으로 보인다. 선불지급의 이러한 기능은 흔히 나타나지만, 분리라는 멘탈회계상의 이점이 모두 선불지급에 국한된 것은 아니다.

여행사의 지중해 **쿠루즈 여행상품, 휴양 리조트**의 요금책정정책 등을 살펴보자. 해외여행상품이나 휴양시설의 이용객들은 소정의 고정금액을 지불하고 음식 ,숙박, 및 오락이 포함된 서비스를 제공받는다. 이러한 관광 상품은 두 가지 이점이 있다.

첫째, 휴가비용의 나머지 항목에 음식 · 오락항목을 추가시킨 비용은 상대적으로 작게 보일 것이다.

둘째, 각 항목별 지출금액은 개별적으로는 크게 보인다. 대부분의 리조트에서 거래되는 물품 가격은 소비자들에게 상냥한 마이너스 거래효용을 초래한다.

개별품목별 가격정책의 또 다른 난점은 지급금액과 특정 소비 사이의 연결을 극히 두드러지게 보이도록 한다는 점이다. 그와 반대되는 경우가 아주 바람직하다. 예를 들어, 고급 한 정식이나 값비싼 **풀코스 중국요리**는 각 코스별로 제공되는 아주 소량의 음식과 아주 높은 가격과의 대응관계의 연상을 피할 수 있게 해준다. 각 요리별로 따로 요금을 받는 경우, 소비자로부터 다음과 같은 불평이 나올 수 있다.

"생선 스켈럽 두 조각에 15,000원이라니, 말도 안돼?! "

이와 같은 맥락에서, 도시에 거주하는 많은 자동차 소유자들은 자가용차를 매각하고 택시와 렌트를 적절히 활용하면 돈을 더 절약할 수 있다. 그렇지만, 슈퍼마켓이나 극장에 가려고 1만원의 택시 요금을 지불하는 것은 두드러진 거래로 인식되고, 이러한 감정이 소비행위에 연결된다. 소비자는 식료품 가격과 극장관람비용이 인상된 것으로 느끼게 된다. 월별 자동차 할부대금 지급액은 그렇지 않다. 특히 자동차 대금을 완불 지급한 경우에는 더욱더 그렇다.

택시승객은 요금측정기 수치가 올라가는 경험을 좋아하지 않는다. 이것은 전기통신분야에서, **'정액요금의 편견'**으로 지칭되어 왔다. 비록 통화한 만큼 요금을 지불하는 방식이 더 유리하지만, 전화서비스의 고객들은 정액요금제를 선택한다. 즉 통화회수가 동일하다면, 두 방식의 요금이 같다고 해도 소비자들은 통화 회수별 요금제보다는 정액요금제를 선호한다고 한다(트레인,1991). 문제의 소지가 있는 이러한 편견이 소비자들에게 실제로 존재한다. 전통적 소비자 선택이론은 이러한 현상을 수용하지 못한다.

헬스클럽은 일반적으로 소비자가 시설을 이용할 때 개별적으로 이용요금을 부과하는 방식 대신에 월 ,반년, 또는 년 회비 방식으로 운용한다. 이러한 전략은 클럽시설 요금을 사용과 분리시키는 효과를 가져오며, 심리적으로 클럽 이용의 한계비용이 제로가 되도록 한다. 이 방식이 헬스클럽 경영자에겐 매력적이다. 왜냐하면 자기통제의 측면에서 소비자들은 헬스클럽의 이용회수를 보다 많이 해야 한다고 느끼지만, 실제로는 그렇게 하지 못하기 때문이다. 월 회비는 일단 내고나면 매몰비용이다. 하지만, 소비자들은 회비 납부 직후에는 되도록 자주 들러서 시설을 이용해야지 하는 생각을 하게 된다. 헬스클럽 시설 1회 이용 당 부담액을 줄이기를 원하기 때문이다. 연회비 방식과 매 이용할 때 마다 요금을 지불하는 개별징수방식을 비교해보자. 이용별 개별요금징수방식은 클럽회원들의 심리적 요구에 부합되지 않는다. 이것은 회원들의 클럽이용을 촉진하기보다는 이용을 억제하기 때문이다.

아마도 최고의 분리도구는 **신용카드**일 것이다. 판매자는 신용카드사에 수익금액의 3% 정도를 낸다는 사실로 미루어 볼 때, 신용카드가 소비를 촉진하고 있음을 알 수 있다. 신용카드는 다음과 같이 구매와 지급을 분리시킨다.

첫째, 신용카드 구매로 대금지급을 몇 주 동안 지연시킬 수 있다. 이러난 지연으로 두 가지 효과가 나타난다.

A. 지급이 구매 후에 이루어진다.

B. 지급은 구매와 분리된다.

지급의 연기는 아주 성급하거나, 유동성이 부족한 사람에게 매력적일 것이다. 다른 사정이 같다면, 소비자는 후불보다는 선불을 선호할 것이므로, A 요소는 신용카드구매의 주된 매력이 아닐 수 있다.오히려, 단순히 구매와 지급이 분리됨으로 인하여, 소비자는 돈이 나가는 실감을 덜 느끼게 된다는 것이다. 캠퍼스 서점에서 책을 구입하는 학생이 혹은 백화점에서 상품을 구입하는 주부가 신용카드대신 현금이나 수표로 지불했다면, 서점을 나오는 학생이 혹은 백화점을 나오는 주부가 신용카드로 처리한 경우에 비하여 구매금액에 대한 기억을 훨씬 더 생생하게 할 것이다. 신용카드로 처리하면 현금 유출의 생생함·현저함이 약화된다. 현금이나 수표로 지급하면 기억이 더 강하게 남는다고 한다.

둘째, 신용카드에 의한 소비의 매력을 유발시키는 또 하나의 요인은 대금청구서가 집에 도착되면, 그 구매는 많은 다른 구매항목들과 혼합되어 있다. 상점에서 5만원을 현금으로 지불하는 것과 100만원의 신용카드 대금명세서에 5만원 항목이 추가되어 있는 것 중 어느 쪽이 소비자에 주는 심리적 충격의 강도가 높을까? 아마도 100만원 청구서상의 5만원 항목에 비하여 5만원이 단독으로 있을 때 더 크게 보일 것이다. 신용카드 대금을 몇 회 분납하는 경우에는 이러한 효과가 더욱 강하게 나타나게 될 것이다. 미지급 잔액은 탐탁지 않지만, 소비자로서는 그렇다고 그 미지급잔액이 생긴 원인을 특정한 구매와 연결시키기는 어렵다.

7. 예산편성

지금까지 멘탈회계 의사결정 문제를 개별거래의 차원에서 다루었다. 멘탈회계의 또 하나의 구성요소는 **범주화(분류)** 혹은 **라벨붙이기**이다. 돈은 공통적으로 세 가지 수준에서 라벨이 부착되어 있다. 지출예산은 용도별(식료비, 주거비 등)로 편성된다. 부는 각 계정에 할당(예: 당좌계정, 연금, "긴급자금")되어 있다. 소득(수입)은 정기소득, 일시소득 혹은 우연소득 등으로 분류된다. 만약 경제학의 가정인 돈의 완전 대체가능성이 성립된다면, 그러한 계정(계좌)들을 설정하는 것은 비논리적이며 조리에 닿지 않은 일이다. 그렇지만, 현실적으로 사람들의 마음속 심리계정들은 상호 대체가 어렵다. 그래서 문제가 된다.

소비의 카테고리

예산 편성시 지출을 세분하는 목적은 두 가지다.

첫째, 경쟁적인 자금용도들 간의 교환관계를 더욱 합리적으로 설정할 수 있다.

둘째, 예산시스템은 자기통제 노구로서의 기능을 한다.

기업이 예산을 편성하여 각 부분별 혹은 부서별 지출한도를 기록 및 통제하는 것과 마찬가지로, 멘탈회계시스템은 예산범위 내에서 가계의 지출을 꾸려나가는 방식이다. 물론 예산편성 프로세스가 얼마나 명시적이냐 하는 것은 각 가계별로 상당한 차이를 보일 것이다. 가계이든 기업이든 간에, 일반적으로 예산이 빠듯할수록, 예산편성 규칙은 보다 명시적이 될 것이다. 빈곤층 가정은 엄격하고도 명시적 예산을, 부유층은 덜 구속적이고 덜 명시적인 예산을 이용한다. 가난한 가정일수록 더욱 단기간(1주 혹은 1개월)의 예산을 편성한다. 반면 보다 부유한 가정은 아마도 년 난위 예산을 이용할 것이다. 예를 들어 해스와 손의 연구에 의하면, 대부분의 MBA학생들은 1주일 단위의 식료비 예산과 오락비, 1개월 단위의 의류구입비 예산을 운용한다고 한다. 이러한 규칙은 학업을 마치고 취업하면 극적으로 바뀔 것이다. 예산에 의거 비용을 추적과정은 다음과 같은 두 단계로 나누어진다.

회계시스템은 비용을 인식하여 '분개장' 장부에 기록한 뒤, '원장의 해당 계정에 전기(옮겨 적음)하는 절차를 따른다.

멘탈회계시스템을 보자. 우선 눈에 뜨여서 인지하게 된 비용이 있다면 , 그 비용은 해당 계정에 할당해야 한다. 어느 한 단계가 없으면 비용금액은 예산에 영향을 주지 않을 것이다. 각 프로세스는 서로 다른 인지 시스템의 영향 하에 있다. 기록하는 행위는 주의와 기억에 의존한다. 전기는 유사성 판단과 범주화에 의존한다.

사람들은 일상생활에서 소액으로 지급되는 많은 비용금액은 기록하지 않는다. 작은 비용항목의 무시현상은 기업에서 소액비용 항목을 "소액현금" 계정에서 처리하는 실무와 유사하다. 소액금액의 무시경향은 쾌락적 편집과 명백하게 모순되는 현상을 설명할 수 있을 것이다.

많은 경우, 각종 내구성 물품의 판매자(예:정수기나 비데)나 **기금모금 단체**(지역 방송국, 학교, 종교단체, 자선기관 등)들은 물품의 총액이나 년 회비를 "하루에 몇 백원"의 프레임으로 틀을 설정한다. 따라서 어느 자선단체의 10만원 맴버쉽 회비는 "하루에 불과 270원"으로 표현할 수 있다. 볼록 모양의 손실함수가 주어진 상태에서, 이러한 전략은 어째서 효과적인가?

270원이 소액현금 범주에 속함은 분명하다. 270원을 이런 식으로 프레임(틀짜기)해 놓으면, 사람들은 마음의 장부에 기록 대상이 아닌 다른 항목들과 비교해볼 것이다. 이와 대조적으로, 10만원 맴버쉽 회비는 마음의 장부에 기록·전기 대상이 되는 큰 금액이므로, 아마도 기부금 항목(계정)의 예산한도액에 구속될 것이다. 이와 반대방향에서도 동일한 예측이 가능하다.

마케팅 전략상 **금연약 판매회사**는 애연가들에게 연간 담배구입비 총액으로 즐길 수 있는 휴가를 생각해보라고 다음과 같은 문구의 메시지를 던진다.

"하루에 2,000원 정도의 금액은 무시할 수 있겠지요. 하지만, 730만 원이면 멋진 휴양지에서 며칠 즐길 수 있는 돈이지요."

대체가능성 위배현상의 함의

예산 항목들 간에 대체가능성이 없는 경우, 소비는 여러 가지로 영향을 받을 수 있다. 예를 들어 어떤 예산항목에 들어 있는 돈은 그 한도액 까지 모두 사용했지만, 예산항목 중 다른 계정에는 미사용 자금이 남아 있는 경우가 있다. 여러 조직에서 이러한 현상이 나타나고 있다. 특히 자금을 다음 연도로 이월할 수 없는 경우 심각한 왜곡현상을 야기 시킬 수 있다. 이렇게 되면 조직 내 어떤 부서는 심각한 자금부족에 허덕이지만, 다른 부서는 다음연도의 예산 삭감을 방지하려고 금년 예산을 다 쓰려고 필사적 노력을 하게 된다.

전통적 이코노미스트들의 견해에 의하면, 사람은 한 계정에 들어 있는 돈을 다른 계정에 들어 있는 돈과 마찬가지로 사용할 것이다. 즉 돈의 대체가능성 논리를 이용하여, 이코노미스트들은 시간도 역시 대체가능해야한다고 주장해왔다. 합리적 인간은 **시간**을 " 한계효용 균등법칙"에 따라 최적 배분할 것이다. 즉 어떤 행위에 투입한 추가 1분당 한계가치는 동일해야 한다는 것이다.

지켓과 계산기 사례에 의하면, 이 규칙은 시간에 대한 인간의 선택행위를 설명하지 못한다. 작은 소품을 5,000원 싸게 구입하려고 20분간 승용차를 타고 나가려고 하지만, 고가품 구입할 때는 그렇게 하지 않는 경향이 있는 것이다. 레크래 등의 연구에 의하면, 매표소 앞에 서있는 사람들에게 45분간 기다리지 않고 지금 표를 살 경우 돈을 일마 더 낼 수 있는지 질문한 결과, 15$짜리 표를 45$ 지불하고 구입하겠다고 한다. 사람들이 시간에 부여하는 내재가치는 호주머니 사정에 따라 달라질 수 있다.

자기통제와 선물의 선택

예산시스템에서 또 하나의 대체가능성 위배현상이 나타난다. 사람들이 어떤 예산은 의도적으로 "지나치게 낮게" 설정하는 수가 있다. 이것은 방심할 수 없는 자기통제 문제를 손쉽게 다루는데 도움이 된다. 예를 들어, 저녁 식사에 와인 한 병 마시기 좋아하는 어느 부부의 딜레마를 생각해보자. 이들은 와인 값으로 하루 1만원만 쓰도록 규칙을 정해둔다. 그리하여 평균 한 병에 1만원 짜리 와인을 구매하며, 2만원 초과량 구매 금지라는 한도를 설정한다. 때로는 3만원 짜리 최고급 삼페인이 돈 3만원보다 더 가치가 높다는 의미에서 이들의 방침이 최적이 못된다. 그러나 만약 2만원의 장벽을 철폐하는 경우 와인 예산의 증액에 대한 유혹을 뿌리칠 자신이 없는 것이다. 그렇다면 이 부부는 자신들의 예산제약선을 초과한 와인선물을 받는다면 크게 즐거워 할 것이다. 이러한 분석은 통상적인 조언과는 상치된다(선물을 현금으로 받는 것이 물건으로 받는 것보다 좋으며, 받는 자가 사려고 하는 바로 그 물건을 받는 경우에만 현금과 현물이 동일한 정도로 좋다.).

멘탈회계의 관점에서 분석하면 다음과 같다. 받는 자에게 최고의 선물은 자신이 평소 구입하는 것보다 고급스럽고 호화로운 어떤 것이며, 이것은 이코노미스가 아닌 사람의 전통적 조언과 일치되는 견해이다. 자신을 위하여는 구입하지 않을 어떤 것을 남에게 사주는 물건이다. 호화경품이 현금보다 더 좋다는 관념은 백화점 세일 행사를 기획하는 사람들에게는 잘 알려져 있다. 백화점 세일 경품을 보면 현금대신 흔히 해외여행권 혹은 내구성 사치품(대형 LCD TV,노트북),최근에는 오피스텔이나 아파트를 1채 내거는 경우도 있다. 미국 '내셔널 풋볼리그'NFL가 연례 프로보울Pro Bowl 경기에 선수들을 출전시켜온 경험이 아마도 이에 대한 가장 생생한 사례가 된다. 이 올스타 게임은 슈퍼볼 경기가 끝난 후 연말에 개최되며, 몇 년 동안 슈퍼스타 선수들을 모두 참가시키기가 쉽지 않았다. 많은 선수들이 부상 때문에 출전이 어렵다고 사정하곤 했다. 금전상의 인센티브는 고액 연봉을 받는 이들에게 유인책이 거의 되지 못한다. 경기장소를 하와이로 옮겨 진행하고 모든 선수들에게 1등석 항공표 두장(한 장은 선수의 부인이나 여자친구용) 및 숙박권을 제공한 결과, 문제의 상당부분이 해소되었다고 한다.

선물 고르기에 대한 분석을 통하여 자기통제 문제가 선택행위에 어떻게 영향을 줄 수 있는지를 알 수 있다. 와인 애호가 커플은 값비싼 와인 병들의 "유혹"으로부터 벗어나, 소비를 억제하려고 그러한 와인을 "출입금지상태"로 유지한다. 다른 매혹적인 물품의 경우, 소비자들은 한 번에 소량구입, 재고를 낮은 수준에서 유지함으로써 소비를 부분적으로 조절한다.

이러한 소비습관은 엉뚱한 상황을 야기 시키기도 한다. 즉 소비자는 보다 적은 양에 대해 추가금액을 지불하려 한다는 것이다. 터무니없는 소량 포장의 물품에 대한 가격프리미엄이 흔히 보는 보다 많은 양의 물품의 경우에 비하여 더 높을 수가 있다. 소비를 조절하기 위하여, 소비자는 자신들이 그토록 좋아하는 상품을 보다 적은 양을 구입고도 돈은 더 많이 낸다는 지적이 나올 수 있다.

부富계정

자기통제 문제를 다루는 또 하나의 방법은 각 계정의 금액을 **출입금지 상태에 두는 것**이다. 돈의 종류별로 소비를 유인하는 강도가 다르다. 세프린 & 탈러에 의하면 소비지출 유혹의 강도에 따라 돈의 계층체계가 있다고 한다.

그 강도가 가장 높은 유형의 계정은 예를 들어 현금, MMF, 일반예금계정 등 "유동성이 가장 높은 자산"항목이다. 가계는 이들 계정의 돈을 매기 일상적으로 지출한다.

전형적으로 정기적금불입계정, 유가증권(주식과 회사채), 뮤추얼 펀드는 저축의 목적의 돈이다.

계층체계상 다음 항목은 담보주택의 순가치금액이다. 우리나라도 주택저당 담보대출제도의 도입으로 퇴직할 때 까지 평생 동안 대출금을 상환해나가는 가정이 증가할 것이다.

계층체계의 마지막 단계에 있는 돈은 "미래소득"계정future income account에 들어 갈 것이다. 이것은 나중에 벌게 될 돈(즉, 인적자본)이며, 미국의 경우 개인퇴직연금계정IRAs이나 기업연금401(K)s 같은 퇴직대비용 저축계정에 넣도록 지정된다.

세프린 & 탈러의 분석에 의하면, 현행소득계정 current income account에 들어 있는 1달러의 한계소비성향은 거의 1.0이다. 그러나 미래소득계정의 1달러 소비성향은 거의 제로에 가깝다. 이러한 예측은 저축에 대한 표준적 경제이론(라이프-사이클 모델)과는 아주 상치된다. 라이프사이클 모델을 간단하게 살펴보기로 하자.

이자율= 0%. 한 개인의 남은 수명= N 년.

한 개인의 부(W:wealth)= 보유 자산 + 금년소득 + 생존기간 동안의 장래(예상)소득

생존기간 동안의 소비= W/N.

이 모형에서 부의 변동분 △W는, 그 모양이야 어떻든 간에(예, 직장에서 받은 보너스, 자기주택가치의 상승, 10년 후 예상되는 상속재산), 현재의 소비에 변동(즉, △W/N)을 가져온다. 달리 말하면, 이 이론은 부(재산)는 완전히 대체가능하다고 가정한다.

세프린 & 탈러는 수정 라이프 -사이클 모형, 즉 행동적 라이프-사이클 모형을 제안하였다. 이 모형은 앞서 기술한 멘탈회계상의 유혹계층체계를 반영하고 있다. 돈을 소비유혹의 강도가 보다 낮은 멘탈계정에 옮겨놓으면, 보다 많이 저축할 수 있다는 것이 멘탈회계 모형의 강력한 예측이다. 정부당국은 저축장려프로그램의 설계에 이러한 통찰력을 활용할 수 있을 것이다. 정부가 국민을 설득하여 각 가정의 현행소득계정의 돈을 미래소득계정에 옮기도록 할 수 있다면, 장기저축이 증가할 것이다. 달리 말하면, 우리나라의 국민연금제도 및 퇴직연금제도, 미국의 개인퇴직계좌(IRAs : Individual Retirement Accounts)와 기업연금401(K)s 등은 훌륭한 저축촉진도구가 될 수 있다는 것이다. 미국의 경우 이러한 예상이 자료에 의거 입증되었다고 한다. 장기저축계정에 넣어둔 돈은 소비의 유혹이 낮은 멘탈계정이며, 또한 중도 해약 인출할 경우 금융기관에서는 예금자에게 높은 해약수수료를 부과한다.

소득계정

지금까지 예산편성 프로세스 혹은 돈의 위치와 관련된 대체가능성 위배현상을 고찰하였다. 제3의 위배 유형은 소득의 유형에서 나올 수 있다.

오 커리(1997)는 한 피험자 집단에게 돈의 원천과 사용 양쪽을 판단하여 척도(중요함-중요하지 않음)상에 표시하도록 한 결과, 다음과 같은 응답이 나왔다 : 사내 축구경기에서 이긴 것은 중요한 일이 아니지만 소득세 환급은 중요하다. 외식 자체는 사소한 일이지만 외식 대금의 지급은 중요하다.

다른 피험자 집단에게 장농 속에 걸린 옷에서 발견한 30 달러 같은 아주 우연한 소득을 어떻게 처리하는지를 질문한 결과, 사람들은 우연히 생긴 돈의 중요도를 그것의 사용과 연계시키는 경향이 있는 것으로 나타났다.

콜먼이 제시한 비대체가능성 사례를 또 하나 보자. 그는 네델란드 정부로부터 아동보조수당을 지급받은 가족들의 소비행태를 조사하였다. 아동 의류비지급액은 다른 소득원에 비하여 아동보조수당액의 변동에 훨씬 민감하게 반응하는 것으로 나타났다. 아동보조수당은 아동에게 쓰는 것으로 심리적 라벨이 부착되어있다는 사실과 사람들의 소비행태는 중대한 관계가 있는 것 같다. **라벨부착효과**는 흔히 볼 수 있다.

이러한 관념이 적용될 수 있는 놀라운 분야의 하나가 **기업의 배당금 지급**이다. 어떤 기업이 흑자행진을 계속하고 있으며, 이익 중 일부를 주주들에게 환원하려는 계획을 갖고 있다고 해보자. 전통적 방법은 배당금을 지급하는 것이다. 또 하나의 방법은 기업이 자기주식을 단순히 매입하는 것이다. 세금이 없다면, 이 두 방법은 동일하다. 비과세계정에 들어있는 주식은 상관이 없다. 만일 자본이득보다 배당금에 더 높게 과세된다면, 납세자로서의 주주들은 배당금보다는 주식매입을 선호할 것이다. 이러한 조건하에서 아무런 기업도 배당금지급을 하지 않아야 할 것이다.

기업이 배당금을 지급하는 이유는 무엇일까? 멘탈회계의 관점에서 설명이 가능하다. 정기적인 현금배당은 투자자에게 간단한 자기통제의 규칙을 제공한다: 즉 배당금은 사용해도 되지만 투자 원금은 손대지 말자.

이처럼, 배당금은 보조수당 비슷한 역할을 한다. 만약 기업이 발행한 자기주식을 단순히 재매입한다면, 주주들은 소비할 소정의 금액을 받지 못하며, 결국 자본(투자원금)에 손대지 않을 수 없게 된다. 퇴직자들은 고배당주식의 소유를 선호하는 경향이 있으며, 투자원금을 너무 빨리 소진시키지 않을 까 염려할 것이다. 주식시장에서의 자본이득은 소비에 별 영향을 미치지 않는 경향이 있다. 인수합병 시장에서 인수당한 기업의 기존 주주들이 주식매각대금을 받는 경우 이들의 소비가 증가한다는 포테파 등(1989)의 연구결과도 있다. 이를 "**우편함효과**"라고 한다 .집의 우편함에 수표가 도착하면 그 금액을 소비해버리는 경향이 있다는 것이다. 그렇지만 서류상의 이익은 그대로 둔다.

8. 선택의 브레킷 및 동태적 멘탈회계

관념상(그렇지만 대체가능은 없는)의 경계들을 도입하면 인간의 선택행위가 달라진다는 것이 제1장의 반복적인 주제의 하나다. 멘탈회계 관념을 일반화시킨 것이 '선택의 브레킷choice bracketing'개념이다. 브레킷bracket은 어떤 것을 괄호 안에 넣거나, 괄호로 묶는 것, 다수의 물건을 같은 부류에 넣는 것, 또는 어떤 것을 일괄하여 다루는 것을 뜻한다. 괄호의 위치가 멘탈회계상 문제가 된다. 손실을 보다 더 큰 이익과 함께 묶을 수 있다면 손실의 고통은 더 약화될 것이다. 구매금액을 아직 적자상태에 도달하지 않은 계정에 할당할 수 있다면 소비자는 더 많은 구매를 할 가능성이 있다. 사람들은 동일한 계정에서 현재 결정을 내리는 경우 과거에 지불된 비용(매몰비용)에 주의를 기울인다. 이 절은 다른 경계 설정방식을 고찰하면서 이 주제를 자세하게 다룬다. 일련의 의사결정은 한 번에 하나씩 또는 일괄하여 한데 묶어서 이루어질 수 있다.

과거의 결과 및 위험하의 선택행위

경마장의 관중 : 프로스펙트이론을 제시한 카네만과 트베르스키, 매츠 등의 실증적 연구결과에 의하면, 경마장의 관중들은 초반 경기에서보다 후반 경기에서 관중들의 투기적 성향이 높아진다. 평균적으로 관중들이 당일 돈을 잃고 있으며, 본전이라도 건지고 싶은 마음에 사로잡혀 있는 경우, 경기종료시간이 가까워 올수록 승산 없는 말에 대한 배팅이 늘어난다.

이러한 매몰비용 효과가 던지는 흥미로운 점은 그것은 전적으로 배팅 계좌(계정)를 일일(하루) 단위로 마감하는지 여부의 결정에 달려있다는 것이다. 각 경주가 별개의 계좌라면, 이전의 경주들은 영향을 주지 않을 것이다. 이와 유사하게 만약 오늘의 배팅이 배팅하는 사람의 나머지 부(재산)와 결합된다면, 이전의 결과는 사소한 것일 수 있다.

이 분석은 다른 게임 의사결정에도 적용된다. 일련의 게임을 함께 묶어 놓으면, 한 게임의 결과가 나중에 내린 선택행위에 영향을 줄 수 있다. 과거의 결과가 위험하의 선택행위에 어떤 영향을 줄까? 탈러& 존슨은 MBA학생들에게 다음과 같은 문항에 답하도록 하였다. 이런 문항들을 이용하여 과거 의사결정의 결과들이 위험하의 선택행위에 미치는 영향을 조사하였다. 괄호내의 수치는 피험자들이 택한 응답비율이다.

문항1. 당신은 방금 30달러를 벌었다. 이제 둘 중 하나를 선택하시오.
(a) 9달러 딸 확률이 50%, 9달러를 잃을 확률이 50%이다.[70]
(b) 더 이상의 이득이나 손실이 없다.[30]

문항2. 당신은 방금 30달러를 잃었다. 이제 둘 중 하나를 선택하시오.
(a) 9달러 딸 확률이 50%, 9달러를 잃을 확률이 50%이다.[40]
(b) 더 이상의 이득이나 손실이 없다.[60]

문항3. 당신은 방금 30달러를 잃었다. 이제 둘 중 하나를 선택하시오.
(a) 30달러 딸 확률이 33%, 하나도 따지 못할 확률이 67%이다.[60]
(b. 10달러 확정금액을 받는다.[40]

하우스머니 효과 : 여기서, 다음과 같은 두 가지 점을 주목할 가치가 있다.

첫째, 문항1에서 본바와 같이 이전의 이득은 동일 계좌에서 위험추구 행동을 고무시킨다. 이러한 현상을 '하우스머니 효과'라 한다. 노름꾼들은 카지노에서 번 돈을 흔히 하우스머니(공돈)라고 부르는데서 유래된 명칭이다. 카지노를 '하우스'라고 부르지 않는가? 초저녁에 돈을 얼마간 딴 노름꾼들은 그 돈을 다른 주머니에 옮겨 넣는다. 이와 같이 각 호주머니별로 별개의 멘탈계좌가 있는 것이다.

둘째, 문항2에서 본바와 같이, 당해 게임이 50대 50의 찬스가 아닌

한 이전의 손실은 위험추구행위를 하도록 고무시키지 않는다.

이 실험에서 사용된 판돈은 대부분의 실험실 실험들과 비교 해보건대 상당히 큰 금액이었다. 그렇지만 실험참가자들의 재산총액에 비하여는 적은 금액이었다. 오늘의 경마 상금은 관중이 거는 금액에 강한 영향을 미친다. 그러나 오늘 이전에 경마경기에서 딴 금액은 실질적으로 영향을 주지 않는다. 오늘 딴 돈은 오늘 이전에 딴 돈의 멘탈계좌와는 다른 멘탈계좌에서 처리된다. 이러한 행태는 부富는 대체가능한 것이라는 기대효용이론의 가정과 상치된다

편협한 프레임과 근시안적 손실-기피증

흔히 사람들의 투자나 게임행위는 일정기간 동안에 걸쳐 이루어지기 때문에, 이득과 손실의 계산 빈도는 상당한 신축성을 가진다. 여러 게임들을 어떻게 일괄해 묶느냐에 따라 개별 배팅의 매력도가 영향을 받는다.

1963년 경제학자 폴 사뮤앨슨이 제기한 유명한 일화가 있다.

사뮤앨슨이 동료 이코노미스트와 점심을 함께하면서, 동료에게 구미당기는 배팅 제안을 하나 하였다. 동전던지기를 해서 동료가 이기면 $200를 벌고, 지면 단지 $100을 잃는 게임이다. 동료는 이 제안을 거절하면서, 이렇게 말했다. -사뮤앨슨 !, 당신이 이 게임을 1회가 아니라 100회 시행을 마다하지 않고 기꺼이 응한다면 용감하지.

사뮤앨슨은 이 수정제안을 받아들이지 않았으며, 귀가 후 이 선택안들이 비합리적임을 증명하였다. 이 문제에서 흥미로운 몇 가지 점이 있다.

첫째, 사뮤앨슨은 단 한번 시행 게임을 동료가 거절한 이유를 이렇

게 도출해보았다.

"$200 따는 것보다 $100잃을 우려를 더 많이 하기 때문에 난 배팅을 할 수 없지." 이를 현대적인 표현으로 바꾸면, " 나는 위험 회피형이지."가 된다.

둘째, 동료가 1회가 아닌 일련의 배팅을 좋아하는가? 보다 구체적으로, 그의 마음속에 어떤 멘탈회계가 어떻게 작용하였는가? 왜 그는 단일 배팅에는 구미가 당기지 않지만 여러 번 시행하는 배팅은 선호하는가? 그 동료의 선호는 프로스펙트이론에서 제시된 가치함수의 부분선형 버전의 일종이다. 여기서 손실-회피계수는 2.5이다.

U(x) = x x ≥ 0

2.5x x 〈 0

손실-회피 계수가 2보다 크므로, 사뮤앨슨이 제안한 단일 회 배팅 게임은 분명히 매력적이 못된다. 그렇다면 2회 시행게임은 어떤가? 2회 배팅의 매력도는 적용할 멘탈회계의 규칙에 달려있다. 각 시행을 별도의 사건으로 본다면, 이 게임의 2회 시행은 단일시행 게임의 두배만큼 불리하다. 그렇지만, 배팅들을 하나의 포트폴리오로 결합시킨다면, 2회-배팅 걸기는 {$400, 0.25; 100, 0.50 ; -$200, 0.25} 플러스의 기대효용을 가져오며, 반복회수의 증가에 따라 포트폴리오는 점점 더 매력적이 된다. 그래서 아마도 사뮤앨슨의 동료는 주의를 집중하여 계속 지켜볼 필요가 없을 정도로 확실하게 많은 회수의 배팅제안은 받아들일 것이다.

일반적으로, 각 배팅을 한 번에 하나씩 개별적으로 고려하는 대신에 여러 배팅을 한데 묶어서 고려하는 경우 위험회피형 인간은 보다 많은 위험을 감수하려고 한다. 실제로, 비록 동료가 한번이 아닌 일련의 배팅게임에는 기꺼이 응하려 하는 이유가 무엇인지 사뮤앨슨에게 있어는 수수께기였지만, 왜 그의 동료가 단일 회 배팅에는 응하길 꺼리는지가 진짜 수수께기였다.

그의 동료가 많은 부를 갖고 있다면 위험회피개념은 만족할 만한 설명이 될 수 없다. 기대효용이론에 의하면, 사뮤앨슨의 단일 회 배팅 제안에 응하지 않는 사람은 $200을 잃을 확률이 50%, $20,000을 딸 확률이 50%인 배팅안도 역시 거절할 것이다. 보다 일반적인 표현을 빌린다면, 기대효용이론하에서 많은 사람들은 "작은" 배팅의 경우 사실상 위험중립적이 된다.

많은 사람들이 (사뮤앨슨이 제안한 배팅 같은)매력적인 작은 배팅들에 응하길 꺼리는지를 설명하려면, 두 가지 개념(손실회피와 한번에-1회 배팅 멘탈회계)의 결합이 필요하다.

멘탈회계가 지분프리미엄 퍼즐 현상을 설명을 할 수 있을까? **지분프리미엄 퍼즐**이란 지난 20세기동안 지분(주식)수익률이 미국 재무부채권 같은 안전 투자자산의 이자율보다 놀라울 정도로 높았다는 실증적 사실을 나타내는 용어로 사용된다. 퍼즐이란 수수께기를 의미하지 않는가?

미국에서 지분프리미엄은 지난 70년간 약 6%였다. 1926.1.1주식에 투자한 1달러는 1998.1.1에 1,800 달러 이상으로 그 가치가 늘어났다는 의미이다. 반면에 재무부채권에 투자한 1달러는 단지 15달러에 불과하였다(그 반은 물가상승으로 사라져버림).

물론 이 차이의 일부분은 위험에 기인된 것이긴 하지만, 이처럼 큰 수익률의 차이를 위험회피 수준만으로 설명하기는 곤란하다.

위험회피형 투자자의 위험에 대한 태도는 투자자들이 얼마나 빈번하게 판단기준점을 재설정하는가에 달려있다. 이것은 자기 돈을 얼마나 자주 계산해보는가 하는 **빈도**frequency의 문제이다. 프로스펙트이론의 선호를 투자자가 가지고 있다는 가정 하에, 탈러는 그들에게 다음과 같은 질문을 던졌다.

투자 포트폴리오의 변동액에 대한 평가시기를 어느 정도로 하면, 주식과 회사채 사이의 역사적 수익률분포가 동일하게 나올까?

대답은 약 13개월로 나왔다. 만약 대다수 투자자들의 평가기간이 1년에 한번이라면, 지분프리미엄 퍼즐 문제에 대한 해답은 여기서 "도출"된다.

이 분야의 학자들은 이러한 행동을 '*근시안적 손실-기피증*'이라 부른다. 투자자가 자기의 투자금액에 대한 결산을 너무 자주 하면 적절한 장기 전략을 구사할 수 없게 된다. 따라서 여기서 비난조의 "근시안"이란 용어를 사용하는 것이 부적절하다고 보여지지 않는다.

탈러 등의 연구에서 피험자들은 일정한 빈도에 따라-1년에 8회, 1년에 한번, 혹은 5년에 한번씩- 주식과 회사채에 대한 투자결정을 하였다. 두 가지 장기 조건하의 피험자들은 대략 자금의 3분의 2를 주식에 투자하였으며, 평가 빈도수가 높은 집단의 피험자들은 자금의 59%를 회사채에 투자하였다.

뱄나치 등은 어느 대학의 교직원들에게 퇴직금을 두 가지 투자 펀드- 주식펀드(A)와 회사채펀드(B)-중 어디에 투자할 것이지를 물었다. 한 집단은 1년 수익률 분포 차트를 받았고, 다른 한 집단은 30년간의 수익률 분포 차트를 받았다. 1년 수익률자료를 본 집단은 퇴직금의 대부분을 회사채에 투자 하겠다고 했다. 반면에 30년 수익률 자료를 본 집단은 퇴직금의 90%를 주식에 투자하겠다고 했다.

근시안적 손실-기피증은 '편협한 프레임(틀)설정' 현상의 한 예가 된다. 편협한 프레임설정이란 투자 프로젝트들을 **전체 포트폴리오**의 일부(일환)으로 보지 않고 개별적으로 한 번에 하나씩 평가해버리는 현상을 말한다. 이러한 경향으로 인하여 개인들은 위험을 극도로 회피하려는 태도를 보일 수 있다.

연수교육임원 : 정기연수 교육중인 어느 기업의 부서별 관리책임자인 임원진들을 대상으로 다음과 같은 질문이 주어졌다 : 20억원의 이익을 얻을 확률이 50%, 10억원의 손실을 입을 가능성이 50인 어떤 프로젝트를 당신의 부서에서 수행할 것입니까? 25명의 임원들 중 3명이 이러한 프로젝트를 추진하겠다고 대답했다.

이번에는 같은 연수에 참가중인 그 회사의 대표이사CEO에게 25개 투자안의 어떤 포트폴리오를 보여준 뒤 어떻게 생각하는지를 물어보았다. 그들은 열정적으로 긍정의 표시를 하였다. 과도한 위험회피증을 교정하는 방법은 시간이든 부서이든 간에 이것들을 통합 즉 한데 묶는 것이다.

편협한 브레킷이 위험감수행위를 억제한다는 것은 지금까지 논의된 사례들을 통하여 알 수 있다. 편협한 브레킷 설정으로 인하여 야기될 수 있는 또 하나의 부작용 사례를 보자.

뉴욕의 택시기사 : 2006년 현재 서울의 경우 택시는 시민 149명당 1대 수준이다. 뉴욕 런던 도쿄 등 해외 대도시의 경우 650명당 1대 수준이다. 케머러 등은 뉴욕시내 택시기사들의 일일 운전시간 결정행태를 연구하였다. 미국의 많은 도시와 마찬가지로, 뉴욕의 택시기사들은 대개 차를 12시간동안 정액요금제 랜트로 빌려 운행하며, 12시간 동안 번 돈은 모두 자신의 수입이 된다. 특히 뉴욕시내 같은 곳에서 12시간

은 긴 운전시간이므로, 기사들은 운전을 몇 시간 할 것인지, 즉 12시간 풀로 할 것이지 아니면 조금 일찍 운전대를 떠날 것인지를 매일 정해야 한다. 그날의 날씨나 대규모 컨벤션 개최 등에 따라 택시탑승 수요가 매일 다르기 때문에 이에 대한 결정이 단순하지 않다. 합리적 분석에 따른다면, 택시탑승수요가 많은 날에는 좀 더 오랜 시간 운전함으로써 시간당 수입을 극대화할 수 있을 것이다. 그렇게 하는 대신, 만약 하루의 목표수입금액을 정해놓고 운전 시작하는 기사는 운 좋은 날의 경우 좀더 빨리 운전대를 떠날 수 있을 것이다. (당일 다른 기사들의 수입금액으로 측정되는) 일일 임금에 대한 노동시간의 탄력성은 강한 음수(-)이다. 케머러 등의 연구결과 얻은 시사점은 다음과 같다:

택시기사들은 하루 단위로 수입을 결산, 자신들의 멘탈회계로 처리한다. 즉 일주일, 일 개월,혹은 6개월 등의 좀 더 긴 시간단위로 계산하지 않는다는 것이다.

분산(다각화)의 휴리스틱

스넥과자 고르기 : 소비자들이 얼마나 다양한 종류를 선택하는가에 대하여 분석의 단위가 영향을 미칠 수 있다. 시몬슨은 두 가지 중 하나의 조건하에서 학생들이 6가지 스넥과자(켄디 바, 칩스 등) 중 선택하도록 하였다:

(a) 순차적 선택조건

하생들은 1주일 단위로 열리는 3회 클레스 미팅에서 각 미팅 때마다 6가지 스넥 중 한 개를 선택했다.

(b) 동시 선택조건

첫 번째 클레스 미팅 난, 학생들은 3회 클레스 미팅에 걸쳐 주당 스넥 1개씩 먹을 스넥 3개를 선택했다.

동시 선택 조건하의 실험참가자들은 순차조건하의 실험참가자들에 비하여 훨씬 다양한 선택을 하였다. 즉 동시조건하에서 실험참가자들의 64%는 세 가지 각기 다른 스넥을 택한 반면, 순차조건하에서 실험참가자들의 9%만 이러한 선택행위를 하였다. 이러한 행태는 다양한 음식을 추구하는 경향으로 설명될 수 있으며, 일종의 선택 휴리스틱이다. 즉 몇 가지 선택행위를 동시에 하라는 요구를 받은 사람은 다양하게 택하는 경향이 있다. 이러한 전략은 음식을 먹을 때(우리는 보통 세 코스 모두 동일한 음식을 주문하지는 않는다.) 등 어떤 상황하에서 민감하게 적용된다. 그러나 순차적 선택 같은 다른 상황하에서 잘못적용 되기도 한다. 이러한 실수는 예측능력의 실패를 나타내는 것이며, 특정 물품의 소비로 체험할 효용을 정확하게 예측할 수 없게 된다. 스니커즈를 가장 좋아하는 많은 학생들은 매주 한번씩 그 스넥을 택하였지만, 미리 선택해야 하는 학생들은 여러 가지 스넥을 집었다. 이러한 현상을 "*분산의 편견*"이라 한다.

핼로윈 밤: 리드와 로웬슈타인(1995)는 10월 31일 핼로윈 밤(*이 축제일에는 속을 도려낸 큰 호박에 악마의 얼굴 모습을 새기고 그 안에 양초를 넣고 고정시켜 불을 밝힌 호박등(jack-o'-lantern)을 만들어 집집마다 문 앞이나 창가에 놓으며, 밤이 되면 특히 어린들이 해적, 마녀 등의 특이한 복장을 하고 떼지어 이웃집을 찾아다니며 한턱(trick)내지 않으면 장난(treat)치겠다는 말인 trick or treat !라고 외친다. 그러면 각 집마다 미리 준비한 초콜릿이나 사탕을 아이들에게 건네준다.*)에 trick or treat! 라고 외치는 어린이들을 대상으로 선택의 브레킷이 어떤 기능을 하는지에 대한 실험연구를 수행했다.

핼로윈 밤 어린이들은 인접한 두 집을 방문하고 있었다. 한 집단의 어린이들에게는 도착한 각각의 집에서 두 가지 캔디 중 한 가지를 선택하도록 하였고, 다른 한 집단의 어린이들에게는 도착한 첫 번째 집에서 두 가지 캔디 중 어느 것이든 좋아하는 것을 택하도록 했다. 동일한 캔디 두 개를 선택해도 무례한 느낌이 들지 않도록 다량의 캔디를 쌓아두고 있었다.

동시 선택상황에서 강한 분산의 편견현상이 나타났다. 즉 모든 어린이들이 각 캔디 중 한 개를 택했다. 반면에 순차선택상황의 경우 단지 48%만이 상이한 캔디들을 집었다. 어느 경우이든 간에 선택한 캔디는 가지고 온 자루에 넣고 소비는 나중에 하는 것이므로, 이러한 결과는 놀라운 일이다. 중요한 것은 방문한 각 집에서 택한 포트폴리오가 아니라, 자루속의 포트폴리오이다.

퇴직금 투자: 분산의 편견은 스넥을 고르는 어린이에게 국한된 현상이 아니다. 사람들이 퇴직금을 여러 투자상품에 어떻게 배분하는지를 연구해본 결과 동일한 현상이 발견되었다.

배나치니 등은 이러한 편견의 극단적 현상을 1/n 휴리스틱이라고 부른다. 투자자가 선택하는 자산의 배분은 제시된 일련의 펀드상품에 크게 좌우된다. 그러므로 한 개의 주식펀드와 한 개의 회사채펀드를 제시하는 퇴직급여플랜의 경우, 평균 50%를 주식에 배분한다. 그렇지만, 또 하나의 주식펀드가 추가되는 경우, 주식에 배분되는 금액은 3분의 2로 껑충 뛰어오른다. 직장인들은 자신이 근무하는 회사의 주식을 별도의 멘탈계좌에 두는 경향이 있다. 연금 플랜에 투자금액의 42%는 자기 회사의 주식에 집어넣고, 나머지 돈은 균등하게 다른 회사 주식에 29%, 다른 회사의 회사채에 29%를 투자한다. 연금플랜에 자신이 근무하는 회사 주식이 포함되지 않은 경우 직장인들은 돈의 49%는 회사채, 51%는 주식에 투자한다.

요 약

사람들은 어째서 이미 지출되어 돌이킬 수 없는 소위 매몰비용에 신경을 쓰는가? 왜 바겐세일에 현혹되어 어리석게도 불필요한 물품을 구입하는데 아까운 돈을 지출하는가? 고가품 구입시는 그렇게 하지 않으면서, 소액물품 구입시에는 단돈 5,000원 절약하려고 동네 슈퍼 대신에 시내로 20분씩 차를 타고 나가는 이유를 어떻게 설명할 수 있을까?

멘탈회계와 관련된 질문들을 몇 가지 더 제시하면서 본장을 마무리 한다. 멘탈회계 연구자들은 여기에 열거된 질문사항을 넘어서 멘탈회계의 영역을 계속 확대해오고 있다.

정액제 전화요금제가 그토록 인기가 있는 이유?

기업이 배당금을 지급하는 이유?

년중 30일간 시설 이용할 수 있는 제주도소재 콘도의 이용권을 구매하는 이유?

백화점 세일행사에 현금 대신 자동차 등 사치성 고가 물품을 경품으로 내거는 이유?

퇴직연금제도가 저축을 증대시키는 이유?

회사채에 비하여 주식의 수익률이 훨씬 높은 이유?

위험수준이 낮은 매력적 배팅을 받아들이길 꺼리는 이유?

뉴욕 맨허턴이나 도쿄시내에서 비오는 날 택시를 잡기 어려운 이유?

많은 주목을 끌지 못한 의문사항 한 가지는 멘탈회계가 우리들에게 이로운지 아니면 해로운지 여부이다. 멘탈회계의 규범적 위치는? 과연 멘탈회계가 '합리적'인지 혹은 아닌지 여부에 대하여 고민하는 것은 아무런 효용이 없다. 시간비용 및 사고思考비용을 절약하려고, 또한 자기통제문제를 다루기 위하여 멘탈회계 절차들은 계속 진화해왔다. 우리가 예상할 수 있는 바와 같이, 멘탈회계상의 절차들이 완벽하게 작동되는 것은 아니다. 예를 들어 사람들은 이미 과거에 지불된 소위 매몰비용에 신경을 쓰는가하면, 그냥 지나쳐 버리기엔 너무나 싸지만 불필요한 물건을 덥석 사기도 한다. 택시기사는 손님이 많은 날 운전대를 일찍 떠난다. 퇴직금을 초단기성금융상품MMF에 넣어둔다. MMF는 은행과 투신사에서 주로 파는 단기성금융상품이며 수시입출금이 가능하다. 시스템에 대한 교정방법을 모르는 상태에서 시스템의 결함을 얘기할 수는 없다. 최적화는 지나치게 많은 비용이 소요되므로 현실적 타당성이 없다고 한다면, 한 가지 문제의 교정은 또 다른 문제를 발생시킬 수 있다.

예를 들어,우리들이 매몰비용은 무시해야 한다고 사람들을 가르친다면, 사람들이 **"낭비하지 않으면 부족함이 없다"**는 속담에 따라 행동하기를 중단할까? 값싼 물품에 현혹되지 않기로 한다면, 가격에 전혀 신경을 쓰지 않게 되는가? 이러한 의문들에 대하여 쉽게 해답을 구할 수는 없다.

개인의 의사결정행위를 개선하는데 흥미를 가진 사람들은 일종의 처방적 도구로서의 멘탈회계연구에 더욱 정진 할 수 있을 것이다. 소정의 목표에 이르기 위하여 멘탈회계에 적용되는 규칙을 어떻게 수정할 수 있을까? 월스트리트 저널의 신규투자자를 위한 코너 란의 기고자, 요나탄 클레멘트는 자신의 칼럼 란에 독자들을 초대하여 저축과 투자에 관한 보다 좋은 지침들을 소개하도록 하였다. 많은 지침들은 후에 출판되었으며, 멘탈회계적인 맛이 강하게 베어있다. 독자의 한 사람은 다음과 같은 지침을 소개하였다:

8년 전 나는 작은 저축계좌를 "따로" 한개 개설했다. 매일 나는 잔돈을 모으려고 애쓴다. 만약 내가 상점에서 4.5달러 쓰는 경우, 내 호주머니에 50센트 동전이 있다 해도, 점원에게 5달러 지폐를 꺼낸다. 매일 하루를 마감하는 밤에 잔돈을 따로 모아둔다. 만약 잔돈이 없으면, 1달러를 따로 떼어놓는다. 연말정산후의 소득세 환급액, 구입했다가 반품한 물품에 대하여 되돌려받은 돈, 별 힘 안들이고 얻는 우편으로 제공되는 각종 리베이트 금액(예;바테리, 면도용 크림 등의 구입시 업체가 제공하는 할인권)을 저축에 가산한다. 이런 식으로 고통 없이 500달러 내지 1000달러를 매년 저축한다.

일 년에 한번 수표 발행해서 뮤츄얼 펀드회사에 보내면 고통이 훨씬 감소될 것이라는 주장이 제기될 수 있을 것이다. 하지만 그러한 주장을 하는 사람은 멘탈회계의 중요성을 간과하고 있는 것이다.

제2장 회계의 기초개념

멘탈회계mental accounting는 인간의 머리 속에서 일어나는 일종의 정신회계, 마음의 회계, 혹은 심리회계라 할 수 있다. 제2장을 통하여 회계에 대한 기본지식을 습득한 독자는 멘탈회계를 보다 쉽게 이해할 수 있을 것이다. 경제학 · 재무학과 마찬가지로, 회계학은 사원 · 자금 · 돈과 관련된 학문이다.

1. 회계의 정의

가계, 기업, 정부기관 등 경제활동의 주체들은 투자 저축 소비에 관한 판단과 선택행위를 하면서 상호작용을 한다. 회계는 기업뿐만 아니라 학교, 자선단체, 종교단체, 정당, 정부기관, 1인 가계에서도 필요하다. 회계는 돈의 조달과 사용 및 그 결과물(회계정보)을 체계적으로 기록 · 관리하는 과정이라 할 수 있다. 특정 기업이나 기관의 실제 활동을 보지 않고도 회계기록을 봄으로써 그 기업이나 기관의 주된 경제활동 내역과 그 활동의 결과를 파악할 수 있다. 회계는 돈의 흐름을 추적하여 기록한 것이므로 돈의 흐름을 파악하는 것은 곧 그 기업이나 기관의 경제활동을 파악하는 것과 같기 때문이다.

회계會計Accounting는 "특정 경제실체의 거래나 경제적 사건(활동)을 체계적으로 인식 · 측정 · 기록하여, 이해관계자에게 보고(제공)하는 정보시스템"이다. 부기와 회계는 어떻게 다른가? 부기簿記 Bookkeeping는 "경제적 사건을 기록하는 기능"으로 회계의 일부에 불과하다. 회계는 조직 내부 및 외부 정보이용자의 경제적 의사결정에 유용한 정보를 식별·측정·기록·요약·전달하는 기능을 수행한다.

회계의 기능내지 역할은 무엇인가? 회계는 회계정보(재무정보)를 이해관계자들에게 제공하는 기능을 수행한다. 그래서 흔히 회계를 기업의 언어language of business라 부른다. 재무정보의 이용자는 경영자와 종업원 등 내부이용자와, 주주 채권자 국세청 소비자 납품업체 등 외부이용자로 나누어진다. 재무정보의 이용자에게 필요한 정보는 이용자들의 의사결정의 유형에 따라 다르다.

2. 경제적 사건

경제적 사건이란 기업의 재무상태와 경영성과에 영향을 미치는 일체의 사건을 말한다. 기업의 재무상태와 경영성과 등을 나타내는 보고서를 재무제표라고 한다. 재무제표는 대차대조표, 손익계산서, 자본변동표, 현금흐름표 등으로 구성되어 있다. 기업의 재무상태와 경영성과를 결정하는 항목(즉 자산, 부채, 자본, 수익, 비용, 차익, 차손 및 당기순이익)을 재무제표의 구성요소라고 한다. 재무제표의 구성요소에 영향을 미치는 일체의 경제적 사건을 회계상의 '거래'transaction라고 한다.

조직에서 일어나는 경제적 사건'이 모두 회계의 기록대상이 되는 것은 아니다. 화폐단위로 객관적으로 측정가능하고, 기업의 재무상태(즉 자산, 부채 및 자본의 상태)를 변동시키는 것만 회계상의 거래가 된다.

3. 재무상태와 대차대조표등식

재무상태는 일정시점 즉 결산일(대차대조표일이라고도 함)이라는 특정시점에 측정됨으로 저장량 stock 개념에 의해 측정된다. 기업이 소유하고 있는 자산은 채권자나 소유주 둘 중 어느 집단에 의해 기업에 제공된다. 기업의 자산에 대한 청구권claims은 채권자나 소유주에게 지분비율 만큼 귀속되어 있다. 그러므로 다음과 같은 회계등식(대차대조표등식)이 성립한다.

자산(기업의 경제적자원) = 부채(채권자지분) + 자본(소유주지분)

4. 경영성과와 이익등식

경영성과는 일정시점이 아닌 일정기간, 즉 회계기간 동안의 기업 등의 경제적 성과를 측정하는 것이므로 흐름량flow 개념에 의해 측정된다. 경영성과는 일정기간동안 기업경영활동의 결과로 얻은 성과로서 당기순이익(혹은 당기순손실)로 요약된다. 당기순이익은 다음과 같은 이익등식으로 산출된다.

당기순이익 = 수익 − 비용 + 차익 − 차손

5. 체계적인 인식과 측정

회계에서 인식이란 특정 거래를 재무제표 구성요소의 세부항목(계정 : account)으로 분류·기록하는 행위이다. 측정이란 인식된 계정에 금액을 부과하는 행위이다. 회계담당자는 복식부기체계에 따라 거래에 대한 인식과 측정을 한다. 모든 거래는 항상 차변(왼쪽)과 대변(오른쪽)으로 구분 ·기록되며, 차변금액의 합은 항상 대변금액의 합과 같다. 그리고 항상 자산= 부채+자본이라는 등식이 성립된다. 복식이란 이중적인 기록방법에 의하여 기록함을 의미한다.

복식부기에서는 장부를 인위적으로 왼쪽과 오른쪽으로 구분하여, 모든 거래를 왼쪽과 오른쪽에 동시에 동일 금액을 두 번 기록함으로써 거래의 발생원인과 결과를 나타낸다. 즉 동일 금액을 양쪽에 기입함으로써 거래의 인과 관계cause-effect를 알 수 있고 왼쪽과 오른쪽은 항상 일치하게 된다, 따라서 불일치시에는 기록상의 오류나 누락의 존재가능성을 나타내므로 복식부기체계는 자기검증기능이 있다.

6. 재무보고와 이해관계자 집단

재무보고를 한다는 것은 어떤 실체(개인, 기업 또는 정부기관)에 관한 회계정보를 이용자인 개인 또는 집단에게 전달하는 것을 말한다. 재무제표는 재무보고의 중심이며 기업외부에 회계정보를 전달하는 주된 수단이다. 그러나 재무보고라고 할 때는 재무제표뿐만 아니라 회계시스템이 제공하는 정보(기업의 자원과 부채, 이익에 관한 정보)와 직·간접으로 관계를 가지는 다른 정보의 전달수단(경영자가 기업외부에 대하여 제공하는 기별보고서나 사업설명서, 비재무적 정보, 언론기관에 대한 뉴스의 제공, 경영자의 예측과 전망, 특정 사업계획서, 연차보고서 등)까지도 포함하게 된다. 일반적으로 재무보고라는 용어는, 기업이 주주, 채권자, 고객, 정부기관 및 일반대중을 포함한 제3자에게 공표재무제표 및 관련 정보를 전달하는 것을 의미한다.

재무제표는 기업실체가 외부의 정보이용자에게 재무정보를 전달하는 핵심적 수단으로서 일반적으로 대차대조표, 손익계산서, 자본변동표, 현금흐름표로 구성되며 주석을 포함한다. 주석에는 법률적 요구에 의해 작성하는 이익잉여금처분계산서 등이 포함될 수 있다. 재무제표의 명칭은 전달하고자 하는 정보의 성격을 충실히 나타내야 하며 관련 법규와의 상충이 없는 경우에는 재무상태보고서, 경영성과보고서, 자본변동보고서(또는 소유주지분변동보고서), 현금흐름보고서 등 대체적인 명칭을 사용할 수 있다

재무보고는 다음과 같은 방법을 통하여 기업실체 외부의 이해관계자에게 정보를 제공한다.

(가) 재무제표 : 가장 핵심적인 재무보고 수단으로서 기업실체의 경제적 자원과 의무, 그리고 자본과 이들의 변동에 관한 정보를 제공하며 주석을 포함한다. 중요한 회계방침이나 자원(자산) 및 의무(부채)에 대한 대체적 측정치에 대한 설명 등과 같은 주석은 재무제표가 제공하는 정보를 이해하는 데 필수적인 요소로서 회계기준에 따라 작성된 재무제표의 중요한 부분으로 인정된다.

(나) 재무보고의 기타 수단 : 경영자 분석 및 전망, 그리고 경영자의 주주에 대한 서한과 같이 위에 제시된 방법을 제외한 수단에 의해서도 재무정보가 제공될 수 있다.

기업실체가 제공하는 **재무정보의 이용자**는 크게 나누어 투자자, 채권자, 그리고 기타 정보이용자로 구분할 수 있다. 회계정보와 재무정보는 동의어이다.

(가) 투자자는 기업실체가 발행한 지분증권(주식) 또는 채무증권(회사채)에 투자한 자 등을 말한다.

(나) 채권자는 기업실체에 대해 법적 채권을 가지고 있는 자금대여자 등을 말하며, 경우에 따라 공급자, 고객, 종업원을 포함한다. 본 개념체

계에서는 문단 내용에 따라 채권투자자를 투자자 또는 채권자에 속하는 것으로 본다.

㈐ 기타 정보이용자는 경영자, 재무분석가와 신용평가기관 같은 정보중개인, 조세당국, 감독·규제기관 및 일반대중 등을 말한다.

7. 재무제표

회계보고서는 재무정보를 전달하는 수단이다. 회계보고서 중 가장 일반적인 것이 재무제표 F/S이다. 재무제표는 기업실체의 외부 정보이용자에게 기업실체에 관한 재무정보를 전달하는 핵심적 재무보고 수단이다. F/S는 대차대조표·손익계산서·자본변동표·현금흐름표 등으로 구성된다.

대차대조표(B/S:Balance Sheet)는 특정시점에 있어서의 기업의 재무상태에 대한 정보를 제공하는 재무보고서이다. 대차대조표일 현재 기업의 자산, 부채 및 자본의 금액과 구성을 표시하는 재무보고서로서 기업의 경제적 자원, 재무구조, 유동성과 재무건전성 및 기업환경 변화에 적응할 수 있는 능력 등 재무상태를 파악하는데 유용한 정보를 제공한다. 대차대조표(재무상태보고서)의 구성요소는 자산·부채·자본의 세 가지다.대차대조표상 '자산' 항목은 유동자산과 비유동자산으로, '부채'항목은 유동부채와 비유동부채로 나뉜다.

$$A = L + OE$$

자산(A:Assets) : 자산은 기업이 소유하는 경제적 자원economic resources을 말한다. 경제적자원은 미래효익을 가져다 준다.

부채(L:liabilites) : 부채는 기업이 외부조직에 대하여 부담하는 경제적 의무economic obligations를 말한다.

자본(Capital) : 소유주지분(OE: owners' equity) 또는 주주지분 (stockholders' equity)을 말한다. 자본은 기업자산에 대한 소유주의 청구권claim 말한다.

손익계산서(I/S:Income Statement)의 주요 구성요소는 수익 · 비용 · 순이익이다. 손익계산서는 일정기간 동안의 기업의 경영성과에 대한 정보를 제공하는 재무보고서이다.

당기순이익＝수익－비용+차익-차손

수익(revenues)은 일정기간동안 재화의 판매, 용역의 제공 등 기업의 계속적이고 주된 영업활동으로부터 발생하는 자산의 증가 또는 부채의 감소를 말한다. 기업이 일정기간 동안 고객에게 인도한 재화 또는 용역의 화폐액이다.

비용(expenses)은 일정기간동안 재화의 판매, 용역의 제공 등 기업의 계속적이고 주된 영업활동으로부터 발생하는 자산의 감소 또는 부채의 증가를 말한다. 수익을 얻기 위해 사용한 재화 또는 용역의 화폐상당액이다.

차익(gains)은 일정기간 동안 기업의 일시적이거나 부수적인 활동으로부터 발생한 자본(순자산)의 증가를 말한다.

차손(losses)은 일정기간 동안 기업의 일시적이거나 부수적인 활동으로부터 발생한 자본(순자산)의 감소를 말한다.

순이익(net income)이란 수익과 차익의 합이 비용과 차손의 합보다 큰 경우, 그 차액을 말한다. 비용과 차손의 합이 수익과 차익의 합보다 크면 순손실(net loss)이 발생한다.

경영활동의 결과 발생한 당기순이익 중 일부는 배당으로 지급하고 나머지는 시설투자 등을 위해 기업내부에 유보할 것이다. 이렇게 내부에 유보된 이익의 누적분을 이익잉여금이라 하며, 한 기간 동안 이익잉여금이 어떻게 변동하였는지를 나타내는 표를 **이익잉여금처분계산서**statement of retained earnings라고 한다. 이익잉여금처분계산서는 한 기간 동안의 이익잉여금의 변동을 보여준다. 이에 반해 **자본변동표**statement of changes in equity는 이익잉여금뿐만 아니라 자본금, 이익잉여금 등 모든 자본항목 각각의 변동을 보여주는 재무보고서이다. 자본변동표는 기업실체에 대한 자본의 크기와 변동에 관한 정보를 제공하는 재무보고서이다. 이익잉여금처분계산서는 자본변동표로 대체되고 있는 것이 세계적인 추세이다(김호중외 2인, 2006).

현금흐름표statement of cash flow는 기업의 활동별로 현금유입 및 현금유출과 그 순액을 보여줌으로써 기업의 현금흐름 창출 및 배분과 자금조달에 관한 정보를 제공한다. 기업의 활동은 영업활동, 투자활동, 그리고 재무활동으로 구성된다. 현금흐름표는 일정 기간 동안 기업실체에 대한 현금유입과 현금유출에 대한 정보를 제공하는 재무보고서이다. 현금흐름표는 영업활동을 통한 현금창출에 관한 정보, 투자활동에 관한 정보 및 자금조달을 위한 재무활동에 대한 정보를 제공한다. 이러한 현금흐름 정보는 기업실체의 현금지급능력, 재무적 탄력성, 수익성 및 위험 등을 평가하는데 유용하며, 여러 기업실체의 미래 현금흐름의 현재가치를 비교하고 기업가치를 평가하는데 필요한 기초자료를 제공한다.

8. 회계의 분야

회계학은 재무정보의 생산·활용을 다루는 학문이다. 회계학은 재무회계, 관리회계, 회계감사, 세무회계, 비영리회계, 회계정보시스템 등의 분야로 구분될 수 있다.

회계정보의 이용자가 누구냐에 따라 회계를 크게 재무회계financial accounting과 관리회계managerial accounting 로 대분류할 수 있다.

재무회계는 주로 기업의 외부 이해관계자, 예컨대 투자가 및 잠재적 투자가, 채권자(대출기관과 사적 개인), 재무분석가, 정부기관, 노동조합, 소비자 등에게 그들의 의사결정에 유용한 재무정보를 제공하는 재무제표 중심의 회계분야이다.

관리회계는 기업 내부의 이해관계자, 즉 경영자나 부문관리자 등이 합리적 의사결정을 하는데 필요한 재무정보를 적시에 제공하는 것을 목적으로 한다. 그리고 원가회계정보의 산출과 이용에 초점을 맞춘 회계를 **원가회계**라 한다. 제품의 원가정보는 경영자의 의사결정에도 필요하고 당기순이익 등 재무회계정보를 산출하는 데도 필요하므로 원가회계는 관리회계와 재무회계 양쪽과 연계된다. 일반적으로 원가회계는 관리회계의 범위에 포함된다. 관리회계는 기업내부의 경영자가 전략계획수립strategic planning, 경영통제management controls 및 운영통제operational controls에 관한 의사결정을 하는 데 필요한 정보의 이용을 다룬다.기업의 관리회계정보는 내부적internal이며, 자유재량적discretionary인 성격을 지닌다. 자유재량적이란, 어떤 정보가 누구에게 얼마나 자주 이용되어야 하는가 등에 관하여 선택이 필요함을 의미한다. 정보의 보고가 자유재량적인 경우 그러한 정보로부터 얻게 될 효익이 그 정보의 공급비용보다 더 높을지 여부가 경영자의 주요 관심사가 될 것이다. 재무회계에는 인정된 회계처리기준GAAP이 적용되지만, 관리회계정보는 GAAP의 적용과는 관계없이 경영자가 미리 정해 놓은 지침에 따라 작성하게 된다. 기업의 내부에 있는 경영자는 관리회계정보 뿐 아니라 재무회계정보도 이용한다. 관리회계는 재무회계에 비하여 다루는 영역이 보다 넓다.

세무회계는 재무회계상의 세금차감전 회계이익에서 출발하여, 즉 수익 및 차익에서 비용 및 차손을 차감한 금액 중 세법에서 인정하지 않는 항목을 파악하여 세무조정을 함으로써 과세소득을 산정하는 것을 주요 내용으로 하는 회계분야이다. 세법에서의 과세소득 산정과 기업회계기준에서의 세전 회계이익의 산정은 그 목적이 다르므로 차이가 나기 마련이다.

회계감사는 감사대상 재무제표가 회사의 재무상태와 경영성과 및 기타 재무정보를 일반적으로 인정된 회계처리기준에 따라 중요성의 관점에서 적정하게 표시하고 있는지에 대하여 외부감사인이 독립적으로 의견을 표명함으로써 재무제표의 신뢰성을 제고하고 재무제표의 이용자가 회사에 관하여 올바른 판단을 할 수 있도록 함을 목적으로 한다. 외부감사인은 개인 공인회계사 혹은 공인회계사로 조직된 회계법인을 의미한다.

비영리회계는 정부기관, 종교기관, 학교법인, 병원 등 비영리기관을 대상으로 이의 회계정보를 제공하는 것이 그 주된 내용이다.

회계정보시스템은 회계정보를 생성 · 제공해주는 시스템 자체에 대한 지식을 다루는 분야이다. 회계정보는 어디서 산출되어 나오는가? 회계정보시스템에서 나온다.

9. 회계의 순환과정

재무제표는 일반적으로 인정되는 회계처리기준(GAAP:generally accepted accounting principles)에 따라 작성된다. 기업의 재무상태와 경영성과에 영향을 미치는 모든 경제적 사건을 거래라고 한다. 복식부기원리에 따라 거래의 발생으로부터 재무제표작성에 이르는 일련의 과정을 회계의 순환과정accounting cycle이라고 한다. 재무회계정보의 산출원리와 그 과정을 다음과 같은 단계별로 알아보기로 한다.

거래의 발생확인→거래의 분석→분개장에 기록 →총계정원장에 전기→원장계정의 잔액계산→수정전 시산표작성→시산표의 수정→계정과 장부의 마감→재무제표작성

회계시스템은 거래를 뒷받침해주는 증빙서류를 통하여 거래의 발생사실을 확인하게 된다. 거래의 분석은 발생된 거래에 의하여 영향을 받는 둘 이상의 계정을 복식부기원리에 따라 인식하고 그 금액을 측정하는 단계이다.

(1) 거래의 분석절차

- 거래가 어느 계정에 영향을 주는지를 확인한다. 계정의 명칭을 결정한다.
- 그 계정이 자산 , 비용, 부채, 자본, 수익 중 어느 요소에 속하는지를 결정한다.
- 그 계정금액이 증가 또는 감소하는지를 결정한다. 자산과 비용계정의 증가는 계정의 왼쪽 즉 차변debit에 기입하고, 감소는 계

정의 오른쪽 즉 대변credit에 기입한다. 부채, 자본 및 수익항목의 증가는 계정의 오른쪽 즉 대변에 기입한다. 감소는 반대로 기입하면 된다.

- 차변총액과 대변총액이 일치하는가를 확인한다.

기업 등 경제실체는 거래를 기록하기 위하여 여러 계정account을 이용한다. 계정은 자산 부채 자본 비용 수익에 속한 구체적 항목의 증감을 기록하기 위한 장소를 말하며, 회계상의 도구이다. 계정은 계정과목의 명칭, 계정의 왼쪽, 및 계정의 오른쪽으로 구성되어있다.

원장의 각 계정은 영문 T자 모양으로 생겼기 때문에 흔히 T 계정이라고 부른다. 이것은 계정의 가장 단순한 형태이다. 회계교육 목적상 T 계정이 사용된다(아래 현금계정 참조). 기업의 원장 장부에 실제 사용되는 계정의 모양은 이보다 복잡하다.

현금계정

차변 (왼쪽)	대변 (오른쪽)

(2) 분개

거래를 기록하려면, 어느 항목이 증감 변동되었는지를 분석 결정해야 한다. 분개journalizing란 거래의 분석에 의해 파악된 계정과목과 금액을 차변과 대변에 기록하는 행위이다. 분개가 이루어지는 장부를 분개장이라 한다. 재무회계에서의 모든 기록은 반드시 분개장을 통해 이루어진다. 거래를 먼저 분개장에 기록해둠으로써 회계담당자는 분개장 한 곳에서 거래의 완전한 영향을 파악할 수 있으며, 경제적사건을 발생 시간순으로 파악할 수 있게 된다.

(3) 전기

거래자료를 발생의 시간순 day-by-day으로 분개장(원시기입장부)에 기입한 후, 주기적으로 분개장의 기록을 원장의 해당 계정에 전기한다. 전기posting란 분개장의 거래기록을 원장에 옮겨 적는 것을 말한다. 원장은 자산 , 비용, 부채, 자본, 수익의 각 항목별 계정을 모아 놓은 장부를 말한다. 원장은 기업에서 사용하는 모든 계정을 망라한 장부이다(윤금상, 2005).

(4) 수정전시산표 작성

시산표(T/B : trial balance)는 원장의 각 계정과목들의 잔액을 차변과 대변으로 구분하여 나열해 놓은 표이다. 수정전시산표는 다음에 설명할 수정분개를 하기 전, 회계기말에 원장의 각 계정과목들의 잔액을 나열해 놓은 표이다. 차변잔액과 대변잔액이 일치하는지를 검증하기 위하여 작성된다. 불일치되는 경우 분개와 전기등 회계기록상의 어디인가 오류가 있는 것으로 판단된다.

(5) 수정분개

수정분개는 총계정원장의 계정잔액을 기말현재의 실제가치 또는 실제발생액에 일치시키는 분개이다. 회계 연도말 재무제표 작성이전 시점에서 수정항목에 대한 분개를 해야 하는 이유가 무엇인가? 수정분개는 발생기준 회계의 산물이다. 발생기준 회계에서는 현금의 수취나 지급에 상관없이, 수익은 수익인식원칙에 따라, 비용은 비용수익의 대응원칙에 따라 발생accrual했을 때 인식한다. 즉 발생주의에 따라 당기에 발생한 수익과 비용만을 손익계산서에 표시해야 한다. 그러나, 원장의 수익 및 비용 중 일부 계정 잔액에는 차기에 속한 금액이 포함

(이미 기록된 것)되어 있거나, 당기에 발생했음에도 해당 계정에 기록되지 않은 경우(미기록 된 것)가 있다. 발생accrual에 대한 분개, 이연deferral에 대한 분개, 비용의 추정배분 분개 등-수정분개는 회계연도말에 행한다. 수정분개의 유형은 다음과 같다.

- 미기록된 수익(미수수익 ; 미수임대료)
  현금수취전에 당기의 수익으로 인식한다.
- 미기록된 비용(미지급비용 : 미지급급여)
  현금지급전에 당기의 비용으로 인식한다.
- 이미 기록된 수익 혹은 미리 받은 수익(선수수익 ; 선수임대료)
  회계기말에 이미 기록된 선수금을 적정 회계기간에 배분한다.
- 이미 기록된 자산의 원가 혹은 미리 지급한 비용(선급비용 : 선급보험료, 감가상각비)
- 이미 기록된 자산의 원가를 적정 회계기간에 배분한다.
- 매출채권에 대한 대손추정

(6) 수정후시산표의 작성

수정분개를 반영한 원장의 모든 계정잔액의 차변합계가 대변합계와 일치하는지를 검증해봄으로써 수정분개와 전기의 정확성을 확인할 수 있다.수정후시산표의 작성은 재무제표작성을 용이하게 해준다.

(7) 마감분개

마감분개는 손익계산서에 포함되는 계정들의 잔액을 제로(0)로 마감하고, 동시에 손익계산서의 당기순이익을 대차대조표의 이익잉여금 계정으로 이체하는 분개를 지칭한다. 수익과 비용계정은 기말 결산때까지 일시적으로 존재하는 임시계정이다. 수익은 실제로 소유주 지분(자본)의 증가, 비용은 소유주지분을 감소시킨다. 그렇지만, 그러한 증감은 회계기간 중에는 자본계정이 아닌 수익 ·비용 계정에 집계된다. 따라서, 회계기간 말에 마감절차closing entries를 통해 수익 비용의 증감의 순 영향을 자본계정(소유주지분계정)에 이체해야 한다. 대체 후 수익비용계정의 잔액은 제로가 되어, 계정이 마감된다(clear and close the revenue and expense accounts.). 마감분개가 필요한 또 하나의 이유는 다음과 같다: 손익계산서는 한 회계기간의 수익과 비용을 보고하는 것이다. 따라서 다음 회계년도 시작시점에서 비용·수익 계정의 잔액은 제로(0)에서 시작해야 한다.

(8) 회계장부의 마감(closing) : 회계순환과정의 마지막 단계

수익과 비용 및 배당금 계정은 임시계정temporary or norminal account에 속한다. 회계순환과정의 마지막 단계는 임시계정의 잔액을 ₩0으로 만들고, 이를 이익잉여금계정으로 이체하는 과정이다. 임시계정의 잔액을 ₩0으로 만들게 되면 다음 회계기간의 회계기록을 시작할 수 있게 된다. 그러나 영구계정permanent or real account인 자산 부채 및 자본계정은 마감분개를 거치지 않고 계정잔액이 다음 회계기간으로 이월된다.

임시계정을 마감하는 이유는 무엇일까? 일단 재무제표가 작성되면 소멸되어 그 역할이 종료되므로, 다음 회계연도에는 각 계정별로 다시 새로운 거래자료를 처음부터 기록해 나가기 위해 장부상의 계정잔액을 정리하는 절차가 필요하다. 즉 다음 년도를 위하여 임시계정의 잔액을 W0으로 만들어야 하며 이러한 절차를 임시계정의 마감절차라 한다.

『임시계정의 마감(마감기입) 요령』

수익계정의 잔액을 집합손익계정의 차변에 이체(옮김)시킨 후 마감한다

비용계정의 잔액을 집합손익계정의 대변에 이체(전기.옮김)시킨 후 마감한다.

집합손익계정의 잔액을 이익잉여금계정에 이체시킨 후 마감한다.

임시계정은 마감분개로 인하여 그 잔액이 집합손익계정으로 전기되었으므로 차변금액과 대변금액이 일치한다.

대차대조표계정은 차변 또는 대변에 잔액이 남게 되는데, 이 잔액은 다음 회계기간으로 이월된다 ; 차기이월로 기재한다.

(9) 재무제표의 작성

계정 및 장부의 마감이 끝나면 한 회계연도의 재무제표를 작성한다.

다음의 그림은 대차대조표와 손익계산서의 구성과 계정기록의 규칙을 도식화한 것이다.

복식부기체계도

◆대차대조표 계정기입의 규칙

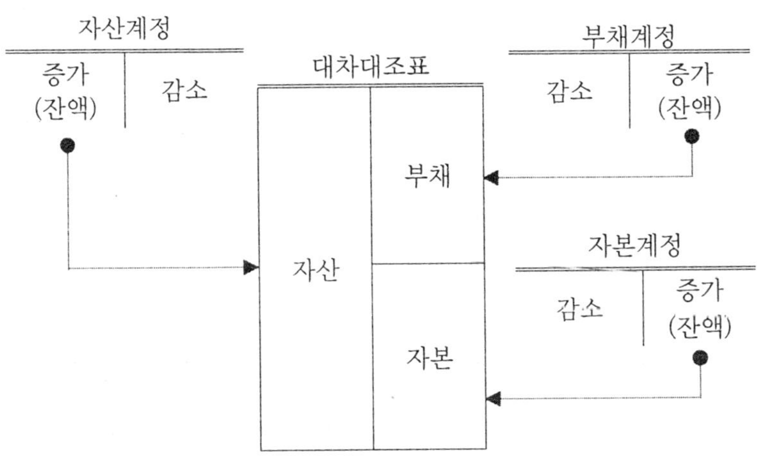

◆ 손익계산서 계정기입의 규칙

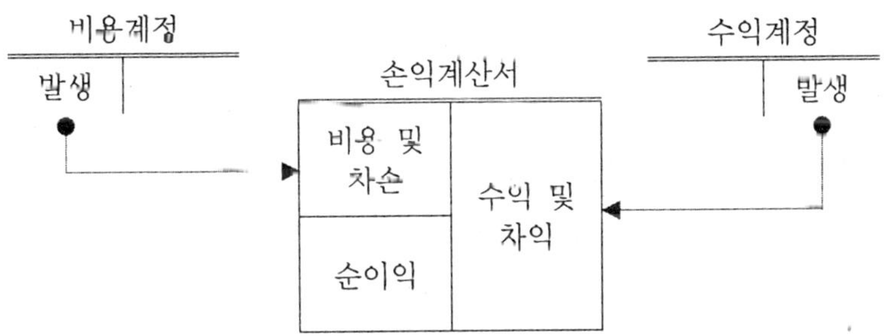

10. 회계의 생성과 발전

회계학을 비롯한 모든 과학은 역사적인 산물이다. 복식부기의 발달은 해결해야할 상업상의 요구에 따라 주로 나타난 것이기 때문에, 이를 위한 어떠한 상업상의 요청이 있었는가 하는 점을 이해하는 것이 회계방법 how to이나 부기기술 art of book-keeping의 발전을 설명하는 것보다 중요할 것이다.

회계학을 깊고 넓게 이해하자면 그 생성의 모태가 되었던 부기의 발전과정을 살펴보는 것이 필요하다. 복식부기는 원시 상업자본이 어느 정도 축적되었고 사회적으로는 천대 받던 상인계급의 지위도 향상되어 앞날의 발전을 기대할 수 있었던 13~14세기경 이태리의 여러 도시국가에서 상인들의 경영생활(비즈니스)의 질서를 완성하기 위하여 여러 사람들이 고안한 것이 모이고 싸여서 자연스럽게 발생하여 왔던 것이다.

즉 자본주의 이전시대(B. C 4000~A. D 1000년)에서 탄생한 불완전한 복식부기의 발전은 상업자본주의 시대(1000~1750), 산업자본주의(1760~1830), 금융자본주의(1830~현재)로 이어지는 자본주의의 발전에 발을 맞추어 왔으며 또한 이 시기에 기업도 성장 발전해 왔다. 어느 시기에 이르면 사회적 요구에 따라 회계학이 필연적으로 출현하게 되는 것이다. 그러므로 회계학의 생성과정을 복식부기의 발생에서부터 시작하여 자본주의의 발전과 더불어 고찰해보면 회계학이 가져야할 임무와 본질을 이해할 수 있을 것이다. 복식부기는 십자군원정시대(1096~1270)와 그 직후의 지중해무역이 발흥함에 따라 나타나게 되었다.

1005년 예루살렘이 터키군의 침공을 받은 후 200년 동안 전 유럽을 휩쓴 성지탈환의 운동은 최초에는 생각지도 않은 결과를 가져왔다. 즉 이태리 여러 도시들의 문화발전과 상업이 번창하게 되었다. 1096년, 3만 5,000여명의 프랑스대군으로 구성된 제1차 십자군은 콘스탄티노플을 점령, 3년 뒤 십자군은 예루살렘 탈환에 성공하였다. 그러나 1144년에 다시 이슬람교도들에게 함락되고 만다. 빼앗긴 예루살렘을 되찾기 위한 제2차 십자군 원정은 1147년에 시작되었으나 목적지에 닿기도 전에 되돌아서는 실패로 끝나고 말았다. 멸망한 이스라엘 왕국을 재건하기 위해 제3차 십자군이 출동한 것은 1189년이며, 영국·프랑스·독일의 왕이 총출동하였으므로 '왕의 십사군 원정'이라 불린다. 제3차 십자군은 제대로 전투 한번 해보지 못하고 왕들끼리 다투기만 하다가 3년만에 되돌아와 버리고 만다. 제4차 십자군은 예루살렘을 되찾으려는 목적보다 동 지중해 상권을 얻으려는 이태리 베네치아 상인들의 욕심에 따라 콘스탄티노플을 점령하였다. 그 후 십자군 전쟁의 지휘자로 나섰던 프랑스의 루이 9세가 1270년에 세상을 떠남으로서 그 막을 내린다. 170여 년의 세월동안 무려 700만 명이 동원되고, 그 가운데 200만 명이 십자가와 예루살렘을 위해 생명을 잃었건만, 십자군 운동은 아무런 결실도 못 맺고 허무하게 실패로 끝나 버리고 말았다.

그러나, 십자군에 의하여 동방 무역이 활발해졌으며, 십자군이 지나가는 동로에서 전쟁 물자를 대 주던 이태리 및 여러 나라 도시의 상업이 발달하게 되었다. 따라서 물물 교환에 의지하던 경제가 화폐경제로 바뀌어 유럽 사회의 경제는 서서히 화폐중심의 체제로 바뀌기 시작했다. 이 때 시작된 동방과의 교역으로 향료나 보석, 비단 등 새로운 상품이 무더기로 유럽에 소개되기 시작했다. 설탕, 후추, 레몬, 수박, 상탄자, 목화 등도 이때 서양에 알려지게 되었다.

복식부기는 십자군원정시대와 그 직후의 지중해무역이 발흥함에 따라 나타나게 되었다. 즉 당시의 회계제도로는 해결할 수 없었던 상업활동의 규모 확대 및 복잡화, 사업상의 요구에 따라 1250년에서 1440년 사이에 북부 이태리에서 대차의 좌우 대조적인 계정형식이 발생하였다. 이태리식 부기는 십자군 전쟁의 참가국이었던 영국과 독일의 부기 실무에 점차 영향을 준 것은 당연하다. 십자군의 대이동(1096~1291)으로 동방제국과 교역했던 이태리의 베니스·프로랜스 제노아 등은 대번영하였고, 상업의 번창으로 거래기록의 필요성이 증대되었다.

르네상스(14세기말~16세기 초)는 학문 예술(미술 조각 건축) 문화상의 혁신 운동이다. 이 시기에 복식부기에 관한 최초의 저서인 **숨마Summa(산술, 기하, 비 및 비례총람)**가 1494년 베니스에서 출판되었다. 이 책의 저자인 루카 파치올리(수도승 및 수학자)는 1445년 이태리 Tuscany의 싼 쎄플크로市에서 출생하였다. 이 책은 복식부기제도double entry system를 최초로 소개한 책이다. 복식부기가 가장 정비된 형태로 나타난 것은 르네상스 최대상업도시 베니스에서 발견된 Barbarigo家의 장부(1430~1582 기록)이다. 회계학의 싹으로서의 복식부기는 14세기에 시작하여 15세기에 완성되었다. 그러나, 회계학으로 개화하기까지 400여년의 기간이 소요되었다. 산업혁명기(18세기 이후 약 100년 간)이후 자본주의는 산업자본주의에 도달하였고 이때 현대적인 회계학이 태동하였다(송태영, 1966). 대기업의 출현으로 소유와 경영의 분리, 비즈니스 거래의 복잡화, 재무제표의 공시 필요성이 증대되었다. 물론 재무정보의 보고방식 개선의 필요성도 증대되었다.

요 약

가계, 기업, 정부기관 등 경제활동의 주체들은 투자 저축 소비에 관한 판단과 선택행위를 하면서 상호작용을 한다. 회계는 기업뿐만 아니라 학교, 자선단체, 정당 정부기관, 1인 가계에서도 필요하다. 계는 돈의 조달과 사용 및 그 결과물(회계정보)을 체계적으로 기록·관리하는 과정이라 할 수 있다. 특정 기업이나 기관의 실제 활동을 보지 않고도 회계기록을 봄으로써 그 기업이나 기관의 주된 활동 내역과 그 활동의 결과를 파악할 수 있다. 회계는 돈의 흐름을 추적하여 기록한 것이므로 돈의 흐름을 추적하는 것은 곧 그 기업이나 기관의 활동을 추적하는 것과 같기 때문이다

회계會計 Accounting는 "특정 경제실체의 거래나 경제적 사건(활동)을 체계적으로 인식·측정·기록하여, 이해관계자에게 보고(제공)하는 정보시스템"이다. 부기와 회계는 어떻게 다른가? 부기簿記 Bookkeeping는 "경제적 사건을 기록하는 기능"으로 회계의 일부에 불과하다. 회계는 조직 내부 및 외부 정보이용자의 경제적 의사결정에 유용한 정보를 식별·측정·기록·요약·전달하는 기능을 수행한다. 회계는 재무회계, 관리회계, 회계감사, 세무회계, 비영리회계, 회계정보시스템 등의 분야로 세분될 수 있다. 회계의 기능내지 역할은 무엇인가? 회계는 회계정보(재무정보)를 이해관계자들에게 제공하는 기능을 수행한다. 그래서 흔히 회계를 기업의 언어language of business라 부른다. 재무정보의 이용자는 경영자와 종업원 등 내부이용자와, 주주 채권자 국세청 소비자 납품업체 등 외부이용자로 나누어진다. 재무정보의 이용자에게 필요한 정보는 이용자들의 의사결정의 유형에 따라 다르다.

재무제표는 기업실체가 외부의 정보이용자에게 재무정보를 전달하는 핵심적 수단으로서 일반적으로 대차대조표, 손익계산서, 자본변동표, 현금흐름표로 구성되며 주석을 포함한다. 주석에는 법률적 요구에 의해 작성하는 이익잉여금처분계산서 등이 포함될 수 있다.대차대조표는 일정시점 현재 기업실체가 보유하고 있는 경제적자원인 자산과 경제적 의무인 부채, 그리고 자본에 대한 정보를 제공하는 재무보고서이다. 대차대조표는 기업의 재무상태를 나타낸다. 손익계산서는 한 회계기간의 경영성과를 제공하는 재무보고서이다. 자본변동표는 기업실체에 대한 자본의 크기와 그 변동에 관한 정보를 제공하는 재무보고서이다. 자본변동표는 한 회계기간 동안 발생한 소유주지분의 변동을 표시해준다. 현금흐름표는 일정 기간 동안 기업실체에 대한 현금유입과 현금유출에 대한 정보를 제공하는 재무보고서이다

재무제표는 일반적으로 인정되는 회계처리기준(GAAP:generally accepted accounting principles)에 따라 작성된다. 기업의 재무상태와 경영성과에 영향을 미치는 모든 경제적 사건을 거래라고 한다. 복식부기원리에 따라 거래의 발생으로부터 재무제표작성에 이르는 일련의 과정을 회계의 순환과정accounting cycle이라고 하며, 다음과 같은 단계로 구성되어 있다.

거래의 발생확인 → 거래의 분석 → 분개장에 기록 → 총계정원장에 전기 → 원장계정의 잔액계산 → 수정전 시산표작성 → 시산표의 수정 → 계정과 장부의 마감 → 재무제표작성.

십자군의 대이동(1096~1291)으로 동방제국과 교역했던 이태리의 베니스·프로랜스 제노아 등은 대번영하였고, 상업의 번창으로 거래

기록의 필요성이 증대되었다. 르네상스(14세기 말~16세기 초)는 학문 예술(미술 조각 건축) 문화상의 혁신 운동이다. 이 시기에 복식부기에 관한 최초의 저서인 슘마 Summa(산술, 기하. 비 및 비례총람)가 1494년 베니스에서 출판되었다.

제3장 판단 및 선택의 이론

본장에서 다룰 주요내용은 불확실한 상황에서 인간의 선택행동을 설명하는 두 가지 이론 즉 기대효용이론과 프로스펙트이론이다. 프로스펙트이론은 멘탈회계의 이론적 배경이 되고 있다.

1. 기대수익과 효용

개인의 의사결정 내지 선택행위는 확실성 하에서 혹은 불확실성 하에서 이루어질 수 있다. 상황에 따라 나타나는 결과가 다를 때 사람은 어떻게 행동할 것인가를 분석하는 것이 불확실성하의 선택이론이다. 일어날 수 있는 상황이 여러 개 있는 경우 불확실성이 있다고 하며, 각각의 상황에 확률을 부여할 수 있는 경우의 불확실성을 위험risk이라 한다.

위험에 대한 개인의 태도는 위험을 택하는가 아니면 위험을 택하는 경우 얻을 수 있는 기대수익을 확실치로 가질 수 있을 때 이 확실치를 택하는가에 따라 결정된다. 의사결정자가 확실치로서의 기대수익을 택하면 위험기피적, 위험을 택하면 위험추구적, 그리고 위험과 확실치로서의 기대수익을 같은 것으로 평가하면 위험중립적이라 한다. 위험기피적인 경우 무차별곡선은 원점에 대하여 볼록하고 위험추구적인 경우의 무차별곡선은 원점에 대하여 오목하다. 한편 위험중립적인 경우의 무차별곡선은 직선이다. 의사결정자의 위험기피의 정도는 무차별곡선의 곡률이나 위험 프리미엄에 의하여 나타낼 수 있다. 위험 프리미엄이 클수록 더 위험기피적이라고 말할 수 있다.

17세기의 수학자 파스칼Pascal & 퍼메트Fermat는 게임에서 **사람들은 기대수익expected return이 가장 높은 대안을 선택해야 한다**고 주장했다. 그러한 주장 속에는 수익률의 분산은 문제가 되지 않으며, 개인의 선호도 역시 별 문제가 되지 않다는 의미가 내포되어 있다. 선호preference는 확률에 대한 주관적 인식의 차이를 말하며, 이러한 차이로 인하여 내기 도박에 어떤 사람은 참가하고 어떤 사람은 거절하게 된다.

기대수익 또는 기대가치expected value는 불확실성하의 선택을 하는 사람에게 얼마나 큰 중요성을 가질까? 다음의 예를 보면 모든 경우에서 기대가치가 유일한 선택의 기준이 될 수는 없음을 분명히 알 수 있다.

동전을 던져 자기가 받을 상금을 결정하는 단순한 게임이 있다. 이 게임을 하는 사람은 동전의 앞면이 처음 나올 때까지 몇 번이고 계속해서 던질 수 있다. 즉 뒷면이 나오는 한 계속 던질 수 있고 앞면이 나오는 순간 게임이 종료되는 것이다. 그가 n번째 던졌을 때 처음 앞면이 나왔다면 그가 받을 상금은 2n원이 된다. 예를 들어 두 번 뒷면이 나온 후 세 번째 던졌을 때 앞면이 나왔다면 그가 받을 상금은 2n원, 즉 8원이다. 이와 같은 게임에서 받을 수 있는 상금의 기대가치는 과연 얼마일까? 처음 던졌을 때 앞면이 나올 경우의 확률이 1/2인데 이때 받는 상금이 2원이므로 기대가치는 1원이 된다. 한번 뒷면이 나온 후 두 번째에 앞면이 나올 경우의 확률이1/4인데 상금이 4원이므로 기대가치는 역시 1원이 된다. 일반적으로 (n—1)번 뒷면이 나오고 n번째에 가서 앞면이 나올 경우의 확률은 (1/2)n-1 · 1/2 = (1/2)n 이며 상금은 2n원이기 때문에 기대치는 1원이다. 이로부터 첫 번째에 처음 앞면이 나오든 간에 기대치는 항상 1원이라는 사실을 알 수 있다.

게임의 전체 기대가치는 가능한 모든 경우에 대해서 각 경우의 기대가치를 더함으로써 구해지는데, 이 동전 던지기 게임에서 가능한 경우의 수는 무한히 많다. 따라서 이 게임의 기대가치는 1원을 무한히 더한 것, 즉 무한대가 된다. 사람들은 이 무한대의 기대가치를 가진 게임에 얼마를 내고 참여할 용의가 있을까? 무한대는 커녕 단돈 백만 원을 내고 이 게임을 하라고 해도 선뜻 나서는 사람이 그리 많지 않을 것이다. 이것이 바로 스위스의 수학자 니콜라스 베르누이Nicholas Bernoulli가 제기한 **'피터스버그의 역설'**St. Petersburg' paradox이다. 이 현상을 설명하기 위하여 베르누이는 효용개념을 고안하였다.

그는 기대가치(기대값)로만 따져보면 엄청나게 유리한 게임을 선뜻 하려고 들지 않는 수수께끼 같은 현상에 설명을 구하고자 하여 이 역설을 제기한 것이다. 이 수수께끼의 실마리는 니콜라스의 사촌 다니엘 베르누이Daniel Bernoulli에 의해서 찾아지게 되었다. 그는 사람들이 관심을 갖는 것은 기대수익이 아니라 기대되는 만족감 혹은 효용이라는 점이 바로 이 수수께끼를 푸는 관건이 된다고 주장했다. 오늘날의 경제학 용어로 바꾸어 표현하면, 불확실성 하에서는 기대효용이 선택의 기준이 되기 때문에 그와 같은 역설적 현상이 나타나게 된다(이순구, 1998).

금액의 가치란 반드시 금액의 크기에 비례하는 것은 아니다.금액의 효용은 금액의 대수값log으로 충분히 근사하게 측정되며, 추가금액의 효용은 보유액이 많을수록 체감한다. 앞의 동전던지기 게임에서 기대가치는 대수값으로 계산하면, 무한대 값이 아니라 log2에 불과하다.

효용함수 U=log(x). x= 게임의 결과

2 기대효용이론

의사결정decision making이란 한 개인이나 한 집단의 사람들이 주어진 목적을 달성하기 위하여 여러 가지 선택 가능한 최적의 행동 또는 방법을 선택하는 것을 말한다. 의사결정에는 두 가지 유형이 있다. 하나는 의사결정에 필요한 요인들이 모두 확실히 알려져 있다는 가정을 세우고 의사결정 문제를 분석하는 것으로서 이를 '확실성하의 의사결정'decision making under certainty이라고 한다. 경제학에서 이윤극대화를 위한 가격결정을 하는 것은 그 예이다. 또 다른 하나의 의사결정에 필요한 어떤 요인에 불확실성이 개재해 있다는 가정을 세우고 문제를 분석하는 경우이며 이를 '불확실성하의 의사결정'decision making under uncertainty이라고 한다.

불확실성을 확률적으로 표시하고 기대가치의 개념을 사용하여 목적달성을 위한 최선의 방법을 선택하려는 통계학적 의사결정을 효율적으로 활용하여 기대효용expected utility을 최대화하려는 것이 모두 불확실성하의 의사결정 문제라고 할 수 있다.

확실성의 세계에서는 의사결정자들의 효용이 전적으로 해당 대안으로부터 확실하게 얻을 수 있는 미래 성과outcome 내지 기대가치(부 또는 수익률)의 크기에 의존하므로 최고의 미래성과를 가져다 주는 대안을 선택함으로써 그들의 효용을 극대화할 수 있다.

그러나 기대가치가 하나로 나타나지 않고 주관적 또는 객관적 확률

분포의 형태로 발생하는 불확실성의 세계에서는 본질적으로 위험을 내포하고 있기 때에 기대가치 이외에도 위험을 함께 고려하여야 한다.

기대가치expected value기준은 각 투자안 별로 기대성과(부 또는 수익률)를 구하여 가장 큰 기대성과를 갖는 대안을 선택하는 것이다.

각 대안의 기대가치는 다음과 같이 구할 수 있다.

$$EV = P_i R_i$$

단, P_i : 상황i가 발생할 확률, R_i: 상황 i에서의 수익률

기대가치기준에 의한 선택은 피터스버그의 역설St. Petersberg' paradox에서 나타나 있는 바와 같이 기대성과만을 고려할 뿐 기대성과가 실현되지 않을 가능성인 대안의 위험을 고려하고 있지 않기 때문에 합리적인 대안 선택기준으로 보기 어렵다. 즉, 동일한 기대성과를 갖는 대안이라 하더라도 위험이 다른 경우에는 의사결정자들의 위험에 대한 태도에 따라서 서로 다른 대안을 선택할 수 있는 것이다.

불확실성하의 의사결정문제는 불확실성이 어디에 존재하느냐에 따라서 다시 두 가지 유형으로 분류된다. 하나는 불확실성이 장래 일어날 수 있는 여건적 상태에 있다고 보는 경우이다. 다른 하나는 여건적 상태를 고려하지 않고 불확실성이 목적달성을 위하여 취할 수 있는 방법 또는 행동의 결과outcome에 있다고 보는 경우이다.

선택의 기본공리

베르누이가 제안한 기대효용이론은 한 가지 약점을 내포하고 있다. 선택이나 결정행위를 할 때 왜 이성적인 사람들은 모두가 이 이론에 따라야 하는가? 이 질문에 대답할 수 있는 학자가 등장할 때까지 많은

시간이 소요되었다. 마침내, 폰노이만-몰겐스턴Von Neumann and Morgenstern(1944)은 충분히 합리적은 것으로 보이는 일단의 공리를 우리들에게 제시하였다. 이들 공리가 충족되면, 선택의 결과들이 표시된 공간상에 기수적 효용cardinal utility함수를 구성할 수 있는 것이다. 불확실성하의 합리적인 선택이론을 전개하기 위하여, 개인의 행동에 관한 몇 가지 가정을 설정하는 것이 필요하다. 기수적 효용의 공리로 알려진 이들 가정은 일관적이고 합리적인 행동에 필요한 최소한의 필요조건을 제공한다.

폰노이만-몰겐스턴의 기대효용이론은 인간의 합리적 선택행동을 정교하게 묘사해주는 하나의 규범적·처방적 이론이다. 즉, 고전적 효용이론은 사람들이 실제로actually 어떻게 행동하는지를 설명하는 것이 아니라, 만일 사람들이 합리적 의사결정을 하기 위한 특정의 요건에 따른다면 '어떻게 행동할 것인가에'how people would behave 대한 당위성을 설명하는 것이다. 이러한 이론의 주요 목적 중 하나는 합리적 의사결정에 기초가 되는 명백한 가정이나 공리를 제시하기 위한 것이다. 폰노이만-몰겐스턴이 이러한 공리를 구체적으로 제시하게 되면서 의사결정이론을 연구하는 학자들은 기대효용이론에 대한 수학적 예측과 의사결정자의 실제행동을 비교할 수 있게 되었다. 연구자들은 기대효용이론의 공리가 위배되는 현상을 발견하여 이론을 수정하고 새로운 예측 이론을 제시하게 되었다. 이러한 과정에서, 의사결정에 대한 연구자들은 이론과 실제 관찰된 현상 사이를 반복적으로 오락가락 했다. 그러면 합리적 의사결정을 위하여 필요한 공리는 무엇인가? 한 개인이 의사결정자로서 역할을 하려면 특정의 성질을 가진 효용함수를 가지고 있어야 하며 또한 의사결정자는 논리적이고 합리적인 사람이어야 한다. 의사결정자가 갖추어야할 합리성에 대한 기본적 공리는 다음과 같다. 즉 일반적으로 기대효용이론에 대한 공리체계는 다음과 같은 여섯 가지 원칙을 토대로 하고 있다(scott plous, 1993).

(1) 대안의 순서화ordering of alternative : 우선, 합리적인 의사결정자들은 임의의 두 가지 대안을 비교할 수 있어야 한다. 그들은 하나의 대안을 다른 대안보다 선호하든지, 아니면 두 가지 대안 사이에 선호도가 무차별하여야 한다.

(2) 우위성dominance : 대안들이 여러 특성들을 지니고 있는 경우 한 대안이 각 특성에 있어서 모두 우위가 되는 값을 가지고 있으면 그 대안을 선택해야 한다.

예를 들어, 자동차 A가 B보다 주행거리, 연비 및 외관에서 우월하다면 자동차 A가 강한 우위strongly dominant에 있다고 할 수 있다. 만일 연비나 외관 등 모든 측면에서 동등하고 자동차 A가 주행거리에서만 보다 우월하다면 약한 우위weakly dominant에 있다고 할 수 있다. 기대효용이론에 의하면 완전히 합리적인 의사결정자는 자동차 A를 선택해야 한다.

(3) 제거cancellation : 만일 위험이 포함된 두 가지 대안에서 가능한 결과outcome가 동일하고 발생가능성이 동일하다면, 이들 결과의 효용은 두 가지 대안을 선택하는데 무시되어야 한다. 다시 말해서 두 가지 대안 사이의 선택은 두 가지 대안이 동일하게 포함하고 있는 결과가 아닌 다른 결과에만 의존하여 이루어져야 한다는 것이다. 공통적인 요소는 선택에서 고려하지 않고 제거되어야 한다는 것이다.

(4) 이행성transitivity : 만일 합리적인 의사결정자가 결과 A를 결과 B보다 선호하고, 결과 B를 결과 C보다 선호한다면, 결과 A를 결과 C보다 선호하여야 한다.

(5) 연속성continuity : 임의의 결과 집합에서, 의사결정자는 만일 최선의 결과가 충분히 가능성이 있다면 확실한 중간값을 갖는 결과보다는 최선과 최악의 결과를 갖는 게임을 보다 선호하게 된다. 예를 들어, 한 푼도 못 얻을 확률이 무한대분의 1이라면, 합리적인 의사결정자는 확실한 $10를 얻는 것보다 $100와 $0 사이의 값을 갖는 게임을 선호하게 된다는 것을 의미하게 된다.

(6) 불변성invariance : 불변성의 원칙은 '대안들의 제시 방식에 따라'by the way alternatives are presented 의사결정자가 영향을 받지 않아야 함을 의미한다. 예를 들어, 합리적인 의사결정자는 복합게임(*예를 들어, 각 단계별 성공확률이 50%인 두 단계로 구성된 게임에서 두 단계 모두 이기면 $100를 받는 게임*)과 단순게임(*예를 들어, 성공확률이 25%인 한 단계로 구성된 게임에서 이기면 $100을 받는 게임*)사이에 차별적인 선호체계를 가지면 안된다.

의사결정과 효용이론

의사결정자들은 의사결정 문제를 다루는 데 있어서 하나의 가정을 전제로 한다. 이 가정은 의사결정자가 소망적 요소의 값 즉, 의사결정의 결과가 크면 클수록 좋아한다는 것이었다. 이 가정을 세우고 의사결정자는 각 행동별로 소망적 요소의 기대가치를 계산하고 이 기대치가 제일 큰 행동을 최적행동으로 선택한다는 것이 의사결정의 원리이다.

가정을 구체적으로 세우고 이 가정 하에서 의사결정과정을 분석하기로 한다. 이것은 곧 의사결정자가 어떠한 성품taste 또는 선호preference를 가진 사람인가를 고려하고 이를 구체적으로 의사결정모델에 반영시켜 의사결정과정을 설명한다는 것임을 의미한다.

여기서 개인의 성품이 의사결정시 고려된다는 것은 극히 중요한 사실임을 우리가 명심하여야 한다. 같은 의사결정 문제라 하더라도 의사결정자가 누구이냐에 따라서 최적행동과 그 결과의 대가가 달라질 수 있기 때문이다. 또한 연구자는 의사결정자 개개인의 특성을 의사결정모델에 반영시킬 수 있다.

선호와 효용

효용개념을 도입한 의사결정이론을 다룰 때 선호preference와 효용utility의 개념을 파악하고 이들 개념과 의사결정자의 소망적 요소desired attribute와의 관계를 올바로 이해하는 것이 중요하다. 선호란 한 개인이 두 개 또는 그 이상의 사물이나 성질이 있을 때 그 가운데 어느 하나에 대한 심리적 호감 like을 상대적으로 표시한 것이다.

이와 같이 선호란 말은 두 개 또는 그 이상의 사물이나 성질을 비교할 때 생기는 상대적 호감을 뜻하는 것이므로 하나의 사물이나 성질만을 놓고 이야기할 때는 선호라는 말은 사실상 의미가 없고 다만 호감이 있느냐 또는 없느냐의 문제가 있을 뿐이다.

효용이란 선호나 호감에서 얻는 정신적 만족감을 계량적으로 표현한 것이다. 선호는 여러 가지 방법으로 표시할 수 있으며 이들 방법 중의 하나가 선호를 효용으로 계량적 표시를 하는 것이다.

그러나 효용을 표시하는 숫자 그 자체는 절대적 의미는 없고 어디까지나 상대적인 의미만을 가지고 있을 뿐이다. 이것은 곧 경제학에서 기수적 효용cardinal utility보다 서수적 효용ordinal utility이 더 중요하게 다루어지고 있는 이유이기도 하다.

효용과 의사결정의 소망적 요소

일반적으로 한 사물의 양과 질은 특정한 기준에 따라 수많은 등급으로 나눌 수 있고 각 등급별로 효용의 정도를 고유한 숫자로 표시할 수 있다. 이것은 의사결정문제에 있어서 의사결정자가 최대화시키려고 하는 소망적 요소에 대해서도 마찬가지이다. 이 소망적 요소의 양을 어떤 기준에 따라 수많은 등급으로 나누고 등급별로 고유한 숫자를 할당하여 이를 효용으로 볼 수 있다.

일반적으로 어떠한 의사결정문제에 있어서 의사결정자가 최대화시키려고 하는 소망적 요소는 효용으로 표시하고 이 효용을 최대화시키는 것을 의사결정의 목적으로 하는 것이 원칙이다. 그 이유는 의사결정자가 어떤 의사결정문제에 있어서 최적행동을 선택하여 궁극적으로 원하는 것은 결국 자기의 효용을 증가시키는 것이라고 볼 수 있기 때문이다.

효용함수

일반적으로 사물의 양과 효용의 수준 사이에 존재하는 관계를 수학적 모델로 표현한 것을 효용함수utility function라고 한다. 효용함수는 의사결정이론에서 일반적으로 $u(\chi)=u(\chi(s,a))$로 표시하며 때로는 기호의 간략을 위하여 $u(s,a)$로 쓰기도 한다. 여기서 u는 효용을, χ는 의사결정의 결과decision outcome를, s는 여건적 상태state를, 그리고 a는 의사결정자가 취할 수 있는 행동action을 각각 나타낸다. 의사결정이론에서는 아무 효용함수나 다 사용할 수 있는 것이 아니다. 다음은 노병탁 · 김태환 (1984)교수가 제시한 효용함수의 세 가지 특성이다.

첫째, 사물의 양(또는 등급별 수준)과 전체효용의 수준과의 관계가 1:1이 되는 그러한 효용함수라야 한다. 일반적으로 사물의 양과 효용의 수준과의 관계가 1:1인 경우의 효용함수를 단조효용함수monotonic utility function라고 한다. 의사결정이론에서는 단조효용함수만을 사용한다. 단조효용함수의 경우에는 사물의 양이 증가함에 따라 이로부터 얻는 전체효용도 증가한다. 다시 말하면 사물의 양이 아무리 증가하여도 전체효용은 감소하지 않는다. 이 사실은 한 개인이나 의사결정자가 자기가 원하는 사물의 양이 많으면 많을수록 더 좋아한다는 것을 의미한다. 이와 같이 한 개인이나 의사결정자가 자기가 원하는 사물의 양이 많으면 많을수록 더 좋아한다는 현상을 불만족의 공리axiom of nonsatisfaction라고 한다. 의사결정이론에서는 이 불만족의 공리를 반영하는 단조효용함수만을 사용하는 것이 원칙이다.

둘째, 의사결정이론에서 일반적으로 사용하는 효용함수는 사물의 양이 증대함에 따라 이로부터 얻는 전체효용도 증가하지만 증가된 효용, 즉 한계효용marginal utility의 크기는 점점 감소한다는 사실을 반영하여야 한다. 어떤 사물의 소비를 증가시킬 때 여기에서 얻는 전체효용은 증가하지만 효용의 증가율은 감소하는 현상을 한계효용체감의 법칙law of diminishing marginal utility이라고 한다. 한계효용체감의 법칙을 반영하는 효용함수는 그림으로 표시하면 아래로 오목한 모양을 하고 있다. [그림 1]과 같이 오목한 모양을 하고 있는 효용함수를 오목한 효용함수concave utility function라고 한다. 의사결정이론에서는 한계효용체감의 법칙을 나타내는 오목한 효용함수를 사용하는 것이 보통이다.

셋째, 의사결정이론에서 사용하는 효용함수는 효용의 증가에 어떤 한계가 있다는 사실을 반영하여야 한다. 다시 말하면 사물의 소비량이 증가함에 따라 이로부터 얻는 전체효용도 증가하지만 이 사물의 양은 무한히 증가시킬 수는 없으며 따라서 이로부터 얻는 전체효용도 무한히 증가할 수 없다는 사실을 반영하는 효용함수라야 한다. 이와 같이 효용의 증가에 한계가 있다는 사실을 반영하는 효용함수를 유한효용함수finite utility function라고 한다. 어떠한 의사결정문제에 있어서 의사결정자가 최적행동을 선택하여 의사결정의 결과에서 얻는 효용을 무한히 증가시킬 수는 없는 것이므로 유한효용함수를 가정한다는 것은 당연하다.

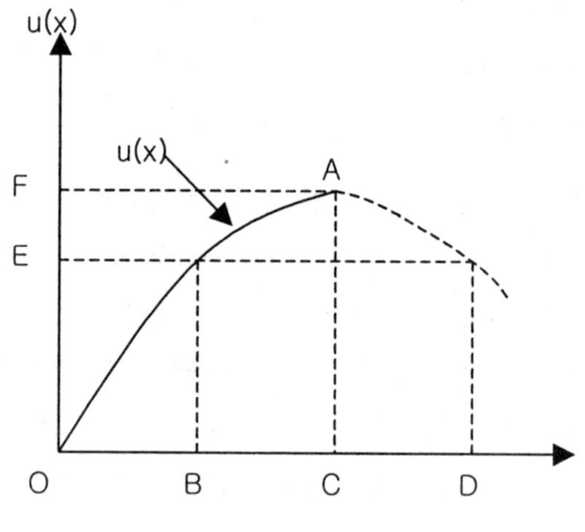

[그림 1] 위험회피형 효용함수

위에서 살펴본 세 가지 사실을 동시에 반영하는 효용함수를 하나의 그림으로 표시하면 [그림 1]에서 보는 곡선 OA와 같이 된다. 이 곡선으로 표시되는 효용함수는 χ와 u(χ)와의 관계가 단조monotonic함을 나타낸다.

즉, 가로축의 OC선상에 임의의 점을 정하고 이 점에 해당하는 u(χ)의 값을 구하면 이 값은 오직 하나밖에 없음을 알 수 있다.

그러나 효용함수가 OA곡선이 연장되는 점선부분까지를 포함한다고 하면 효용 E를 주는 χ의 값이 B와 D의 둘이 되도록 위의 1 : 1의 관계가 무너진다. 따라서 점선부분까지를 포함하는 효용함수는 단조로운 효용함수가 아니다.

또한 곡선OA로 표시되는 효용함수는 χ가 유한(즉, χ<OC) 하고 따라서 u(χ)도 유한(즉, u(χ)≤OF)하다는 사실을 반영하고 있다.

뿐만 아니라 OA로도 표시되는 효용함수는 χ가 OC까지 증가함에 따라 효용도 증가하지만 이 증가율이 점점 감소한다는 한계효용체감의 법칙을 반영하는 오목한 효용함수이다. 예컨대 OB=BC 라고 가정할 때 OE>EF 라는 사실은 효용함수가 오목함을 의미한다. [그림 1]에서 곡선 OA로 표시되는 효용함수는 불만족의 공리를 반영하고 있다. 이것은 이 함수의 기울기가 OC 선상의 어느 점에서 보더라도 0보다 크다는 것을 의미한다.

의사결정자가 장래에 대한 불확실성 하에서 의사결정을 할 때는 각 행동의 결과의 기대가치를 계산한 다음 이 **기대가치**가 제일 큰 행동을 최적행동으로 선택하는 것이 의사결정의 기본원리이다. 이 기본원리는 **효용**을 도입한 경우에도 사실상 변하지 않는다. 말하자면 u(χ)의 기대가치를 계산한 것과 같이 먼저 각 행동의 u(χ)에 대한 기대효용expected utility을 계산하고 다음에 이 기대효용을 기준으로 각 행동의 순위를 정하여 기대효용이 제일 큰 행동을 최적행동으로 선택할 수 있다. 이와 같이 최적행동의 선택기준을 기대효용의 극대화에 두는 것을 **기대효용의 극대화원칙**principle of maximum expected utility이라고 한다.

폰노이만-몰겐스턴의 공리는 합리적인 인간의 행동을 묘사해주고 있다. 합리적 인간이란 항상 자신의 선호체계를 공리에 맞추어 확인하고 주저 없이 그 공리의 내용과 일치되는 선택을 하는 그러한 인간을 의미한다. 그러나 의사결정자들이 기대효용이론의 원리를 따르지 않는 사례들이 발견되는 등 문제점들이 제기되었다. 이에 따라 기대효용이론은 인간의 실제행동을 제대로 설명하지 못한 다는 비판을 받게 된다.

예를 들어, 프레이밍 효과는 불변성 원리의 위배 현상이다. 기대효용이론에 대한 비판 중 대표적인 두 가지는 **앨리어스의 역설**Allais paradox과 **엘즈버그의 역설**Ellsberg's paradox이다. 이들은 기대효용이론에 맞지 않는 모순된 인간의 선택행동을 사례를 통하여 제시하였다. 위에서 설명한 공리 중 제거원리에 다르면 두 대체안 중의 선택은 두 대체안의 동일 요소가 아니라 다른 요소에 의하여 이루어진다. 즉 두 대체안에서 공통적 요소는 합리적인 사람의 선택에 영향을 주지 않으며, 선택은 차이가 나는 요소의 영향을 받는다. 사례를 통하여 앨리어스와 엘즈버그는 사람들이 기대효용이론의 제거 공리에 위배되는 선택 행동사례를 제시하였다. 후에 카네만과 트베르스키는 앨리어스역설Allais paradox에 나타난 사람들의 선택행동을 '확실성 효과'로 설명하였다. 엘즈버그의 설명에 의하면, 엘즈버그역설 사례에서 사람들이 기대효용이론에 위배되는 선택을 하는 이유는 사람들이 '모호함'

을 싫어하는 경향에 기인된다.

한편 사이먼Herbert Simon은 기대효용이론에 대해 또 다른 방식으로 문제점을 제기하였다. 사람은 '제한적 합리성'bounded rationality에 의거하여 의사결정을 한다는 현실에 비추어 볼 때 이러한 기대효용이론의 가정들은 서술적으로 적절하지 못하다는 것이다. 사이먼은 기대효용이론이 전지전능한 사람을 가정한 이론이라고 비판하였다. 기대효용이론에 따라 효용극대화 대안을 선택하려면, 선택에 앞서 가능한 모든 대안에 대한 정보의 입수와 상호비교를 해야 한다.그러나 사람은 현실적으로 그렇게 하는 경우는 거의 없다. 사람은 극대화 추구자maximizer이기보다는 만족추구자satisficer라는 것이다. 모든 대안이 동시에 일괄적으로 의사결정자에게 주어지는 경우는 실험실에서나 가능한 예외적인 경우이며 대부분의 경우 대안들이 시간차를 두고 또는 의사결정자의 탐색결과에 따라 시계열적으로 나타나게 된다. 이런 환경에서 대부분의 사람들은 효용극대화 대안을 찾을 때 까지 기다리기보다 어느 정도의 기준치를 정해놓고 그 수준을 만족하는 대안이 나오면 탐색을 중지하고 결정을 내리게 된다는 것이다(안서원,2001).

폰노이만-몰겐스턴은 합리적인 의사결정의 척도라고 주장하는 몇 가지의 공리axiom로부터 기대효용극대화의 논리를 도출하고 있다. 그러나 이러한 정리들은 인지심리학적으로 실증될 수 없는 두 가지의 가정에 기반을 두고 있다: 첫째 의사결정자는 항상 규범적 원리와 일치하는 완벽하고 합리적인 의사결정을 한다는 가정이다. 둘째는 의사결정자는 무한히 존재할 수 있는 모든 대안들을 비교 검토하여 합리적인 결정을 한다는 것이다.

슈머커(1982)도 기대효용이론을 이론적 배경으로 수행된 대다수의 실증연구들을 검토한 결과 개인 의사결정과정에 기대효용극대화의 원칙이 적용되지 못한다는 결론에 도달하였다. 따라서 개인의 의사결정과정에서 기대효용 이론의 서술적 타당성descriptive validity에 심각한 의문이 제기되고 있는 실정이다(김동철 외 3인, 2005).

3. 프로스펙트이론

카네만과 트베르스키(1979)의 프로스펙트이론prospect theory은 기대효용이론expected utility theory의 대안으로 부상하였다. 프로스펙트이론은 사람의 실제 선택행위를 설명하고자 하는 수리모델이다. 이 이론은 사람들의 선택과정을 두 가지-편집editing과 평가evaluation-단계로 나눈다. 편집단계에서 사람들은 자신이 가지고 있는 어떤 판단기준점을 중심으로 문제상황을 이득gain과 손실loss로 구분한다. 즉 프레이밍(틀짜기;framing)이 일어나는 것이다.

이 이론은 심리학에 기반을 두고 있다. 여기서 판단기준점reference point이란 어떤 절대적 영점을 가리키는 것이 아니라 선택을 하는 사람의 현재 상태status que를 기준으로 형성된다. 그리고 그 판단기준점을 변곡점으로 자신이 얼마만큼 얻고 잃는가, 즉 절대량이 아니 변화량에 민감하게 반응하게 된다. 예를 들어 100을 가진 사람과 10을 가진 사람이 5를 얻거나 잃는 것은 다른 의미를 갖게 된다. 이득과 손실에서의 가치곡선은 비선형적이다. 이득 영역에서는 감소함수concave, 손실영역에서는 증가함수convex를 나타낸다. 이득영역에 비하여 손실영역에서의 가치곡선이 더 가파르기 때문에 절대 값이 같은 경우 손실에서의 값이 더 크게 느껴진다.

주유소에서 현금과 카드 결제 사이에 가격차이가 있을 때, 그것은 현금 결제의 할인인가 아니면 카드 결제의 수수료인가? 만일 그것을 현금 결제의 할인이라고 생각한다면, 당신의 판단기준점은 신용카드 가격이 되고 현금 결제는 이득이 된다. 반면에 그것을 수수료라고 생각한다면, 당신의 판단기준점은 현금가격이 되고 신용카드결제는 손실이 된다. 그래서 상당히 미묘한 언어의 조작은 무엇을 중립적인 기준점으로 삼고 이득이나 손실의 관점에서 생각할지에 대해 영향을 미칠 수 있다. 할인과 수수료부과는 결국 같은 내용을 다르게 표현한 것이지만, 이러한 조작은 사람들의 결정에 상당한 영향을 끼치게 된다(형선호 역, 2004).

사람들은 주어진 문제 상황을 간단하게 편집한 후 평가단계로 들어간다. 프로스펙트이론의 구조는 기대효용이론과 유사하지만 그 안에 들어가는 함수가 다르다.

기대효용이론 = $\sum u(Xi)p(Xi)$
프로스팩트이론 = $\sum v(Xi)\pi(Xi)$
(Xi : 한 대안의 여러 속성들)

프로스펙트이론에서는 효용함수(u: utility function)대신 가치함수(v: value function)가 들어가고 확률(p)대신 결정가중치함수 (π : weighting function)가 들어가게 된다. 여기서 가치함수는 이득과 손실의 영역에서 각각 다른 모습을 갖게 되고 결정가중치는 객관적인 확률의 개념을 사람들이 어떻게 주관적으로 이해하는가를 반영한 함수라고 볼 수 있다(안서원, 2001).

의사결정과정에서 결정과제의 예상결과에서 일정한 금액을 가감하면 판단기준점이 상향 또는 하향 조정되는 현상이 나타난다. 이와 같은 판단기준점의 변경으로 대안들의 선호순서가 바뀔 수 있다고 한다. 프로스펙트이론에서는 판단기준점의 위치와 의사결정과제가 인식되는 방법 등이 의사결정과정 분석의 핵심요소가 된다.

반전효과는 판단기준점을 중심으로 하여 위험대처경향이 반대방향으로 전환되는 현상을 의미한다. 이러한 현상은 프로스펙트이론의 가치함수에 의해 도출된다. 중립적인 판단기준점을 변곡점으로 하여 이득영역에서는 위험 회피 경향을 나타내는 반면 손실영역에서는 위험추구경향을 나타내게 된다. 반전효과는 기대효용이론의 선호이행성 transitivity of preferences의 정리에 위배되는 현상이다. 프로스펙트이론은 기대효용이론의 정리에 합치되지 않는 반전효과reflection effect를 제시하고 있다.

이것은 동일한 내용의 의사결정대안을 단순히 긍정적 또는 부정적인 표현으로 제시함에 따라 의사결정자의 선택이 변하게 되는 프레이밍 효과의 전제조건이 되고 있다. 카네만과 트베르스키는 의사결정자의 선택과정이 기대효용 이론의 정리들에 위배된다는 실증적 연구결과를 제시하고 있다.

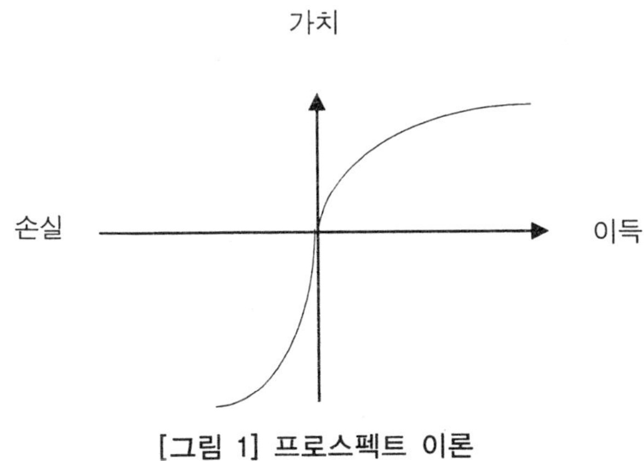

[그림 1] 프로스펙트 이론

카네만과 트베르스키는 효용의 극대화라는 선택의 법칙보다는 선택의 내용, 행동 및 결과 등에 관한 의사결정자의 프레이밍에 의하여 의사결정이 이루어진다는 프로스펙트이론을 제시하였다. 그들에 의하면 의사결정자는 의사결정에 따른 예상이익과 손실을 '∫' 형태의 가치함수에 의하여 평가한다. 프로스펙트이론의 가치함수는 [그림 1]과 같이 나타낼 수 있다.

(1) 이득으로 인식하는 Ⅰ사분면과, 손실로 인식하는 Ⅲ사분면의 가치함수는 비대칭이다.
(2) (+)쪽의 오목한 기울기는 정positive의 함수이고, ( )쪽의 볼록한 기울기는 부negative의 함수이다.
(3) 부negative의 가치함수는 경사가 보다 급격하다.
(4) 의사결정자가 상황을 어떻게 지각하느냐에 따라 태도가 달라진다.

프로스펙트이론은 확실성효과certainty effect, 반전효과reflection

effect, 확률적 보험에 대한 회피aversion to probabilistic insurance, 분리효과isolation effect 등과 같은 네 가지 효과에 기초를 두고 있다.

또한 의사결정의 관점은 의사결정의 대상이 되는 문제나 그 구조에 대한 행동, 결과 및 환경에 대한 의사결정자의 개념이라고 정의할 수 있다. 의사결정자의 관점은 문제의 형성뿐만 아니라 의사결정자의 규범, 관습 및 개인적 특성에 의하여 영향을 받게 된다.

카네만과 트베르스키가 제시한 프로스펙트 모델은 불확실성하의 의사결정에 있어 예상되는 (+) 결과와 (-) 결과에 오목한 '∫'형 가치함수에 의하여 평가할 수 있으며 다음과 같은 연구결과에 근거를 두고 있다.

확실성효과(certainty effect)

불확실성하의 의사결정에 대한 효용의 비중은 해당 결과에 대한 확률에 의하여 결정되는 것이 아니다. 의사결정자는 단순히 그렇게 될 가능성이 있는 결과(성과)보다는 확실한 결과에 대하여 상대적으로 과대한 비중을 부여한다. 이러한 경향을 확실성효과라 한다

반전효과(reflection effect)

정(+)의 결과를 가지는 두 개의 대안 중에서 하나를 선택하는 경우와 정(+)의 결과와 수치는 동일하지만 단지 방향이 부(-)인 두 개의 대안들 중에서 하나를 선택하는 경우를 비교하면 개인의 선호가 역으로 전환된다는 것이다. 즉, 0 근처의 프로스펙트를 선택하는 경우에는 선호의 순위가 전환된다는 경향을 반전효과라 한다.

확률적 보험(probabilistic insurance)회피

의사결정자는 확률적 보험이 1보다 작은 경우 보상도 줄어들기 때문에 싫어한다.

분리효과(isolation effect)

의사결정자는 대안선택을 단순화하기 위하여 대안 중에서 공통적 요소를 무시하고 대안을 구별할 수 있는 요소에 대하여 비중을 부여한다. 이러한 경향을 분리효과라 한다.

또한 의사결정자가 어떻게 당면한 문제를 인식하는가에 의하여 의사결정의 범주가 결정된다. 즉, 특정한 선택에 관련된 행동, 결과 및 확률에 대한 의사결정자의 개념이라 할 수 있는 프레임은 문제의 정립과 규범, 관습 및 의사결정자의 개인적 특성에 의하여 결정된다(이성규 1992). 설문에서 사용되는 어휘도 의사결정자의 과제인식과 반응에 영향을 미칠 수 있을 것이다.

4. 기대효용이론과 프로스펙트이론의 비교

프로스펙트이론은 비합리적인 선택행위를 기술하려고 한다. 이 이론은 비합리성을 인정할 뿐 아니라 비합리적인 선택행위의 발생시 그 방향(directions)을 예측해준다. 그렇지만, 이것은 모든 사람의 의사결정행위를 항상 설명해주는 것은 아니다. 예를 들어 유사확실성 pseudocertainty 효과로 인한 모순된 선택행위를 하지 않는 사람들도 때로는 있다.

프로스펙트이론에 의하면, 단지 확률적인 결과치는 확실하게 얻을 수 있는 결과치 보다는 과소평가된다. 재해발생 확률을 0.1에서 제로

까지 감소시키는 보호행동 대안은 동일한 재해의 발생확률을 0.2에서 0.1로 감소시키는 보호행동 대안에 비하여 보다 높게 평가될 것이다. 예를 들어 카네만과 트베르스키(1982)는 재해를 방지하는 보호행동 대안에 대한 심리적 표상을 주목하였다. 방지대안의 확실성정도를 바꾸기 위하여 심리적 표상을 조작하기는 쉽다고 한다. 예를 들어, 홍수가 아닌 화재를 대상으로 한 어떤 보험증권의 내용이 화재라는 특정 위험에 대한 완전 부보로 제시되거나 혹은 재산손실이 발생할 확률의 감소로 제시 될 수 있을 것이다. 프로스펙트이론에 의하면, 한정된 문제를 완전히 보호해주는 전자의 증권이 보다 매력적인 대안이 될 것이다. 이 대안의 특성은 유사확실성을 나타내고 있기 때문이다. 유사확실성효과는 위험의 감소와 제거사이의 차이를 뚜렷하게 대조시켜준다고 한다. 규범적인 논거로는 이러한 차이 내지 대조를 해석하거나 정당화시키기가 어렵다(김광일. 2002).

주관적 기대효용이론은 선택해야할 방법에 관한 규범적 이론이다. 프로스펙트이론에 의하면, 사람들은 자기의 현상태status quo를 판단기준점으로 간주하는 경향이 있다. 따라서 판단기준점이 변경되면 개인의 의사결정행위가 바뀔 수 있을 것이다. 즉 선택의 내용 내지 선호의 순위가 변경될지 모른다. 기대효용 이론의 경우, 각 대안의 예상결과치는 그 확률에 의거 가중치를 부여받는다. 기대효용이론의 가정들은 서술적으로 적절하지 못하다. 프로스펙트이론의 경우, 불확실한 결과의 값은 의사결정가중치π(p)와 곱해진다. 이것은 p의 단조함수이지만 확률은 아니다. 경제학자인 앨리어스Maurice Allais(1953)는 기대효용이론의 공리가 선택행동에 합당하지 않은 제약을 두었으며, 결코 공리를 충족시킬 수 없다고 주장했다. 프로스펙트이론은 기대이론이라는 측면에서 기대효용모델과 유사하지만 다음과 같은 점에서 차이가 있다.

가치함수

정(+)의 선형함수로 단일한 해를 가지는 폰-노이만Von Neuman-Morgenstein(1944)의 효용함수와는 달리 프로스펙트이론은 정(+)의 비율함수로 단일한 해를 가지는 가치함수value function를 상정한다. 가치함수는 위험에 대한 태도를 측정하는 것이 아니라 확실성하의 결과에 대한 가치만을 측정하며, 정(+)의 결과에 대하여는 오목한 기울기를 가지나 부(-)의 결과에 대하여는 볼록한 기울기를 가지는 함수이다.

결정가중치함수

기대효용 모델에서는 객관적 확률을 활용하나 프로스펙트 모델에서는 결과가 대안의 매력정도에 미치는 영향을 나타내는 의사결정상의 가중치π(Pi)를 활용한다.

이 가중치는 믿음의 정도이므로 확률Pi와 완전히 독립적일 수는 없다. 확률Pi가 높을수록 발생가능성은 더 높아지므로 Pi의 증가함수라 할 수 있으며, 확률과 마찬가지로 [0,1] 의 범위를 가지게 된다

그러므로 변환함수π(pi)를 이용하여 객관적인 확률pi를 주관적 확률로 변환하여 로터리lottery의 가치를 평가 할 수 있다 결정가중치함수weighting function는 특정한 결과를 얻을 확률에 부여된 주관적 중요도를 나타낸다.

결정가중치함수, π(P)의 성질은 다음과 같다(이성규, 1992)

1. $\pi(0) = 0, \pi(1) = 1$
2. P가 작은 경우에는 부분가산성(part additivity)을 가짐.
   〔$0 < r < 1$ 인 경우, $\pi(rP) > r\pi(P)$〕
3. P가 작은 경우에는 과대비중
   〔$\pi(P) > P$〕
4. 부분확실성(part certainty)이 있음
   〔$0 < P < 1$ 인 경우 $\pi(P) + \pi(1-P) < 1$〕
5. 부분비율성(part ratio)이 있음
   〔$0 < P, q, r < 1$ 인 경우 $\frac{\pi(Pq)}{\pi(P)} \leq \frac{\pi(Pqr)}{\pi(Pr)}$〕

카네만과 트베르스키(1979)는 의사결정자들이 낮은 확률의 사상에 대하여는 과대한 비중을, 높은 확률의 사상에 대하여는 과소한 비중을 부여한다고 주장하였다. 그러나 확률이 1인 경우에는 과대평가되고(확실성 효과), 1에 가까운 확률은 1이라고 해석되는 경향을 보인다.

대안평가

프로스펙트 이론에서는 (+) 및 (-)결과를 복합적으로 가지는 경우와는 다르게 확실한 (+) 나 (-) 결과를 가지는 대안을 배제한 후 나머지 대안을 평가한다.

편집과정

프로스펙트이론에서는 불확실성하의 의사결정의 대안을 평가하기 전에 선택을 단순화하기 위하여 코딩, 결합, 분리 및 취소와 같은 편집과정을 거치게 된다.

측정의 초점

프로스펙트이론에서의 가치함수는 문제의 제시방식에 따라 변화하는 결과의 주관적 가치를 판단기준점과 비교하여 측정하게 된다. 효용이론에서는 의사결정자의 자산보유상황에 측정의 초점이 있으나 프로스펙트이론에서는 부나 자산의 변동에 측정의 초점을 둔다.

요 약

17세기의 수학지 파스칼Pascal & 퍼메트Fermat는 게임에서 **사람들은 기대수익expected return이 가장 높은 대안을 선택해야 한다**고 주장했다. 그러한 주장 속에는 수익률의 분산은 문제가 되지 않으며, 개인의 선호도 역시 별 문제가 되지 않다는 의미가 내포되어 있다. 선호도preference는 확률에 대한 주관적 인식의 차이를 말하며, 이러한 차이로 인하여 내기 도박에 어떤 사람은 참가하고 어떤 사람은 거절하게 된다. 그러나 모든 경우에서 기대가치가 유일한 선택의 기준이 될 수는 없다.

그는 기대가치(기대값)로만 따져보면 엄청나게 유리한 게임을 선뜻 하려고 들지 않는 수수께끼 같은 현상을 **'피터스버그의 역설'**St. Petersburg' paradox이라 한다. 이 현상을 설명하기 위하여 베르누이는 효용개념을 고안하였다. 그는 사람들이 관심을 갖는 것은 기대수익이 아니라 기대되는 만족감 혹은 효용이라는 점이 바로 이 수수께끼를 푸는 관건이 된다고 주장했다. 오늘날의 경제학 용어로 바꾸어 표현하면, 불확실성 하에서는 기대효용이 선택의 기준이 되기 때문에 그와 같은 역설적 현상이 나타나게 된다.

폰노이만-몰겐스턴의 **기대효용이론**은 인간의 합리적 선택행동을 정교하게 묘사해주는 하나의 규범적·처방적 이론이다. 즉, 고전적 효용이론은 사람들이 실제로actually 어떻게 행동하는지를 설명하는 것이 아니라, 만일 사람들이 합리적 의사결정을 하기 위한 특정의 요건에 따른다면 '어떻게 행동할 것인가'how people would behave에 대한 당위성을 설명하는 것이다. 이러한 이론의 주요 목적 중 하나는 합리적 의사결정에 기초가 되는 명백한 가정이나 공리를 제시하기 위한 것이다. 폰노이만-몰겐스턴이 이러한 공리를 구체적으로 제시하게 되면서 의사결정이론을 연구하는 학자들은 기대효용이론에 대한 수학적 예측과 의사결정자의 실제행동을 비교할 수 있게 되었다. 연구자들은 기대효용이론의 공리가 위배되는 현상을 발견하여 이론을 수정하고 새로운 예측 이론을 제시하게 되었다. 이러한 과정에서, 의사결정에 대한 연구는 이론과 실제 관찰된 현상 사이를 반복적으로 오락가락 했다. 그러면 합리적 의사결정을 위하여 필요한 공리는 무엇인가? 한 개인이 의사결정자로서 역할을 하려면 특정의 성질을 가진 효용함수를 소유하고 있어야 하며 또한 의사결정자는 논리적이고 합리적인 사람이어야 한다.

폰노이만-몰겐스턴의 공리는 합리적인 인간의 행동을 묘사해주고 있다. 합리적 인간이란 항상 자신의 선호체계를 공리에 맞추어 확인하고 주저 없이 그 공리의 내용과 일치되는 선택을 하는 그러한 인간을 의미한다. 그러나 의사결정자들이 기대효용이론의 원리를 따르지 않는 사례들이 발견되는 등 문제점들이 제기되었다. 이에 따라 기대효용이론은 인간의 실제행동을 제대로 설명하지 못한 다는 비판을 받게 된다. 폰노이만-몰겐스턴은 합리적인 의사결정의 척도라고 주장하는 몇 가지의 공리axiom로부터 기대효용극대화의 논리를 도출하고 있다. 그러나 이러한 정리들은 인지심리학적으로 실증될 수 없는 두 가지의 가정에 기반을 두고 있다: 첫째 의사결정자는 항상 규범적 원리와 일치하는 완벽하고 합리적인 의사결정을 한다는 가정이다. 둘째는 의사결정자는 무한히 존재할 수 있는 모든 대안들을 비교 검토하여 합리적인 결정을 한다는 것이다.

슈머커(1982)도 기대효용이론을 이론적 배경으로 수행된 대다수의 실증연구들을 검토한 결과 개인 의사결정과정에 기대효용극대화의 원칙이 적용되지 못한다는 결론에 도달하였다. 따라서 개인의 의사결정과정에서 기대효용 이론의 서술적 타당성descriptive validity에 심각한 의문이 제기되고 있는 실정이다.

카네만과 트베르스키(1979)의 프로스펙트이론은 기대효용이론의 대안으로 사람의 실제 선택행위를 설명하고자 하는 수리모델이다. 이 이론은 사람들의 선택과정을 두 가지 - 편집editing과 평가evaluation - 단계로 나눈다. 편집단계에서 사람들은 자신이 가지고 있는 어떤 판단기준점을 중심으로 문제상황을 이득gain과 손실loss로 구분한다. 즉 프레이밍(틀짜기 : framing)이 일어나는 것이다.

이 이론은 심리학에 기반을 두고 있다. 여기서 판단기준점reference point이란 어떤 절대적 영점을 가리키는 것이 아니라 선택을 하는 사람의 현재 상태status que를 기준으로 형성된다. 그리고 그 판단기준점을 변곡점으로 자신이 얼마만큼 얻고 잃는가, 즉 절대량이 아니 변화량에 민감하게 반응하게 된다. 이득과 손실에서의 가치곡선은 비선형적이다. 이득 영역에서는 감소함수concave, 손실영역에서는 증가함수convex를 나타낸다. 이득영역에 비하여 손실영역에서의 가치곡선이 더 가파르기 때문에 절대 값이 같은 경우 손실에서의 값이 더 크게 느껴진다. 프로스펙트이론에서는 효용함수(u:utility function) 대신 가치함수(v:value function)가 들어가고 확률(p)대신 결정가중치함수(π:weighting function)가 들어가게 된다. 여기서 가치함수는 이득과 손실의 영역에서 각각 다른 모습을 갖게 되고 결정가중치는 객관적인 확률의 개념을 사람들이 어떻게 주관적으로 이해하는가를 반영한 함수라고 볼 수 있다. 프로스펙트이론은 확실성효과certainty effect, 반전효과reflection effect, 확률적 보험에 대한 회피aversion to probabilistic insurrance, 분리효과isolation effect 등과 같은 네 가지 효과에 기초를 두고 있다. 사람들의 손실기피성향은 프로스펙트이론으로 설명이 가능하다.

제4장 휴리스틱과 프레임

본장은 쉐프린 Hersh Shefrin(2002)의 연구를 중심으로 휴리스틱과 프레임 의존성 개념을 살펴보기로 한다.

1. 휴리스틱과 편향된 의사결정

제1절에서 설명할 개념들은 다음과 같다 : 익숙성 편의, 전형성(대표성), 평균평점GPA, 승자주식(상승주)과 패자주식(하락주), 평균으로의 회귀현상, 주식시장의 예측, 도박꾼의 오류와 주식시장의 예측, 과신과 전문가 판단, 준거점 조정현상과 기업의 실적 전망, 모호함을 회피하는 현상.

사람들이 흔히 복잡한 판단이나 의사결정을 할 때, 휴리스틱 heuristic이나 일반적인 경험률(주먹구구식 편법)에 의해서 의사결정 과제를 단순화 시키곤 한다. 이러한 간편법이 규범이론에 의해서 도출된 최적해에 매우 근사하게 접근하는 경우가 많다. 하지만 어떤 상황에서는 휴리스틱이 예측가능한 편향(편견, 편의, bias)과 비일관성을 낳기도 한다.

휴리스틱이란 사람들이, 보통 시행착오에 의하여 어떤 것을 찾아내는 과정을 지칭한다. 사람들은 시행착오를 통하여 가끔 경험률을 만들어내기도 하지만, 이 과정은 종종 다른 오류들을 유도하기도 한다. 경험률은 실제 경험에 의거하며 대부분의 경우 적용되는 원칙을 말한다. 행동심리학계에서 이룩한 큰 발전의 하나는 경험률 및 경험률로 인한 체계적 오류의 기초가 되는 원리들을 파악했다는 점이다. 또한 이러한 경험률들은 그 자체로 휴리스틱스heuristics라는 이름을 갖게 되었다.

'휴리스틱으로 인한 편견'을 어떻게 정의내릴 수 있을까? 다음 네 가지 문장을 합친 것으로 정의할 수 있다.

- 사람들은 우연히 어떤 것들을 스스로 알아낸 다음 거기서 일반적인 원칙들을 도출한다.
- 사람들은 휴리스틱이나 주먹구구식방법으로, 자신이 이용 가능한 정보에서 어떤 추론을 이끌어낸다.
- 사람들은 자신이 사용하는 휴리스틱들이 불완전하기 때문에 특정 오류에 민감하다, 실제로, 사람들은 특정 상황에서 오류를 범한다.

가용성

가용성availality 혹은 익숙성이란 사람들이 어떤 사건의 빈도나 확률을 판단할 때 실제 빈도에 근거하기보다는 구체적인 예를 떠올리는 것이 얼마나 쉬운가에 의존해 빈도판단을 한다는 것이다. 즉 쉽게 떠오르면 빈도도 높게 판단한다는 것이다. 가용성도 주먹구구식 방법(휴리스틱)이기는 하지만 실제 빈도나 확률에는 영향을 미치지 않는 요인들의 영향을 받으므로 때로는 편향된 판단을 초래한다. 이러한 요인들로는 상관에의 착각, 사례의 인출정도, 상상력 등이 있다.

유럽에서 뇌졸중에 의한 사망과 자살에 의한 사망 중 어느 것이 사망의 더 큰 원인일까? 대부분의 사람들은 이 질문에 대한 대답을 어떻게 할까? 대부분은 회상에 의존한다. 즉, 각 유형의 사건들을 얼마나 쉽사리 연상해 내는가에 달려 있다. 만일 사람들이 뇌졸중 보다 살인사건이 보다 더 쉽사리 머릿속에 떠오른다면, '살인'이 더 큰 원인이라고 대답할 것이다. 이러한 단순한 법칙을 가용성 휴리스틱이라고 하며, 가용성이란 정보를 쉽사리 이용할 수 있는 정도를 말한다.

편지봉투 뒷면에 대충 적어 계산해본 것처럼 휴리스틱은 때때로 거의 정답에 가까운 근사치를 제공해 주기도 하는 연산자 같은 것이다. 그러나 휴리스틱은 편향된 판단을 초래할 가능성이 있다. 즉 특정한 방향으로 움직여 목표치를 벗어나려는 경향을 보일 수도 있다. 그리고 이것은 또한 가용성 휴리스틱에도 적용될 수 있을 것이다. 대다수의 사람들은 살인과 뇌졸중에 대한 정보를 언론 방송매체를 통하여 접한다. 언론매체들이 사망의 원인 중 한 가지를 다른 것보다 더 많이 보도하는 경향이 있다고 가정해보자. 가용성 휴리스틱에 의존하는 사람들은 특정 사망의 유형에 관계된 실례를 다른 것보다 더 쉽사리 연상할 것이다.

무엇이 잘못되었단 말인가? 보다 빈번한 사망의 요인은 자살과 뇌졸중 어느 것인가? 해답은 뇌졸중이다. 사실 뇌졸중은 자살의 11배나 많이 일어난다고 한다(Slovic, Fishchoff, and Lichtenstein 1979). 가용성 휴리스틱에 의존하는 사람들은 이 사실에 깜짝 놀라기도 한다. 트베르스키와 카네만에 의하면, 이러한 종류의 통계는 비직관적이다. 대부분의 사람들은 한 사건이 머릿속에 얼마나 쉽게 떠오르는지에 의해 그 사건의 빈도를 추정하기 때문이다. 신문의 중요기사들은 교통사고, 지진해일(쓰나미), 살인뉴스 등으로 장식되기 때문에, 이러한 사건들은 보다 많은 빈도의 위암, 번개, 당뇨병에 의한 사망원인보다 더 "가용적", 즉 회상가능성이 더 높다 .

또한 다른 사건에 비하여 특정한 사건의 예를 머리 속에 떠올리기가 더 어려울 때, 가용성은 편향된 판단을 초래할 가능성이 있다. 예를 들어 카네만과 트베르스키는 사람들에게 다음과 같은 질문을 하였다.

고등학교 영어교재에서, 한 단어가 K로 시작하는 경우와 K가 단어의 세 번째 위치에 있는 경우 중 어느 것이 더 많겠는가?

이 질문을 받은 152명 중 105명이 K로 시작하는 단어가 더 많을 가능성이 있다고 생각했다. 그러나 사실은 K가 세 번째 위치에 있는 경우가 K로 시작되는 경우보다 대략 2배 정도 많다. K가 어떤 단어의 세 번째 위치에 있는 경우보다 K로 시작되는 단어를 생성시키기가 더 용이하기 때문에, 대부분의 사람들은 이 단어의 상대적 빈도를 과대평가한다. K로 시작되는 형태가 우리에게 더 친숙하고, 따라서 상대적으로 용이하게 기억해낼 수 있기 때문이다. 상대적으로 용이하게 기억해낼 수 있는 문제들을 중심으로 의사결정을 내리는 방법이 바로 가용성 휴리스틱인 것이다

전형성(대표성)

어떤 구성원 A가 집단 B 또는 범주 B에 속할 확률을 판단하거나 사건 A가 B라는 과정을 통해 초래되었을 확률을 판단할 때 사람들은 A가 B의 속성을 얼마나 전형적으로 드러내는가의 정도에 따라 확률을 판단하곤 한다.

예를 들면, 어떤 A라는 30대의 남자를 보고 그의 직업이 무엇일까 판단하는 경우, 그리고 어떤 사건이 우연에 의한 것인지 아니면 어떤 인과적인 원인을 갖는 것인지를 판단하는 경우 등이 사람들이 전형성에 의존해 판단을 내리는 경우가 되겠다.

전형성 또는 유사성에 의존해 판단을 내릴 때 편향된 결과가 나타나는 것은 확률판단에 영향을 미치는 몇 요인들이 전형성이나 유사성에는 영향을 미치지 않기 때문이다. 이러한 요인들로는 표본의 크기, 평균으로의 회귀, 결과의 사전 확률 등이 있다.

재무적 의사결정에 영향을 끼치는 가장 중요한 요인들 중의 하나로 전형성 혹은 대표성(representativeness) 휴리스틱이 있다. 전형성은 스테레오타입에 의거한 판단을 지칭한다. 전형성의 개념은 심리학자 카네만과 트베르스키는(1972)에 의하여 제안되었다. 카네만,슬로빅, 및 트베르스키는(1982)의 공동 편저서에 수록된 여러 논문이 개념을 분석하였다.

대학교의 입학처장에 관련된 예를 한 가지 생각해보자. 신입생 선발업무의 성공여부는 입학 허가된 학생이 입학 후 학업 성적이 좋으냐의 여부에 의해 좌우된다. 그러므로 입학처장이 고교내신 성적에 의거 지원학생들의 대학입학 후의 예상학점성적GPA를 예측한다고 해보자.

여기 2000년, 2001년, 및 2002년의 3년간 대학교에 입학한 학생들을 근거로, 모대학교 졸업생에 대한 얼마간의 실세 자료가 있다. 이 기간 동안 1학년에 입학한 후 졸업한 학생들의 고교 평균 성적 GPA평균은 3.44였다(표준편차는 0.36). 오직 고등학교 GPA성적에만 근거하여, 3명 대학생들의 대학졸업시의 GPA를 예측하는 과제가 여러분들에게 주어졌다고 가정해보자.

3명의 고등학교 GPA성적은 각각 2.20, 3.00과 3.80이다. 졸업시 이들 학생들의 대학GPA의 예측치는 얼마인가? 대집단에 이 질문을 던진 결과, 아주 일관된 평균치가 나왔다고 한다.

[표1]은 실제 값과 평균예측치가 표시되어 있다. 이 질문에 대한 평균 예측값은 2.03, 2.77과 3.46이고 반면에 실제 값은 각각

고교GPA	대학GPA 예측	대학GPA 실제
2.20	2.03	2.70
3.00	2.77	2.93
3.80	3.46	3.30

[표1]은 실제 GPA는 예측 GPA보다 더 평균에 가깝다

2.70, 2.93과 3.30이다. 낮은 값이나 높은 값이나 간에 예측치는 3.08의 평균에서 너무 멀리 떨어져 있음에 주목하라. 즉 낮은(2.20) 그리고 높은(3.80) 고교 GPA 둘 다 예측치보다 훨씬 더 평균에 가까운 대학GPA로 귀착된다. 이러한 응답결과는 사람들이 평균에 회귀하는 mean to regression 정도를 제대로 고려하지 않는다는 예시가 된다.

전형성은 스테레오타입에 의존하는 경향을 지칭한다. 이 개념에 근거한 가장 단순한 예는 대학 GPA가 고교 GPA와 동일할 것이라고 예측하는 것이다. 오늘날 대부분의 사람들은 이처럼 단순한 규칙을 사용하지는 않겠지만, 학생이 얼마만큼 전형적인 것으로 보이는가에 의거하여 예측을 한다. 그러므로 고등학교에서 높은 GPA의 학생은 좋은 학생의 전형으로 간주된다. 그들은 특히 고교 GPA가 낮은 학생들에게 너무 불공정하게 엄했다는 점을 주목하자. 고교성적 GPA이 아

주 낮은 학생들은 운이 나빠 그랬을 가능성이 있으며 따라서, 평균적으로, 대학에서는 더 좋은 성적을 올릴 수 있으리라는 가능성을 대부분의 사람들은 재대로 평가하지 못한다. 그래서 이러한 휴리스틱이 편견을 초래할 수 있다. 즉 전형성은 판단을 잘못된 방향으로 이끌어갈 수 있는 것이다. 다시 말하면 사람들은 평균에 회귀하는 현상을 인식하지 못한다. 그러므로, 사람들은 이미 특정 개개인들의 미래 GPA를 예측하는데 오류를 범하게 되어있다고 할 수 있다.

드봉과 탈러(1985, 1987)의 상승주·하락주 효과는 증권시장에서 볼 수 있는 대표성의 예시이다. 드봉과 탈러는 과거 3년간 극도로 가격이 하락된 주식들은 과거의 최고 상승주보다 다음의 3년에 걸쳐서는 주가가 훨씬 더 많이 상승한다는 사실을 발견하였다. 드봉(1992)에 의하면, 증권분석가의 장기 실적예측은 최근 상승한 주식 쪽으로 편향된 경향을 보여준다. 특히, 분석가들은 최근의 하락주 보다는 최근의 상승주에 훨씬 더 낙관적이라는 점에서 상승주에 과잉 반응한다고 한다.

이것은 위에서 기술된 성적 GPA관련 질문과 어떤 유사점이 있는가? 드봉과 탈러는 전형성의 잘못된 적용에 그 논의의 기초를 둔다. 요컨대 투자자들은 과거의 하락주를 GPA가 낮은 고교 학생처럼 취급하고, 과거의 상승주는 GPA가 높은 고등학교 학생처럼 취급한다고 볼 수 있다. 성적 GPA이 낮은 학생들에게 대해서는 특히 비관적으로 예측한다는 점을 주목하라. 사람들은 고교 GPA가 낮은 학생의 대학성적은 더 낮을 것이라고 예측하는 경향이 있다. 주식시장에서도 이와 비슷한 현상이 나타나는 것 같다. 과거 하락주의 수익률은 예상외로 높다. 이는 투자자들이 이들 주식에 대해 부당하게 비관적인 전망을 했음을 시사하는 것이다.

전형성 개념에 대한 논의를 종료하기에 앞서, '평균에 회귀하는 현상'을 재무전문가는 인식은 하지만, 그것을 적절히 적용하지는 않음을 보여주는 예를 또 하나 생각해 보자. 아래는 1997년 8월 18일자 포춘 Fortune紙에 실린 인터뷰의 일부이다. 모건스텐리의 글로벌 전략가 빅스 Barton Biggs와 메릴린치 증권 (Armour, 1997)의 수석 투자고문인 페럴 Robert Farrell의 대담은 투기적 주식시장 수익률을 실현한 2년 반 후에 이루어졌다. 대담의 발췌본을 두 부문으로 나누었다. 첫째 부문은 평균에의 회귀에 대한 논의의 장이다.

빅스 : 우리는 초강세 시장의 끝에 와 있다고 생각합니다. 그것은 앞으로 퇴직을 염두에 둔 신중한 사람은 다음의 5년에서 10년에 걸쳐 자신의 지분 포트폴리오로부터 총 수익률이 1년에 5~6% 정도가 될 것이라고 가정해야 한다는 것을 의미합니다.

포춘지 : 아니 우리는 15%에서 20%까지 예상할 수 있지 않을까요?

빅스 : 하지만, 게임이 종료단계에 와 있지요.

페럴 :문제는 오랫동안 강세장이 지속될 것으로 보여 왔으니까요.

빅스 : 예. 하지만 바로 지금부터는 결코 이전처럼 되지는 않을 것입니다.

여기서 '초강세 시장의 끝에 와 있다'는 표현과 '평균으로의 회귀' 개념을 연계해서 고찰해 보자

페럴 : 경험이 아주 많은 사람들은 극히 신중하였기 때문에 초심자가 전문가보다 지난 몇 년간 더 높은 수익률을 올렸지요. 그러나 시장은 평균으로 다시 회귀하지요. 그리고 상황의 종료단계에 와 있다는 것에 저는 동의합니다. 이번은 우리가 지분증권으로부터 그러한 높은 수익률을 실현한 역사상 가장 오랜 기간이지요. 그리고 이는 영원히 지속될 신기원은 아니지요. 저는 수익률이 앞으로 7% 또는 8%가 될지 어떨지는 모르지만, 평균 아래로 떨어질 것이라는 상당한 확신을 갖고 있습니다.

이 대담은 몇 가지 대단히 중요한 논제들을 제기한다. 평균 아래의 수익률을 예측한 페럴의 말을 우선 살펴보자. 그 말의 이론적 근거는 무엇인가? 그는 "평균으로의 회귀"를 언급하고, 이것은 "그러한 높은 수익률을 실현한 역사상 가장 오랜 기간"이라는 점을 지적하고 있다.

평균 아래의 수익률을 예측한 것은 적절한가? GPA의 예인 [표1]을 다른 측면에서 보자. 고교GPA가 3.80인 학생이 3.08의 평균값에 못 미치는 대학성적GPA으로 학업을 마칠 것이라고 예측할 수 있을까? 그렇지 않을 수도 있을 것이다. 평균에의 회귀 개념에 의하면, 미래수익률은 역사적 평균값에 더 가깝게 될 것이다. 그러나 그것은 역사적 평균값 아래 수준으로 떨어질 것이라고 말하진 않는다. 페럴이 지나치게 낮은 예측을 한 것은, 도박꾼의 오류에서 유래한다.

동전을 다섯 번 던져서 모두 앞면이 나온 경우, 여섯 번째 던져서 뒷면이 나올 가능성은 얼마인가? 만일 동전이 공정하다면 정답은 1/2이다. 아직도 많은 사람들은 공정한 동전을 연속적으로 몇 번 던지면,

앞면과 뒷면의 횟수는 거의 같게 나타날 것으로 생각한다. 즉 대표적인 패턴은 앞면과 뒷면의 출현 횟수가 거의 같은 특징을 나타낸다. 전형성 휴리스틱으로 인하여 사람들은 동전을 다섯 번 던져 연속해서 앞면이 나왔다면, 여섯 번째 던지기에서는 뒷면이 나올 것으로 예측하는 경향이 있다. "당연히 뒷면이 나올 것이다"라고 생각한다. 그러나 이러한 추론은 잘못이다. 즉 우리가 그러한 높은 수익률을 경험한 가장 긴 기간 이후, 평균 아래의 수익률이 나올 가능성이 없는 것처럼 말이다.

사람들은 종종 **평균으로의 회귀현상**을 고려하지 않은 채 두 현상이 유사한 결과를 가져와야 한다고 본다. 평균으로의 회귀현상에 따르면 아주 키가 큰 아버지의 아들은 아버지보다 작을 확률이 더 높고, 아주 지능지수가 높은 부모의 자녀는 부모보다 지능지수가 낮을 확률이 더 높다. 그러나 사람들은 아들은 아버지의 키를, 자녀는 부모의 지능을 전형적으로 드러낸다고 생각하여 아버지와 아들의 키, 부모와 자녀의 지능지수가 비슷할 것이라고 생각한다.

도박꾼의 오류는 사람들이 평균의 법칙을 잘못 해석하였기 때문에 나타나며, 기술적으로 "다수의 법칙"으로 알려져 있다. 그들은 다수의 법칙은 대표본에는 물론이고 소표본에도 적용된다고 생각한다. 이 때문에 트베르스키와 카네만(1971)은 도박꾼의 오류를 익살맞게도 "소수의 법칙"으로 설명하였다.

미래의 수익률에 대한 페럴의 주장을 살펴보자 그는 "그것들은 평균 아래가 될 것임이 상당히 확실하다"라고 말한 점을 주목하라. 그가 궁극적으로 옳다면 시간이 말해줄 것이다. 포춘紙와의 인터뷰 이후 21개월 지나서, S & P500은 41% 초과 회복되었다. 따라서 "상당히 확실하다"라는 그의 진술은 우리에게 다음의 논제 즉 과신overconfidence을 이끌어낸다.

자기과신

판단과 의사결정에 있어서 과도한 자신감overconfidence보다 더 만연하고 잠재적으로 파국적인 문제는 없을 것이다. 미국의 과신으로 인하여 일본은 제2차 세계대전에서 진주만을 파괴할 수 있었다고 한다. 과신은 또한 미국으로 하여금 우주왕복선 첼린처 호를 발사하도록 하는 비극적 결정에 한 몫을 했다. 그 우주선이 25번 째 임무 중 폭발하기 전에, NASA의 공식적인 발사위험 추정치는 100,000분의 1이었다. 이러한 위험추정치는 하루에 1번씩 우주선을 발사하여, 3세기 동안 단지 1번의 사고를 예상하는 것과 같은 것이다(Feynman, 1988). NASA는 진실로 성공을 확신했던 것일까? 아니면 확신하는 것처럼 보일 필요가 있었던 것일까?

투자자를 괴롭히는 모든 심리적 편향들 중에서 가장 심각한 것은 과도한 자신감을 갖는 성향이다. 자신감 자체는 나쁜 것이 아니다. 그것은 엄청난 일들을 성취할 수 있도록 해준다. 하지만 과도한 자신감은 다른 문제다. 과도한 자신감은 사람들이 실제 처지보다 더 훌륭하게 업무를 수행할 수 있는 능력이 있다고 생각할 때 위험할 수 있다 이것은 생각보다 훨씬 일상적이다.

최근의 어떤 연구에서 실험참가자에게 자신의 운전 실력을 스스로 평가해보라고 요청하였다. 82%의 사람들이 자신은 상위 30% 안에 든다고 대답했다.

또 다른 연구에서는 2,294명의 창업주들 중 81%가 자신의 사업이 성공할 확률이 70%라고 대답했다. 하지만 같은 업종을 선택한 다른 사람들도 성공할 것이라고 답한 사람은 39%밖에 안됐다.

과도한 자신감을 가진 투자자는 자신이 평균적인 투자자들보다 더 많은 지식은 가지고 있으며 더 큰 능력을 가지고 있다고 믿는다. 언뜻 보기에 이것은 그다지 해롭지 않은 자기강화로 보인다. 그러나 그 결과는 실은 꽤나 심각하다. 과도한 자신감이 야기하는 한 가지 위험은 매매 횟수를 증가시킨다는 것이다. 대개 고회전율 전략이 매수 후 보유전략보다 수익률이 더 낮다는 것이 분명하지만 자기만 가졌다고 생각한 고급정보를 이용해 돈을 벌겠다는 희망 속에 과도한 자신감의 투자자들은 미친 듯이 주식을 사고판다.

과도한 자신감은 우리를 곤경에 빠뜨릴 잠재력을 가지고 있기 때문에 그것의 근원적 심리를 이해하는 것이 현명하다. 무엇보다도 과도한 자신감은 정보에 대한 잘못된 측정에서 생겨난다. 불완전하고 부정확한 정보를 수집하고 그것을 부적절하게 분석하고 거기에 잘못된 무게를 주는 것이다. 또 한 가지 특징은 과도한 자신감을 가진 투자자들의 경우 자신이 직접 밝혀낸 정보에 너무 많은 무게를 둔다는 것이다.

그리고 자신이 옳다고 너무도 강력하게 믿기 때문에 틀릴 수도 있음을 지적하는 그 어떤 정보도 제쳐버린다. 따라서 투자자들이 비참한 결과를 겪지 않도록 돕기 위해서는 다음 단계로 사람들이 어떻게 정보를 수집하고 해석하는지 그리고 그런 정보를 이용하여 어떻게 믿음을 형성하는지 연구해야 한다. 간단히 말해 우리는 어떻게 이해하고 어떻게 믿게 되는가? 이 엄청난 질문에 답하려면 심리의 두 영역, 즉 인지와 감정 모두를 들여다봐야 한다. 왜냐하면 둘 다 관련이 있기 때문이다(석기용 역, 2001).

여기에 다음과 같은 질문을 여러분에게 한다고 해보자.

다우존스 산업 평균이 1998년에 9,181로 마감되었다. 주가지수로서의 다우존스 Dow는 재투자된 배당금은 포함하지 않는다. 만일에 1896년 5월 이래 모든 배당의 재투자를 반영하여 재정의 한다면, 40에서 시작하였을 때 1998년 말의 지수는 얼마였을까? 귀하의 가장 좋은 예측치를 기록한 후, 또한 정확한 수치가 귀하의 낮은 예측치와 높은 예측치 사이에 놓여 있을 것이라는 90%의 확신을 가지고 낮은 예측치와 높은 예측치도 기록해보라.

앞의 질문에 대한 해답은 클라크와 스태드만(1999)의 "The DJIA Crossed 652,230 (1998년)"라는 논문에 수록되어 있다. 만일에 사람들이 잘만 측정했다면, 매 100번 중 90번은 정답이 상한 추정치와 하한 추정치 사이에 놓여 있음을 발견했을 것이다. 그러나 서베이 조사의 일환으로 이 질문을 받는 경우, 사실상 아무도 정답이 상한 추정치와 하한 추정치 사이에 놓여 있음을 발견하지 못한다. 대부분의 사람에게 있어서, 상한 추정치는 지나치게 낮다. 그래서 사람들은 제대로 추정을 못하면서도 과다한 자신감을 보이는 셈이다.

사람들은 과도한 자신감으로 인하여, 지나치게 좁은 신뢰구간을 설정하는 것이다. 사람들은 상한 추정치를 너무 낮게 설정하며 하한 추정치는 지나치게 높게 설정한다. 그러므로 사람들은 자신들이 예상한 것보다 훨씬 더 자주 놀라게 된다. 미국 뉴욕의 금융가(월가Wall街)의 투자전략가들 중에는 자신들이 과거에 내린 주가예측의 정확도를 재조명하는 과정에서 "예측이 빗나가 체면이 깎였다"고 말하는 사람들이 있다. 즉 그들은 자신들의 예측을 과신하였던 것이다.

준거점 조정현상 및 보수성

사람들이 추정치를 생각해낼 때 어떤 초기값에 정박anchoring한 후 조정adjustment을 해서 해답을 낸다고 한다. 닻을 내리고 항구에 정박한 배는 파도에 흔들려도 멀리 흘러가지는 않는다. 우리 마음속에도 이러한 닻 같은 것이 있어서 우리의 판단을 그 주변에 붙들어 맨다. 보통 많은 상황에서 사람들은 어떤 초기값initial value을 출발점으로 지표설정(앵커링 ; anchoring)한 다음, 이를 조정하여 최종해를 산출해 내는 방식으로 추정을 한다. 여기서 초기값 혹은 출발점starting point이 어떻게 설정되는가는 분명치 않으나 보통 과거경험, 부분계산 또는 제시된 과업(외부정보)등을 기초로 하여 설정될 수 있을 것이다. 어느 경우이든, 조정은 일반적으로 불충분하다. 즉 출발점이 다르면 추정치도 달라지게 되며, 이 추정치는 초기값 쪽으로 편향bias되어 있다. 이러한 현상을 앵커링이라 부른다. 준거점·조정 휴리스틱에 의존하는 사람들은 의사결정 상황에서 어떤 초기값 혹은 앵커initial value or anchor에 초점을 맞춘 다음 그 값으로부터 자신들의 반응을 조정adjust or refine한다고 한다.

심리학자인 에드워드W. Edwards(1964)가 고안한 다음의 확률 문제를 통하여 기업 분석가(애널리스트)들이 실적전망치를 어떻게 수정하는 가에 대한 몇 가지 통찰력을 얻을 수 있다.

각 가방마다 1,000개의 포카용 칩이 들어 있는 100개의 가방을 가정해보자. 45개의 가방에는 700개의 검은 칩과 300개의 붉은 칩이 들어 있다. 다른 55개의 가방에는 300개의 검은 칩과 700개의 붉은 칩이 들어 있다. 여러분은 가방의 어느 것도 내부를 볼 수 없다. 가방 한 개를 동전 던지기에 의하여 무작위로 선택하였다. 선택된 가방에 대한 다음의 두 가지 질문을 생각해보자.

1. 선택된 가방이 주로 검은 칩이 들어 있는 가방일 확률은 얼마인가?
2. 이제 선택된 가방에서 12개의 칩을 복원방식으로 추출했다고 해보자. 이들 12개 중 8개는 검은 칩이고 4개는 붉은 칩이다. 여러분은 추출된 칩 관련 새 정보를 이용하여 선택된 가방이 검은 칩이 주로 들어있는 가방일 확률을 수정할 것인가? 만약에 그렇다면, 수정된 확률은 얼마인가?

이 문제는 증권회사의 **애널리스트**(재무분석가)가 직면한 과제와 유사하다. 가방은 흑자전망의 기업 또는 적자전망의 기업과 유사하다. 그리고 일반적으로 수용된 회계의 색체에 따라, 검은 칩은 양호한 실적전망을 나타내고, 붉은 칩은 실적이 악화될 것으로 예상됨을 나타낸다. 애널리스트들은 정보를 최초의 믿음을 형성하는데 기초한 정보에서 시작한다. 이 경우, 믿음은 검은 칩이 주로 들어 있는 가방일 확률이다. 앞의 첫 번째 질문에 대한 가장 빈번한 해답은 45%이다. 그러므로 칩이 들어있는 가방은 양호한 실적전망보다는 실적이 악화될 것으로 예상되는 기업을 더 많이 나타내는 것처럼 보인다.

두 번째 질문은 첫 번째 질문보다 훨씬 더 어렵다. 8개의 검은 칩과 4개의 붉은 칩이 추출된 것은 실적 호전 발표와 유사하다. 그래서 지금 이 질문은 그다지 실적이 좋지 못했던 회사의 실적호전 발표에 어떻게 반응하느냐의 문제이다.

두 번째 질문에 대한 두 가지 가장 두드러진 반응은 45%와 67%이다. 검은 칩이 주로 들어있는 45%와 복원방식으로 추출된 검은 칩의 비율인 67%가 눈에 두드러지게 나타난 수치이다. 45%라고 한 사람들은 본질적으로 새로운 정보를 결합하는 방법을 모르기 때문에 처음의 믿음을 고수한다. "실적이 호전된 것으로 발표되었지만, 이에 과소반응한다."

67%(또는 대략)로 응답한 사람들은 복원방식으로 꺼낸 칩의 2/3가 검은 칩이라는 사실에 초점을 맞춘다. 전형성 휴리스틱에 따라서 이들은 이전의 정보는 무시해버린다. 이들은 과소반응, 과잉반응, 혹은 정확하게 조정한 것인가?

두 번째 물음에 대한 정답은 96.04%이다. 응답자의 약 55%는 45% 또는 67%을 선택하였으며, 나머지는 분산되어 있다. 그러나 대부분은 96% 보다 훨씬 아래에 있다. 사실 대다수는 75% 아래에 있다. 이 문제에서 대다수는 새 정보에 지나치게 보수적으로 반응한다. 아마 이들은 45%에 기준점을 설정하여 거기에 정박하고 새로운 정보에 충분히 조정하지 못한다. 이것은 증권 애널리스트들이 기업의 실적발표에 어떻게 반응하는가를 설명해준다.

이들은 새로운 정보를 반영하여 충분히 실적추정치를 수정하지 않는다. 그런고로, 양호한 깜짝 실적 후에는 보다 양호한 깜짝 실적이 뒤따르는 경향이 있으며, 예상치 못한 실적악화 이후에는 예상외의 더욱 악화된 실적이 뒤따르는 경향이 있다. 물론, 애널리스트에게 박두한 예상외의 깜짝 실적은 과대확신의 표출의 하나이기도 하다. 왜냐하면 사람들이 예상한 것보다 훨씬 자주 놀라게 되는 것은 지나치게 좁은 확신구간을 설정하기 때문이다. 즉 보다 보수적으로 조정하는 것이다. 지나치게 좁은 확신구간의 설정으로 인해 사람들은 예상보다 훨씬 더 빈번하게 놀라게 된다.

우리는 흥정이나 협상에서 앵커링 개념을 적극적으로 활용할 수 있다. 일반적으로 가격이나 거래조건을 먼저 제시하는 쪽이 심리적으로 유리한 위치를 확보하게 된다. **부동산 매매**에서 거래 당사자 한쪽이 최초에 제안한 가격이 강력한 심리적 지지선이 될 수 있기 때문이다. 언제 ,어디에서 앵커링을 시도해야 할까? 만약 상대방이 먼저 제안을 한다면, 당신은 그 제안이 지닌 심리적 저지선으로서의 잠재적 힘을 인식하고 적절히 대응해야 한다. 상대방의 제안에 대해 자신이 생각하는 기준선을 새롭게 제시할 수도 있을 것이다.

확실성 효과

50개의 검은 칩과 50개의 붉은 칩이 들어 있는 가방이 있다. 확실한 100만원을 선택할 수도 있고, 아니면 이 가방에서 무작위로 검은 칩을 꺼내면 200만원을 받지만 붉은 칩을 꺼내면 한 푼도 받지 못하는 선택안이 있다고 가정해보자. 여러분이 확실한 100만원을 받는 대안과 0원 또는 200백만 원을 벌 수 있는 대안 중 하나를 택한다고 해보자. 카네만과 트베르스키(1992)는 이런 유형의 질문에 대해 84%가 확실한 이득을 선택했다고 한다.

문제를 변형해 보자. 검거나 붉은 색의 칩이 100개 들어있는 가방이 있는데, 그 구성비율은 모른다. 확률이 반반일 때 게임을 하려는 많은 사람들은 인진한 플레이를 선호하며 따라서 확률을 모를 때 확실한 100만원을 선호한다. 사람들은 "모호함을 싫어하기" 때문에 그러한 선택을 한다는 것이다. 사람들은 낯설은 것보다는 익숙한 것을 더 좋아한다.

탐욕과 두려움에 관한 월스트리트(Wall街)의 속담을 기억하는가?

모호함을 싫어하는 정서적인 측면은 미지에 대한 두려움이다.

LTCM 사건은 이러한 현상의 적절한 예가 된다(제7장 참조). 1998년 9월 23일 LTCM에 대한 36억$ 사적구제금융을 투입하기로 하였음을 상기하자. 뉴욕의 연방준비은행 FRB은 LTCM이 파산하면 글로벌 금융시스템의 붕괴를 초래할 수 있다는 우려 때문에 이 계획을 마련하였다. 1998년11월16일 월스트리트 저널은 참가자들 간에 합의가 이루어진 후 모임을 떠나는 장면을 보도하였다. 이 기사는 그때 매릴린치 증권의 사장인 앨리슨의 흥미로운 발언을 언급하였다.

그의 말은 모호함을 싫어하는 성향을 미지의 것에 대한 두려움으로 전형화하였다. "그들이 줄지어 퇴장하면서, 그들에겐 이 모두가 필요한 조치인지 여부 및 붕괴가 과연 정말로 글로벌 금융시스템에 급격한 충격을 초래하는지 여부를 심사숙고하는 물음이 주어졌다. '대단히 많은 부분을 모르고 있습니다.' 앨리슨은 '심연이 얼마나 깊은지를 알려고 거기에 뛰어드는 것은 부질없는 짓이지요.'"라고 말한다.

감정과 인지

인지적 오류란 사람이 생각하는 방식에서 생기는 오류를 말한다. 미지의 것을 두려워한다는 관점에서 모호함의 회피 성향을 기술할 수 있을 것이다. 그런데 이 경우, 몇몇 현상은 인지와 감정의 결합상태로 나타날 수 있을 것이다. 물론 둘 다 정신적인 과정을 포함하며, 생리학적으로 연결되어 있을 것이다. 학자들의 연구결과, 감정은 사람들이 사건을 기억하는 방식에 중요한 역할을 한다는 충분한 증거가 있다. 그래서 가능성 휴리스틱을 포함하는 현상들에는 인지와 감정의 요소 둘 다 반영되어 있을 가능성이 있다. 한 가지 예를 들어보자. 1972년 다우존스지수는 1,020에 마감되었다.

1982년에는 10년 전 도달한 지수보다 단지 27포인트 더 높은 1,047에 마감되었다. 10년 사이에 4년의 마이너스 성장을 기록하면서 지수는 격렬하게 회전하였다. 이 기간 동안 인플레이션은 66%를 넘었고 달러의 구매력은 그만큼 감소되었다.

1995년 월스트리트저널에 실린 한 기사는 미국 캘리포니아주의 산 매테오에 소재한 RJF 에셋매니즈먼트(지금은 풀러 & 탈러 에셋매니즈먼트) 사장인 러셀 풀러의 말을 인용하고 있다. 머니매니저, 풀러는 다음과 같이 말하였다.

"사람들은 1973년 1974년의 증권시장 붕괴 이전부터 이 분야에 종사해 왔던 나 같은 사람들은 그 당시의 증권시장의 붕괴로 큰 충격을 받았지요. 그것은 발생가능성이 매우 낮은 사건이었습니다. 그러나 많은 사람들은 이 분야에서 그와 같은 사건의 재발가능성을 우려하면서 지난 20년을 보냈던 것입니다."

2. 프레임의 영향

이절에서 논의될 사항은 다음과 같다: 손실회피, 손실실현 및 실패한 프로제트, 심리회계, 프레임의존성, 쾌락적 편집과 위험의 수용정도, 지기통제와 배당, 후회와 연금기금분배, 화폐환상과 인플레이션

불변성공리

합리적 선택이론이란 이상적인 혹은 합리적인 사람의 행동을 설명해주는 것이다. 이것은 기대효용이론 혹은 의사결정이론이란 명칭으

로 알려져 있다. 폰노이만-몰겐스턴Von Neumann & Morgenstern의 기대효용이론은 인간의 합리적 선택행동을 정교하게 묘사해주는 하나의 규범적·처방적 이론이다. 즉, 고전적 효용이론은 사람들이 실제로actually 어떻게 행동하는지를 설명하는 것이 아니라, 만일 사람들이 합리적 의사결정을 하기 위한 특정의 요건에 따른다면 '어떻게 행동할 것인가'how people would behave에 대한 당위성을 설명하는 것이다.

이러한 이론의 주요 목적 중 하나는 합리적 의사결정에 기초가 되는 명백한 가정이나 공리를 제시하기 위한 것이다. 폰노이만-몰겐스턴이 이러한 공리를 구체적으로 제시하게 되면서 의사결정이론을 연구하는 학자들은 기대효용이론에 대한 수학적 예측과 의사결정자의 실제행동을 비교할 수 있게 되었다. 그러면 합리적 의사결정을 위하여 필요한 공리는 무엇인가? 일반적으로 기대효용이론에 대한 공리체계는 다음과 같은 여섯 가지 원칙을 토대로 하고 있다.

- 대안의 순서화(ordering of alternative)
- 우위(dominance)
- 제거(cancellation)
- 이행성(transitivity)
- 연속성(continuity)
- 불변성(invariance)

불변성 invarance 원칙은 대안들의 제시 방식에 따라(by the way alternatives are presented) 의사결정자가 영향을 받지 않아야 함을 의미한다. 예를 들어, 합리적인 의사결정자는 복합갬블(예를 들어, 각 단계에서 50%의 확률이 있는 두 단계 복권에서 모두 성공적인 결과가 산출되는 경우 받는 결과가 $100로 이루어진 갬블)과 단순갬블(예를 들어, 이긴 사람이 $100을 받을 확률이 25%인 한 단계의 복권)사이에 선호도를 갖지 않고 선호체계가 불변이어야 한다는 것이다.

불변성 공리에 의하면 당신의 선호는 각 대안들이 당신 앞에 제시된 방식이나 형태의 영향을 받으면 안 된다. 예를 들어, 두 가지 직업을 직접 비교하여 한 가지를 선택하도록 되어 있거나 혹은 각 직업이 당신에게 얼마나 가치가 있는지를 표현하게 하여 선택하도록 되어 있든지 간에 두가지의 직업에 대한 당신의 선호는 영향을 받으면 안 된다.

당신이 대기업 구매부에서 일한다는 가정 하에 다음과 같은 질문을 받았다고 해보자.

(문항 1) 중요 부품의 독점공급업체가 가격을 인상하려 한다는 사실을 금방 알았다. 가격이 인상되면 회사에 ₩6,000,000의 추가 비용 부담이 예상된다. 가격 인상의 영향을 줄이기 위하여 다음과 같은 두 개의 안이 고려되었다.

대안 A가 채택되면 회사는 ₩2,000,000을 절약할 것이다.

대안 B가 채택되면 ₩6,000,000이 절약될 확률이 1/3이고, 한 푼도 절약하지 못할 확률이 2/3이다.

질문: 당신은 어느 대안을 선호합니까?

(문항 2) 중요 부품의 독점공급업체가 가격을 인상하려 한다는 사실을 금방 알았다. 가격이 인상되면 회사에 ₩6,000,000의 추가 비용 부담이 예상된다. 가격 인상의 영향을 줄이기 위하여 다음과 같은 두 개의 안이 고려되었다.

대안 C가 채택되면 회사는 ₩4,000,000의 손실을 입을 것이다.

대안 D가 채택되면 아무런 손실을 입지 않을 확률이 1/3이고, 회사가 ₩6,000,000의 손실을 볼 확률이 2/3이다.

질문 : 당신은 어느 대안을 선호 합니까?

(문항 1)과 (문항 2)에 대한 여러분의 대답을 먼저 생각해보자.

아마도 여러분이 짐작하셨겠지만, 이 두 문항은 논리적 관점에서 볼 때 사실상 동일하다. 즉, 문항 1의 대안 A는 문항 2의 대안 C에 상응하는 것이며, 문항 1의 대안 B는 문항 2의 대안 D에 상응하는 것이다. 불변성 공리에 의하면, 두 문항에서의 응답이 동일해야 한다. 그렇지만 문항1과 문항2를 각각 다른 집단에 준 결과, 문항의 표현 형태에 따라 상이한 응답이 나왔다.

특히, 문항 1과 같은 상황에 처한 대다수 사람들은 안전한 대안 A를 택한다. 문항 2의 경우 대다수는 위험선호적인 대안 D를 택한다. 이러한 선택 패턴의 기초가 되는 것이 무엇인가?

문항 1의 결과outcomes는 예상비용 ₩6,000,000에 관련된 이득(혹은 절약)으로 표시되어 있고 문항 2의 결과는 손실의 형태로 표시되어 있다는 점에서 두 개의 문항은 차이가 있다. 그리하여, 만약 사람들의 위험에 대한 태도가 잠재적 이득영역과 손실영역에서 각각 다르게 나타난다면, 대안들이 제시되는 방식에 따라 선택행위가 반드시 불변성 공리에 따라 이루어지는 것은 아닐 것이다. 즉, 불변성공리에 어긋난 선택이 이루어질 수도 있다는 것이다. 문항1과 문항2에 대한 응답결과는 위험에 대한 사람들의 태도가 일관적이지 않음을 시사해 준다(즉, 항상 위험회피적, 위험추구적, 혹은 위험중립적인 것은 아니다).

문제를 어떤 형태로 구성framing하느냐에 따라 인간의 선택행위는 중대한 영향을 받을 수 있다. 이것은 위험에 대한 인간의 진짜true 태도가 과연 존재하는가 하는 이슈를 제기한다. 이러한 발견사항들이 시사하는 바가 또 있다. 즉, 인위적인 어떤 조절(리프레이밍reframing)을 통하여 위험에 대한 일관적이지 못한inconsistent 태도를 특정 상황에서 기꺼이 혹은 억지로 바꾸게 할 수 있다는 것이다.

카네만과 드베르스키(1979)의 프로스펙트이론은 의사결정 과제의 예상결과에서 일정한 금액을 가감하면 판단기준점이 상향 또는 하향 조정되는 현상을 제시하였다. 이와 같은 판단기준점의 변경으로 대안 선호 순서가 변화될 수 있다고 한다. 의사결정자가 불확실성 하에서 취하는 선택행위에 관한 연구는 인지심리학적 접근방법의 대상이 되고 있다. 프로스펙트이론에서는 판단기준점의 위치와 의사결정 과제가 인식되는 방법 등이 의사결정 과정 분석의 핵심적 요소가 된다. 프로스펙트이론은 기대효용이론의 정리에 합치되지 않는 반전효과reflection effect를 제시하고 있다. 반전효과는 판단기준점을 중심으로 하여 위험대처 경향이 반대 방향으로 전환되는 현상을 의미한다. 이러한 현상은 프로스펙트이론의 가치함수에 의해 도출된다. 중립적인 판단기준점을 변곡점으로 하여 이득영역에 속하는 사람은 위험회피 경향을 보이며 손실영역에 속하는 사람은 위험추구 경향을 보인다. 반전효과는 기대효용이론의 선호이행성transitivity of preferences의 정리에 위배되는 현상이다. 이것은 동일한 내용의 의사결정 대안을 단순히 긍정적 또는 부정적인 표현으로 제시함에 따라 의사결정자의 선택이 변하게 되는 프레이밍효과의 전제조건이 되고 있다.

프레이밍에 의한 판단기준점의 조절을 통하여 위험에 대한 태도를 바꿀 수 있으며, 더욱이 그러한 조절가능성은 특정 유형의 행동을 유발시킬 수 있는 동기부여 메커니즘을 제안해준다.

프로스펙트이론의 가치함수로부터 몇 가지 합의를 얻을 수 있다. 판단기준점의 위치를 변경하여, 불확실성하에서의 이득 혹은 손실에 대한 지각을 강조하는 방식으로 결과를 프레임frame할 수 있다는 점이 주목된다. 이렇게 되면, 그 다음 순서로 상이한 지각이 상이한 선택을 유도할 수 있다.

프로스펙트이론에서 의사결정가중치 함수는 사람들이 선택행위를 결과에 연결지우는 확률에 어떤 식으로 가중치를 부여하는가를 설명해준다. 이 함수는 적은 확률에 과대비중을 부여하고 큰 확률에 과소비중을 부여한다. 이리하여 앞서 논의한 문항1과 문항2에도 영향을 주었다. 만일 즉, 1/3과 2/3의 확률 양쪽 모두 과소비중이 부여된다면 가중치함수는 문항1의 대안B의 상대적 매력도를 더욱 감소시킬 것이고, 문항2의 대안D의 상대적 매력도를 더욱 증가시킬 것이다. 가중치 함수의 또 하나의 특성은 확률은 오직 0과 1사이의 값으로만 정의된다는 점이다. 0과 1의 확률이 주어진 경우에는 각각 0과 1의 가중치가 부여되며, 여기서 확실성이 특별한 가중치를 끌어당기는 것이다. 이것이 바로 문항1과 관련된 확실성효과가 지배하는 경우이다.

프레이밍 효과

사람들의 선호도는 문제 상황task context을 어떻게 표현하느냐에 따라 달라지는데 이를 '프레이밍효과'라 한다. 사람들이 문제를 대할 때 어떤 중립점을 판단기준으로 이득과 손실을 구분한 다음, 이득프레임과 손실프레임으로 문제의 틀을 짠다고 한다. 유리컵에 물이 절반쯤 담겨있는 경우, "**반컵 밖에 안 남았네**"하는 사람도 있고 "**아직 반컵이나 남아 있네**" 하는 사람도 있을 것이다. 이처럼 같은 상황을 달리 보는 것은 사람마다 심리적 준거점이 다를 수 있기 때문이다. 이러한 시각차이가 곧 사람의 프레임으로 굳어지고 그 후의 정보호취득과 정보처리에 영향을 주게 된다. 따라서 사람들에게 정보를 제공하거나 과제를 제시할 때는 이러한 프레이밍 효과를 고려할 필요가 있다. 더욱이 어떤 거래나 흥정 또는 협상을 하는 경우에 이러한 현상을 적극적으로 활용할 수 있을 것이다.

기업재무corporate finance분야에 적용되는 모디글리아니-밀러Modigliani-Miller이론의 핵심은 프레임의 독립성frame independence이다. 밀러는 프레임 독립성을 간결하게 묘사하고 있다. 프랑코 모디글리아니Franco Modigliani와 공동 발표한 논문의 핵심내용을 25자 이내로 설명해달라는 요구에 대하여 그는 다음과 같이 대답하였다.

"**당신이 오른쪽 주머니에 있는 돈을 왼쪽 주머니로 옮긴다고 해서 더 부자가 되는 것은 아닙니다**. 프랑코와 나는 이것을 정확하게 증명했습니다".

사람들이 돈을 오른쪽 주머니에 넣어둘 것인가 아니면 왼쪽 주머니에 넣어 둘 것인지 하는 것은 형식form의 문제이다. 의사결정과 관련된 문제를 설명하기 위하여 사용된 형식을 프레임이라 한다. 프레임의 독립성frame independence이란 프레임은 행동과 아무런 관련성이 없다는 것을 의미한다. 전통적 재무이론의 지지자들은 프레이밍은 투명transparent하다는 것을 가정한다. 이것은 현금흐름에 대한 모든 기술

(묘사)방법들을 자본시장의 참여자들이 꿰뚫어 볼 수 있다는 것을 의미한다.

그러나 많은 프레임은 투명하기보다는 오히려 불투명하다. 불투명한 프레임을 간파하는데 어려움이 있는 사람은 전형적으로 자신이 이용하는 특정한 프레임에 의존하여 의사결정을 내린다. *결과적으로 형식의 차이는 또한 내용의 차이를 가져온다.* 행동은 프레임 의존성을 반영하는 것이다.

부동산 거래 등 흥정이나 협상에서 우리는 프레이밍(틀짜기) 전술을 적용할 수 있을 것이다. 미국 하버드 경영대학원이 제시한 전술을 살펴보기로 한다(현대경제연구원 역)

유리컵에 물을 반쯤 따랐다고 가정해보자. 이제 당신이 유리컵에 대해 다른 사람에게 묘사해야 한다면, 반쯤 비어 있다고 할 것인가 아니면 반쯤 채워져 있다고 할 것인가? 당신이 그 유리컵에 대해 둘 중 어떤 식으로 묘사하든, 당신은 그 상황을 프레이밍하는 것이다. 다시 말해, 그 상황을 자신의 틀 속에서 본다는 말이다. 만약 다른 사람들이 그 틀을 의문 없이 받아들인 다면, 그 이후의 토론은 그 틀 속에서 진행되는 것이다. 그렇게 되면 당신은 협상에서 매우 유리한 입장에 서게 될 수 있다. 노사간의 협상을 예로 들어보자.

(손실 프레임)유리컵이 반쯤 비어 있다. 노조측의 협상자는 다가오는 회사와의 임금협상을 다음과 같은 취지로 프레이밍하려고 한다.

"종업원들이 애써 만들어낸 회사의 부를 공평하게 분배하는 것이 임금협상을 보는 틀이 되어야 한다."

(이득 프레임)유리컵이 반쯤 채워져 있다. 경영진은 다음과 같은 취지로 노동조합을 설득하려고 할 것이다.

"금전적 보상심리의 자제와 고용안정 및 미래수익 창출 등을 강조하는 틀 속에서 임금협상이 진행되어야 한다."

프레이밍은 협상이 향후 어떻게 진행될 것인지에 영향을 미칠 수 있다. 협상 당사자들의 시각을 일정한 방향으로 돌려놓아, 정해진 틀 속에서 해당 이슈를 검토하도록 유도하기 때문이다. 노조에서 주장하는 프레임은 이익이라는 파이의 공평한 분배를 강조하는 기본구도 속에서 협상의 타결을 유도하며, 경영진이 방어적 자세를 취하게 한다. 경영진이 의도하는 협상의 프레임은 경쟁사에 비해 비교적 관대한 임금정책과, 유보이익의 재투자를 통해 장래 종업원이 누리게 될 이득 등에 기초하고 있다. 어느 측이 상대방으로 하여금 자신의 프레임을 받아들이게 할 수 있든 간에, 틀림없이 협상에서 유리한 위치에 서게 될 것이다. 효과적인 프레이밍은 우리가 다양한 조건하에 어떻게 행동하게 되는 지를 설명해주는 선재先在 심리모델preexisting mental model(예, 멘탈회계)이론에 근거한다. 한 쪽이 어떤 프레임 속에서 해결방안을 제시하는가 하는 부분이 상대방이 어떤 행동을 결심할 것인지를 결정할 수 있다는 것이다. 상대방이 수용할 수 있는 심리모델 측면에서 당신의 입장을 규정할 수 있다면, 당신이 원하는 쪽으로 이끄는 것이 그다지 어렵지 않을 것이다. 일반적으로 다음과 같은 프레임 원칙을 적용해볼 수 있다.

- 손실보다는 이득을 나타내는 표현으로 당신의 제안을 규정하라.
- 리스크를 피하고 싶어 하는 사람들의 자연스러운 심리를 이용하라.

손실회피

카네만과 터버스키의 프로스펙트 이론은 위험과 불확실성하에서 인간의 선택행위에 대한 이론적 토대를 제공한 기술적descriptive 이론의 하나다. 이들은 프레임 의존성에 대한 증거를 제시하였다. 이들 연구의 출발점은 '손실'의 역할이며, 이는 마코위즈(Harry Markowiz, 1952)가 고찰한 바 있는 이슈이기도 하다.

사람들은 대체로 위험회피적 성향을 가진다. 위험이 내포된 대안들에 대하여 대부분의 사람들은 기대값이 동일한 확률적 대안보다는 확정적인 대안 sure thing을 선호한다. 또한 위험성이 보다 높은 riskier 대안보다는 변동성이 낮은 low variance 대안을 선호한다. 이는 일반적 현상이다. 이에 대한 3가지 예외가 있다:

첫째, 기대값 보다 더 많은 돈을 지불하고도 로또복권을 기꺼이 구입하려는 사람들이 많다

둘째, 경영자들도 다른 사람들과 마찬가지로, 손실영역에서는 위험추구경향을 보이고 있음이 인간의 선택행위 관련 연구에서 밝혀지고 있다.

셋째, 게임에 중독된 사람은 위험추구적 행위를 보인다.

위의 예외를 제외하면, 확률이 부여된 이득favorable 대안들 중에서 선택의 의사결정을 하는 인간은 대부분 위험회피형이다. 기업의 경영자등 여러 유형의 피험자를 대상으로 진행된 많은 연구에서도 이러한 주장이 지지되고 있다. 일반적 해석에 의하면, 위험회피란 이득의 한계효용이 체감함을 의미한다. 프로스펙트이론은 여기에 두 가지 다른 원인을 제시하고 있다. 즉 확실성효과와 손실회피이다.

대안의 평가시, 확정적 이득을sure gains 얻는 대안과 발생확률이 높은 대안에 대해서 개인이 각각 부여한 가중치는 뚜렷한 차이를 보인다. 그러한 차이를 **확실성효과**라 한다.

관찰결과, 사람들은 이득·장점보다는 손실·단점에 대하여 더 많은 가중치를 부여하는 것으로 보인다. 이를 **손실회피**(LS : loss aversion)**성향**이라 한다.

LS는 유위험 상황은 물론이고 무위험 상황에서도 의사결정에 영향을 미친다. 이것은 행동보다는 *무행동*, 그리고 그 어떤 대안들보다도 *현상유지안*을 선호한다. 그 이유는 이들 대안의 단점을 손실로 평가하고, 장점에 비하여 단점에 보다 높은 가중치를 부여하기 때문이다. 손실회피성향으로 인하여 사람들은 위험을 회피할 수 있는 대안을 강하게 선호한다. 학자들의 연구결과, 손실회피의 상관계수는 약2에서 2.5 범위에 분포하는 것으로 추정되고 있다.

카네만과 트베르스키는 손실상황에서 사람들이 어떻게 반응하는가를 연구하였다. 여기 그들이 제시한 사례 중 하나를 소개한다. 당신이 다음 2가지 중 하나를 선택해야 할 갈림길에 있다고 해보자.

(1) 7,500달러의 확정 손실을 받아들이는 대안
(2) 10,000달러를 잃게 될 75%의 확률과 한 푼도 잃지 않을 확률이 25%인 대안

어떤 안을 선택하더라도 기대손실 금액은 7,500달러이다. 당신은 확정된 손실금액을 택할 것인가 아니면 불확실한 가능성에 모험을 걸 것인가? 대부분의 사람은 두 번째 안을 선택한다. 왜? 손실을 싫어하기 때문이다. 그리고 두 번째 안을 선택하면 불확실하기는 하지만 전혀 손실을 입지 않을 가능성도 있기 때문이다. 카네만과 트터베르스키는 이를 '손실회피성향'이라 칭하였다. 그들은 손실이 같은 크기의 이득과 비교하여 약 2배반의 충격이 있다는 것을 발견하였다. 사람들은 이득을 얻었을 때 느끼는 기쁨이나 만족보다 손실을 입었을 때 고통

을 훨씬 강력하게 느낀다고 한다.

손실회피개념은 투자자들의 불합리한 행동을 설명하는데 유용하다. 실제로 손실회피의 사례를 발견하는 것은 그리 어렵지 않다. 주식중개인을 위한 매뉴얼에서, 그로스(1982)는 손실상태에 처한 투자가들의 곤경을 묘사하고 있다.

"많은 투자자들이 어찌됐던 손실상태에서는 팔지 않으려고 한다. 그들은 특정한 투자에서 돈을 벌 수 있다는 희망을 포기하고 싶지 않은 것이다. 또한 증권투자에서 손을 떼기 전에 적어도 본전의 회수를 원한다. 아마도 '본전생각' 병은 다른 어떤 것보다 더 투자 포트폴리오를 훼손해 왔을 것이다 … 투자자가 손실을 받아들이면 더 이상 자신의 배우자에게 다음과 같은 말을 중얼거릴 수 없게 된다. "여보, 단지 이건 명목상의 손실일 뿐이야, 조금만 기다려요. 곧 주가가 회복될 거요."

어떤 이는 '본전생각'병을 값비싼 수업료를 내고 배운다. 리슨 Nicholas Leeson의 경우를 보라. 1995년도에 리슨은 몸담고 있던 232년 역사의 베어링 PLC회사의 붕괴를 초래한 장본인으로 유명해졌다. 어떻게? 그는 거래를 통해 $14억 이상을 잃었다. 1992년 리슨은 부하직원이 저지른 실수를 숨기기 위하여 잘못된 거래에 뛰어들었다. 결국 그의 거래로 손실이 발생되었고, '본전생각'병이 발동되기 시작했다. 그는 "손실을 만회하고 은행을 구하기 위해서는 주식시장에서 도박을 해야 한다"고 단언했다.

'본전생각'병은 또한 손실이 발생된 사업losing project을 폐기해야 하는 회사경영자의 판단을 흐리게 한다. 예를 들면 3Com의 유명한 팜 컴퓨터 제품들은 바늘 침stylus으로 자료에 접근 가능한 휴대용 컴

퓨터이며, 그 전에 나온 애플컴퓨터 회사의 보다 정교한 뉴톤Newton의 후예이다

애플의 CEO인 죤 스컬리는 뉴톤에 전념하면서, 이를 컴퓨터 산업에 대한 그의 개인적 비전의 중심으로 만들었다. 그는 그 개념을 설명하기 위해 "개인용 디지털보조자 PDA"란 용어를 만들었으며, 이것은 3개의 산업(컴퓨팅, 커뮤니케이션, 엔터테인먼트)의 통합에 중추적인 수단이 될 것이라고 주장했다.

뉴톤의 개발은 1987년에 시작되었고 1993년에 생산품이 출시되었다. 그러나 1,000달러는 일반시장에서 너무 비싼 가격이다. 게다가 출시된 초기제품은 필적 인지능력의 결함으로 실패작으로 판명되었다. 이 때문에 만화가인 트류도가 그의 코믹 연재만화 듀젠베리Doonesbury에서 뉴톤을 풍자의 소재로 등장시켰다. 트류도의 영향력을 고려하면, 가용성 휴리스틱스가 뉴톤의 잠재적 고객들에게 끼치는 영향을 생각해보라.

1994년 1월까지 판매는 부진하였으며 뉴톤은 손실 프로젝트인 것이 분명해졌다. 그러나 애플사는 이의 생산을 중단하지 않았다. 회사는 PDA단말기에 전념했다. 1년 후 1995년 1월 애플사는 백리트 스크린을 부착하는 등 성능이 개선된 제품을 출시하였으나, 시장의 반응은 신통치 않았다. 1997년 3월에 애플사는 뉴톤을 별도 사업부로 분리하였으나 그 역시 좋지 않았다. 그리고 6개월 후 애플사는 그 사업부를 다시 원래의 조직에 원상 복귀시켰다. 이 모든 과정 동안 뉴톤은 실패한 제품이었다. CEO들은 이 사람 저 사람으로 교체되곤 했지만, 손실 프로젝트는 여전히 남아 있었다.

죤 스컬리가 회사를 떠났다. 아멜리오가 그 뒤를 이었으나 그 역시

왔다가 갔다. 애플의 공동창업자이자 최초 CEO 인 스티브 잡스의 드라마틱한 컴백으로 아멜리오도 떠났다. 여러해 전 존 스퀄리는 잡스를 내쫓은 바 있다. 프로젝트가 시작된 후 약 10년 뒤인 1998에, CEO 잡스는 뉴톤 프로젝트를 폐기한다는 결정을 발표했다.

동시적 의사결정

카네만과 트베르스키가 제시한 또 다른 의사결정 문제를 살펴보기로 한다.

당신이 다음과 같은 한 쌍의 동시적 의사결정 상황에 직면했다고 가정해보라.

먼저 양쪽의 선택 안을 검토한 다음, 각각 안에 대한 여러분의 선호를 표시하시오.

◆ 첫 번째 결정 : 선택

A. 2,400 달러의 확실한 이득

B. 10,000 달러를 얻을 25%의 확률과 아무런 이득이 없을 75%의 확률

◆ 두 번째 결정 : 선택

C. 7,500 달러의 확실한 손실

D. 10,000 달러를 잃을 75%의 확률과 아무런 손실이 없을 25%의 확률

사람들이 이 문제에 어떻게 반응하는가를 살펴봄으로써 인간의 의사결정 과정에 대하여 많은 것을 알 수 있다. 당신 자신의 반응을 생각

해보라.

첫 번째 의사결정에서 A를 선택했다면 위험회피적인 선택이다. 대부분의 사람들은 확실한 2,400달러를 지나치기가 어렵다. 비록 10,000달러가 2,400달러보다는 많지만 이를 얻을 승산은 단지 1/4이다. 그래서 B의 기대가치는 2,500달러이고, 10,000달러보다는 꽤 적다. 사실 2,500달러는 A의 보장된 2,400달러보다 약간 더 많을 뿐이다.

당신은 두 번째 의사결정을 인식했는가? 이 장의 앞 절에서 본 적이 있었을 것이다. 당신은 지난번과 같은 식으로 반응했는가?

어떤 연구에 의하면 약 90%가 두 번째 문제에서 D를 선택했다고 한다. 그들은 본전이 될 수 있는 기회를 원한다. 두 가지 의사결정문제는 함께 동시발생의 꾸러미(package)를 구성한다. 그러나 대부분의 사람들은 꾸러미를 보지 않는다. 프로스펙트이론에 따르면 이러한 선택에 대한 모순된 반응은 두 가지의 분리된 일종의 정신적 회계에서 비롯된다고 한다. 사람들은 선택 안들을 각기 다른 심리계정mental account에서 처리한다. 그로 인하여 우리는 프레임 의존적 경향을 보이게 된다.

당신이 선택한다고 가정해보자. 당신은 7,600달러를 잃게 될 확률이 75%인 대안과 2,400달러를 얻을 확률이 25%인 대안, 둘 중 하나를 선택할 수 있다. 그렇게 하지 않고 추가적인 100달러를 받고 동일한 기회를 선택할 수도 있다. 당신은 어떤 선택을 할 것인가요? 뻔하지 않습니까? 의사결정 프레임은 투명해야 하겠지요.

그러나 때때로 프레임은 불투명하다. 앞에서 언급한 의사결정 문제들 생각해보자.

이 문제들 미국 MBA학생들에게 제시했을 때 절반정도는 A&D를 선택했다고 한다. 즉 첫 번째 의사결정에서는 A 그리고 두 번째는 D

를 선택했다.

A와 D를 선택한 사람들은 2,400달러를 벌어들일 가능성이 25%이고 7,600달러를 잃을 가능성이 75%이다. 그러나 더 나은 선택을 할 수도 있었다. 그들은 B & C 조합을 선택할 수 있었고, 선택했다면 2,500달러를 벌어들인 가능성이 25%이고 7,500달러를 잃어버릴 가능성이 75%이다. 그러나 대부분의 사람들은 불투명한 프레임을 꿰뚫어 보지 않는다. 따라서 그들은 마치 100달러의 가치를 무시하는 것처럼 행동한다.

쾌락적 기능장치

주식중개인 매뉴얼에서, 그로스(Gross, 1982)은 손실실현의 상황에서 프레임 의존성의 문제를 함축적으로 제기했다. 그에 의하면, 투자자들은 어떤 프레임을 다른 프레임에 비해 선호한다고 한다. 이것은 쾌락적 편집hedonic editing이라는 개념으로 알려진 원칙의 하나이다.

주식중개인에게 주는 그로스의 조언을 살펴보자.

당초 고객이 당신이 추천했었던 거래로 인해 손실이 발생하였고 그래서 다른 포지션에 남은 자금을 투자하라고 지금 당신이 고객에게 권유할 경우, 믿음과 신뢰가 형성되어야 한다. 만약 당신이 어떤 과도기적인 용어 즉 '요술 같은 판촉용어magic selling words' 부르는 어떤 용어를 사용한다면 신뢰의 마음이 쉽게 형성될 수 있을 것이다. 고객으로 하여금 손실을 더 수월하게 받아들이도록 한다는 점에서 "이 계좌의 돈을 다른 상품으로 갈아 타시지요"라는 말은 마술적인 힘을 가진다고 할 수 있을 것이다. 왜 "자금을 다른 상품으로 옮기세요"라는 말이 "요술 같은 판촉용어"인가?

왜냐하면 심리 계정을 손실로 마감하는 것보다는 고객들이 하나의 심리계정에서 다른 심리계정으로 자산을 재배치하는 프레임을 이용하도록 유도하기 때문이다.

탈러와 존슨(Thaler & Eric Johnson, 1991)은 심리계정에 대한 쾌락적 편집이론을 제안했다. 연구의 한 부분으로 그들은 피험자에게 일련의 선택문제를 제시하였다. 여러분은 아래의 두 문제를 볼 것이다. 우선 문제를 읽고 당신의 답을 기록한 후 다음 문제로 이동하라.

1. 당신이 다음과 같은 선택을 해야 한다고 가정해보라. 당신은 확실하게 1,500달러를 얻거나 또는 제비뽑기를 즐길 수 있다. 제비뽑기의 결과는 동전던지기로 결정된다. 앞면이면 1,950달러를, 뒷면이면 1,050달러를 당신이 얻게 된다. 제비뽑기에 참여하시겠습니까? 예 또는 아니오? '예'라고 대답하면 동전던지기를 하게 될 것이다.'아니오'라고 대답하면 확실하게 1,500달러를 얻게 될 것이다.

2. 다음의 선택에 직면해 있다고 가정해 보라. 당신은 확실하게 750달러를 잃게 되거나 혹은 제비뽑기를 할 수 있다. 제비뽑기의 결과는 동전던지기로 결정된다. 앞면이면 750달러를, 뒷면이면 525달러를 당신이 잃게 된다. 제비뽑기에 참여하시겠습니까?'예 또는 아니요?''에'라고 대답하면 동전던지기를 하게 될 것이다.'아니오'라고 대답하면 확실하게 750달러를 잃게 될 것이다.

일반적으로 사람들은 위의 질문에 어떻게 반응할지를 생각해 보자. 첫 번째 선택문제에서, 대다수는 손해를 볼 수도 있는 도박에 비하여 확정적으로 보장된 1,500달러를 선호한다. 이는 전형적인 위험회피적 반응으로 간주된다. 왜냐하면 제비뽑기의 평균결과는 1,500달러로서 무위험 선택시의 금액과 동일하기 때문이다.

그러나 두 번째 선택문제에서는 많은 사람들이 확정된 손실안에 비하여 제비뽑기 대안을 선택한다. 이것은 명백히 위험선호적 반응이다. 동전던지기의 기대값은 750달러의 손실이고, 이것은 무위험선택 대안의 금액과 동일하다.

교훈은 다음과 같다. 사람들은 위험에 대한 수용정도가 일정하지 않다. 상황에 따라 달라진다. 손실이 예상될 때는 그렇지 않을 때에 비하여 더 기꺼이 위험을 감수한다. 금융기관의 재무 설계자와 투자 상담가들은 그들의 고객에게 적합한 위험수준의 상품을 결정하기 위하여 '위험용인한도에 관한 설문' risk tolerance quizzes을 고객으로부터 받는 것이 일반적이다. 그러나 행동재무behavioral finance학자들은 위험에 대한 허용정도는 단일 차원이 아님을 강조한다. 오히려 여러 가지 요소에 영향을 받으며 그 중 하나는 위험에 대한 최근의 경험이다. 탈러와 존슨이 개발한 두 개의 사례가 아래에 있다. 이러한 이슈들은 복잡성을 띄고 있다.

3. 당신은 첫 번째 제비뽑기에서 1,500달러를 방금 획득했다. 그리고 두 번째 제비뽑기에 참여할 수 있는 기회가 있다. 두 번째 제비뽑기의 보상은 동전던지기에 의해 결정된다. 앞면이면 450달러를 얻게 되고 뒷면이면 450달러를 잃게 된다. 첫 번째 이득 후에 두 번째의 제비뽑기에 참여하기로 결정할 것인가?
   예 또는 아니오?

4. 당신은 첫 번째 제비뽑기에서 750달러를 방금 잃었다. 그리고 두 번째 제비뽑기에 참여할 수 있는 기회가 있다. 두 번째 제비뽑

기의 보상은 동전던지기에 의해 결정된다. 앞면이면 225달러를 얻게 되고 뒷면이면 225달러를 잃게 된다. 첫 번째 손실 후에 두 번째의 제비뽑기에 참여하기로 결정할 것인가?
예 또는 아니오?

선택문제1에 대한 반응과 선택문제3의 반응을 비교하여 당신의 대답이 '예' 또는 '아니오' 어느 쪽인지를 지금 적어보라. 금액상으로는 선택1과 3은 동등하다. 전통적인 재무론에 의하면 사람들은 양쪽에 동일하게 반응해야 하겠지만, 많은 이들이 실제로는 선택을 바꾼다. 탈러와 존슨은 연구를 반복해본 결과, 선택문제 3에서 도박을 선택하는 피험자가 금액이 동등한 선택문제1에 비하여 25%정도 더 있는 것을 발견했다고 한다. 왜? 탈러와 존슨은 그에 대한 대답으로 쾌락적 편집 hedonic editing 개념을 제시하였다. 쾌락적 편집이란 사람들이 자신의 심리계정을 조직하는 방식을 말한다.

선택문제 3에서 만약 450달러를 잃게 된다면, 이를 1,500달러의 이득과 결합시켜 1,050달러의 순 포지션, 정확하게 선택문제1에서 제시된 상황을 경험한다. 그러나 만약 450달러를 얻게 된다면, 두 가지의 이득을 통합하는 대신에, 각각을 분리하여 음미한다. 탈러와 존슨에 의하면 승리를 경험함에 따라 추가되어지는 매력은 사람들로 하여금 보다 기꺼이 게임이나 도박(겜블,gamble)에 참여하도록 한다.

탈러와 존슨은 선택문제2에서 75%이상이 750달러의 확정 손실안 보다는 확률적 대안(갬블)을 선택함을 발견했다. 그러나 비록 선택 4는 선택문제2와 금액상 동일하지만 거의 50%는 선택2에서는 겜블을 하였다가 선택문제 4에서는 겜블을 하지 않는 선택으로 바꾸었다고 한다.

탈러와 존슨은 사람들이 손실을 경험하는 방식에 기초한 해석을 제시하였다. 그들은 사람들이 비슷한 규모의 손실들을 적당한 크기로 서로 엮지(통합) 못하는 것으로 보인다는 점에 주목하였다. 그래서 225달러의 손실이 750달러의 손실 후 추가되는 것은 특히 고통스럽다. 선택문제 2에서의 프레임과 상대적으로, 선택문제 4에서는 손실상황으로 프레임 되었기 때문에, 사람들은 고통이 추가되는 것을 싫어하며 따라서 겜블을 회피하게 된다.

인지와 감정의 양 측면

사람들이 프레임의존성을 보이는 이유는 인지적 측면과 그리고 감정적인 측면의 양쪽에 연유한다. 사람들이 정보를 어떻게 취득 편집 처리하는가는 인지적 측면과 관련된다. 반면에 사람들이 정보를 마음속에 등록·기록하여 새겨두면서 어떻게 느끼는가는 감정적 측면에 해당된다.

인지적 측면과 감정적인 측면의 구별은 중요하다. 예를 들면 선택문제 3에서의 중요한 인지적 논점은 450달러를 얻거나 잃게 되는 동일한 기회를 택할 것인지의 여부를 결정할 때, 방금 전에 1,500달러를 획득하였다는 사실을 무시하는지의 여부이다.

어떤 이들은 1,500달러를 무시한다. 이에 반하여 다른 사람들은 미리 1,500달러가 있었다는 것을 스스로 인지한다. 인지적 측면과 감정적 측면은 동시에 작용한다. 이 때 1,500달러를 무시하는 자는 450달러의 손실을 450달러 손실 그 자체로 느낀다. 그러나 미리 1,500달러를 갖고 시작한다고 생각하는 사람은 450달러의 손실을 차감한 1,050달러의 이득을 얻은 것으로 여긴다. 이 차이는 행동에 영향을 미친다. 손실회피 성향 때문에, 방금 1,500달러를 번 것을 무시하는 사람들은 미리 1,500달러를 가지고 시작한다고 생각하는 이들에 비하여 겜블을 받아들이는 경향이 약하다. 탈러와 존슨은 이러한 경향을 하우스머니 house money효과로 명하였다. 이익 또는 수익을 얻은 후 사람들은 더 많은 위험을 감수하려는 경향이 있다. 도박꾼들은 이러한 감정을 하우스머니를 가지고 게임을 하는 것이라 말한다. 뜻밖의 횡재를 한 후에 사람들은 평소 같으면 위험감수를 하지 않을 상황에서도 재무적 위험을 감수하려고 한다.

프레임의존성'frame dependence'이란 용어는 의사결정 과제가 어떤 식으로 짜여져 있는가에 따라 사람의 행동이 좌우된다는 뜻으로 사용된다. **쾌락식 편집이란 어떤 프레임을 다른 것에 비해 선호한다는 것을 의미한다.** 바로 이것이 앞의 4가지 선택문제에서 사람들이 어떤 선택을 하느냐에 대한 연구로부터 얻은 된 중요한 통찰력이다. 자본시장에서 투자가들이 보이는 현금배당에 대한 선호를 '쾌락적 편집'개념으로 설명할 수 있다. 주가 상승시에 투자자들은 주가 상승으로 인한 자본이득과는 별개로 배당금 수령의 기쁨을 음미할 수 있다. 주가하락시 배당금은 투자자에게 자본손실의 충격을 완화시켜줄 작은 조각sliver lining역할을 한다. 밀러Merton Miller의 프레임독립성에 대한 간결한 기술을 기억하는가? 일부 투자가는 자신들의 오른쪽 주머니에 배당금을 유지하는 것을 선호한다. 주식을 팔아 가계비용으로 쓰는 방안은 고려하지 않으려 한다. 투자자들은 배당금과 자본(주식)을 각각 다른 주머니에 차고 있는 것이다.

폐쇄형closed-end 펀드를 관리해온 어느 매니저는 포브스Forbes지와의 인터뷰에서 배당의 중요성을 자신이 어떻게 인식하게 되었는지를 털어놓았다. 그가 관리하고 있던 펀드가 순자산가치에 비하여 할인된 가격에 거래된다는 사실에서 배당의 중요성을 깨닫게 된 것이다. 이때 자산가치란 만약 기금이 폐쇄형이 아니라 개방형이라면 거래되는 주식가치를 말한다.

"1986년 그때 우리는 폐쇄형 펀드를 운영했다. 나는 항상 폐쇄형 펀드가 할인가치로 평가되어 있음을 우려하였다. 펀드가 출시된 후 첫 번째 아홉 달 동안 우리 회사의 펀드는 17% 할인 상태에 있었다. 나는 고통스러웠다. 나는 주저앉아서 골똘히 생각하였다. 그 당시 채권형 펀드는 액면가에 팔리고 있었다. 주식형 펀드는 항상 할인가액으로 평가되어 있었다. 이것은 이해할 수 없었다. 왜냐하면 장기적으로는 회사채보다 주식이 훨씬 유리하기 때문이다. 그리고 나는 채권형 펀드는 이자를 지급한다는 것을 깨달았다. 사람들은 소득의 흐름이 확실한 것을 좋아한다. 그래서 나는 "좋아요, 우리도 배당을 지급하려고 합니다. 이익의 발생여부에 상관없이" 그리고 우리는 10% 배당정책을 폈다. 그러자 할인율은 즉각 회복되었다(Brimelow, 1998).

자기통제

자기통제self-control란 감정을 스스로 조절하는 것이다. 어떤 투자가는 배당의 가치를 쾌락적 편집으로부터 유래한 이유만큼이나 자기통제의 이유에서 평가한다.

앞서 언급된 펀드 매니저는 이익의 발생여부와 상관없이 배당을 하는 이유를, 사람들이 "확실한 수입흐름을 좋아하기" 때문이라고 하였다. 확실한 배당이 자기통제와 관계있는 것은 무엇인가? 그에 대한 대답은 "자본(원본)에 손대지 마라"라는 휴리스틱과 관련되어 있다(Meir Statman, Shefrin & Statman, 1984).

투자 포트폴리오로 생계를 유지하는 퇴직자들은 그들의 자산이 너무 빨리 소진되지는 않는지, 그 때문에 자산을 유지할 수 있는지에 대하여 염려한다. 그들은 자기통제의 상실을 두려워한다. 자기통제가 상실되면 즉각적인 만족을 위한 충동이 그들로 하여금 홍청망청 소비로 유도하게 된다. 그러므로 과소비에 대한 유혹을 경계하는 법칙을 두어야 한다.

"*자본에 손대지 마라*"는 "*금 계란을 낳는 거위를 죽이지 마라*"와 비슷하다. 그러나 당신이 자본에 손대지 않는다면, 어떻게 생활비를 조달할 것인가. 단지 사회보장제도 그리고 연금수표에 의해서만? 반드시 그런 건 아니다. 여기에 배당수입이 있는 것이다. 배당은 자본이 아니라 수입으로 분류된다. 그리고 투자자들은 배당금을 자본이 아니라 수입으로 프레임하는 경향이 있다. 다시 말하자면 이것이 프레임의 존성이다. 투자자들은 배당지급률이 높은 주식들의 포트폴리오를 선택하고 이러한 배당금을 소비하면서 만족감을 느끼는 것이다.

후회

잘못된 의사결정을 한 후, 일을 제대로 못했다는 자괴감에 빠져있는 누군가를 상상해보라. 후회regret는 올바른 의사결정을 하지 못하여 경험하는 감정이다. 후회는 손실의 고통보다 더 크다. 이것은 손실에 대한 책임을 통감하는 고통이다. 예를 들어 일상적으로 해온 어떤 규칙적인 방법에 의해 일을 하는 누군가를 상상해보자. 어느 날 다양성을 꾀하기 위하여 다른 방법을 시도하기로 결정하였다. 바로 그날 그녀는 사고를 쳤다. 사고의 발생가능성이 두 방법에 따라 달라지지 않는다 하더라도 당사자는 어떻게 느낄까? "늘 해오던 방식대로 하고 규칙적인 방식대로만 했더라도"라고 생각하면서 스스로에게 비난할 것인가? 그렇다면 그녀는 후회의 좌절감을 맛보고 있는 것이다. 후회는 의사결정에 영향을 미칠 수 있다. 후회가 심한 자는 다양성을 선호하지 않는다. 그리고 미래의 후회가능성을 최소화하기 위하여 항상 동일한 방식으로 일하리라고 생각한다.

여기 금융관련 사례가 있다. 확정각출형 퇴직연금에서 주식-사채의 배분에 대한 선택을 한다고 해보자. 머니Money지의 1998년 1월호에서, 마코위즈Harry Markowitz는 주식과 사채의 배분을 선택하는 동기가 무엇인지를 설명하고 있다. 새로운 포트폴리오 이론을 개발한 공로로 노벨상을 받은 그는 위험과 수익에 대한 최적의 교환관계를 찾고 있었을까? 꼭 그렇다고 할 수는 없다.

그가 말하기를 "내 의도는 미래의 후회를 최소화하는 것이었다. 그래서 나는 사채와 주식을 50대 50으로 나누었다."(Zweig 1998, 118).

다시 말해서, 만약 마코위즈가 100% 주식에 투자하고, 이어서 주식이 폭락했을 경우, 뒤늦게 좀 더 보수적인 투자를 선택했어야 했다고 생각할 것이다. 이것은 상당한 자기반격을 불러일으킬 것이고 이것이 곧 후회를 의미한다.

또한 후회를 최소화하기 위하여, 일부 투자가들은 생활비를 조달하기 위해 주식을 처분하는 대신 배당금을 이용한다. 예를 들어, 대형 LCD TV 구입 자금을 마련하기 위해 주식을 처분한 자들은 그 이후 주가가 올랐다는 것을 발견하고는 심한 후회를 면할 수 없을 것이다. 종종 "이 주식은 3천만 원짜리 자동차 살 수 있는 금액이었는데"와 같은 표현의 핵심은 '후회'라는 것이다.

화폐환상

우리는 경제적 거래economic transactions를 명목화폐금액이나 실질화폐금액으로 나타낼 수 있다. 명목화폐액으로 표시하는 것이 보다 간단하며, 더욱더 생생하고, 또한 단기의 경우(초인플레이션이 없을 때에) 흔히 그것으로 족하다. 그러나 실질 화폐금액으로 나타내면 거래의 진정한 가치true value를 포착할 수 있다. 사람들은 일반적으로 실질가치와 명목가치 간에 차이가 있다는 것을 알고 있다. 그러나 시간적으로 한 시점에, 혹은 단기간에 화폐는 누드러지게 보이는 단위인 동시에 자연적인 단위이기 때문에 사람들은 종종 거래를 인식할 때에 대체로 명목화폐금액으로 생각한다. 그런 까닭에 사람들은 거래를 평가할 때 흔히 명목가치와 실질가치를 혼합시킨다. 이것이 화폐환상money illusion을 초래한다.

화폐환상이란 사람들이 실질화폐가치보다는 오히려 명목화폐가치에 따라서 생각하고 행동하는 경향을 지칭하는 용어이다. 경제이론에서 이것은 중요한 의미를 함축하고 있다. 화폐환상은 합리성의 결여를 내포하고 있다. 사람들이 물가수준의 변화에 따른 실질소득의 변화를 간과하고 명목소득의 변화에만 집착하여 재화에 대한 소비행태나 노동의 공급행태 등을 결정하는 경향이 있다는 것이다. 프레임 의존성은 사람들이 인플레이션을 취급하는 방식에 인지적 및 감정적으로 영향을 미친다. 근로자들은 물가에 대한 정보부족으로 실제물가가 변화하더라도 노동공급 의사결정에 이를 충분히 반영하지 못한다. 다시 말해 근로자들은 화폐환상을 가진다. 샤피르·다이아몬드· 트베르스키의 연구에서 유래한 다음의 문항을 검토해 보자.

(문항1) "미혼 여성인 K과 P는 동문이며 1년 선후배 사이이다. 졸업 후 둘 다 비슷한 출판회사에 취업하였다. K의 초봉은 30,000달러이다. 취업한 첫해동안 인플레이션은 없었으며, 이듬해 K의 급여는 2% 인상(600달러)되었다. P 또한 연봉 30,000달러로 시작하였다. 취업한 첫해에 4%의 인플레이션이 있었고, 이듬해 P의 급여는 5%(1,500달러) 인상되었다."

- 취업한 이듬해에, K와 P 중 경제적인 면에서 더 유복한 자는 누구인가?
- K와 P 중 누가 더 만족을 느낄까?
- 취업한 이듬해에 각자 다른 회사로부터 취업 제의를 받았다. K와 P 중 누가 더 이직할 가능성이 크다고 생각하는가?

대부분의 사람들은 위 질문에 다음과 같이 대답했다.

"경제적으로는 K가 더 유복해졌지만, P의 명목임금상승금액이 K보다 더 높으므로 만족도는 K가 더 높을 것이다. 그리고 K가 다른 직장을 구할 가능성이 더 크다."

이것은 다소 혼란스러운 대답이다. K가 경제적으로 더 유복한대도 불구하고, 왜 그녀의 만족도는 P에 비하여 낮으며, 다른 직장을 구할 가능성이 더 높을까?

샤피르 · 다이아몬드 · 트베르스키는 비록 사람들이 물가상승분을 조정하는 방법을 알 수 있다 하더라도, 그렇게 생각하는 것은 자연스럽지 못하다고 했다. 자연스러운 방식은 명목가치로 생각하는 것이다. 그러므로 사람들은 명목가치의 변화에 심리적 반응을 보이게 된다. 명목가치는 K보다는 P에게 좀 더 유리한 것으로 나타난다.

소득에 대한 평가에서 특정 거래에 대한 평가의 문제로 화제를 바꾸어 보자. 앞에서 기술한 바와 같이 경제적 거래는 명목화폐금액 또는 실질 화폐금액으로 나타낼 수 있으며, 이는 상이한 평가를 가져올 수 있다. 인플레이션하에서 우리는 명목상으로는 이익을 얻었지만 실질적으로 손실을 입는 수가 있다. 디플레이션하에서 우리는 명목상의 손실을 입었지만 실질적으로는 이득을 향유할 수 있다. 다음과 문항을 이용한 연구에서 응답자의 수는 431명이었다.

(문항2) A, B, 및 C 이 세 사람은 2억원의 유산을 받았으며, 그들은 즉시 주택을 구입하는데 이 돈을 사용하였다고 가정하자. 그들 각각은 일년 후에 그 집을 매각했다고 해보자. 경제상황은 다음과 같이 서로 다르다.

A, B 그리고 C 중 누가 주택 거래를 잘 하였는지 그 순서를 매겨 보세요(거래를 가장 잘한 사람은 1번, 가장 잘못한 사람을 3번으로 표시).

- A가 집을 보유한 동안에는 25%의 디플레이션이 있었다-모든 재화와 용역의 가격은 약 25%하락했다. 집을 구입한지 1년 후에 A는 그 집을 1억5천4백만원에 매각했다(매입가 보다 23%낮은 가격).
- B가 주택을 보유했을 때는 인플레이션도 디플레이션도 없었다. 그해 동안에 물가는 큰 변화가 없었다. 그는 집을 1억9천8백만원에 매각했다(매입가격보다 1%싼 금액).
- C가 주택을 보유한 동안 25%의 인플레이션이 있었다-모든 물가는 약 25%상승했다. 집을 구입한지 1년 후에 그는 2억 4천6

백만원에 그 집을 매각했다(매입가격보다 23% 높은 금액).

응답자의 반응은 다음과 같이 나타났다.

	A	B	C
명목거래 :	−23%	−1%	+23%
실질거래 :	+2%	−1%	−2%
순 위 :			
1위 :	37%	47%	48%
2위 :	10%	73%	16%
3위 :	53%	10%	36%

위의 첫 두 행에서 표시된 것처럼, 명백히 이들 거래의 순위는 명목조건과 실질조건에 있어서 서로 다르게 나타났다. A는 23% 명목상의 손실을 입고 주택을 매각했으나 주택의 실질구매 가치보다 약 2% 더 받았다. 한편, B와 C는 실질 구매가치보다 더 낮은 가격으로 주택을 매각했다.

B가 입은 1%의 실질적인 손실은 또한 명목상의 손실과 동일했다. 이에 반하여 C는 2%의 실질손실을 입었지만 23%의 명목 "이득"을 얻었다. 위의 자료에서 분명한 점이 있다. 즉 응답자들의 평가는 명목거래에 의하여 영향을 받는다는 것이다. 대략 응답자의 반수가 선택한 순위는 C가 첫째, B가 둘째, A가 세 번째이다. 그래서 C는 명목적인 수익을 올린 유일한 사람(실질적으로는 손실이지만)이지만, 가장 거래를 잘 한 사람으로 선택되었다. A는 실질적인 이득을 얻은 (그러나 명목적인 손실을 입은)유일사람이지만, 가장 잘못 거래한 사람으로 선택되었다. B는 1%의 실질 손실과 1%의 명목손실을 입은 사람으로

A 앞의 순위였다. A는 2%의 실질이득을 보았지만 커다란 명목손실을 보았으며 C 다음에 위치한다. C는 2%의 실질 손실을 입었지만 커다란 명목이득을 보았다.

요 약

제1절은 행태주의 재무금융론(행동재무)과 행동경제학의 첫 주제인 휴리스틱으로 인한 판단착오를 설명하고, 경제적 의사결정자들이 의존하는 몇 가지 주요한 휴리스틱을 소개하였다. 이 책을 통하여 독자들은 가용성(익숙성), 전형성(대표성), 준거점과 조정, 자기과신, 모호함의 기피 성향에 관련된 예를 만날 수 있다. 개인 및 기관투자자들이 행하는 투자 의사결정, 증권 애널리스트의 기업실적예측, 뮤추얼 펀드의 실적평가, 기업인수 의사결정, 포트폴리오 선택 등 다양한 상황에서 휴리스틱이 작용한다. 휴리스틱에 의존하는 사람들은 편향된 믿음을 가지게 되며 결과적으로 오류를 범하기 쉽다. 휴리스틱(주먹구구식 방법)을 사용하여 판단을 할 때 나타나는 위의 몇 가지 편향 외에도, 사람들이 종종 보이는 편향에는 다음과 같은 것들이 있다. 이에는 지나친 낙관주의, 타당성에의 착각, 우선 편의, 동세에의 착각 등과 같은 다른 것들의 주인을 우연히 만나게 된다.

제2절은 손실회피, 손실실현 및 실패한 프로젝트, 심리계정, 프레임 의존성, 쾌락적 편집과 위험의 수용정도, 자기통제와 배당, 후회와 연금기금분배, 화폐환상과 인플레이션 등의 개념을 설명하였다. 특히 행태주의 재무론(행동재무)의 두번째 주제인 프레임의존성을 소개하고

있으며, 형식과 실질의 차이를 다루고 있다. 프레이밍framing은 형식에 관한 것이다. 간단하게 말하자면 프레임의존성은 형식의 차이가 실질의 차이를 가져온다는 것이다. 그러한 프레임의존성은 인지적요소와 감정적요소가 혼합되어 있다. 인지적 논점은 정보가 마음속에서 조직되는 방식과 관계가 있으며, 특히 결과를 이익상황과 손실상황으로 부호화한다. 감정적인 논점의 가장 기본적인 원리는 사람들이 손실에 대하여 동일한 규모의 이익보다 훨씬 강력하게 느끼는 경향이 있다는 것이다. 이러한 현상은 위험회피성향으로 알려져 있다. 그러므로 사람들은 위험을 회피하는 프레임을 선호하며, 가능하다면 쾌락적 편집hedonic editing에 몰두한다.

사람들은 실패로 끝난 의사결정의 책임이 자신에게 있다고 느낄 때 더욱 뼈저리게 손실을 체험하는 경향이 있다. 이러한 책임감은 후회를 낳게 된다. 후회는 하나의 감정이다. 자신의 감정을 통제하기가 어려운 사람은 자기통제self-control가 부족하다고 할 수 있다. 사람들은 자기통제의 어려움을 극복하기 위하여 스스로 프레이밍효과를 건설적으로 이용할 수 있을 것이다.

제Ⅱ부

선택이론의 응용

제5장 프로스펙트이론의 경제현장 적용

경제분석에서 많이 사용되는 도구는 공식적인 단순 모델들이다. 이들 단순 모델은 나타난 경제현상들을 자연스럽게 설명할 수 있다고 간주되어 왔다. 이러한 견해에 반대하는, 행동경제학자들은 보다 많은 심리적인 요소를 가미하면 표준 경제이론에 비하여 경제현장의 실제 데이터를 좀 더 잘 설명할 수 있다고 주장한다.

이러한 견해를 진지하게 반영하여, 본장은 경제현장에서 우리들이 자연스럽게 접하는 실제데이터들을 통하여, 카머러 Colin F. Camerer(2000)교수가 제시한 9가지 규칙적인 현상을 소개하고 있다. 기대효용이론은 이러한 규칙성을 이례적 현상으로 해석하지만, 프로스펙트이론은 3가지 간단한 요소로 이 모두를 설명할 수 있다. 3가지 요소란 위험회피, 반전효과, 및 확률의 비선형가중치이다. 프로스펙트 이론의 가정에 의하면, 사람들은 집단으로 묶어서 처리할 수 있는 의사결정 문제들도 각각 분리 또는 편집한다고 한다. 프로스펙트이론이 경제현장에서 실제로 발생하는 현상을 얼마나 성공적으로 설명할 수 있을까? 이에 대해 아래의 사례들을 통하여 살펴보기로 한다. 여기서 기대효용이론과 프로스펙트이론을 간단히 요약한 후 사례를 논의하기로 한다.

기대효용이론에서, pi의 확률로 xi의 결과를 산출하는 게임은 Σpi u(xi)의 가치로 평가된다 u(x)는 결과 x 의 효용이다.

프로스펙트이론에서는, $\Sigma\pi(pi)v(xi - r)$의 가치로 평가된다. $\pi(p)$는 확률에 비선형적인 가중치를 부여하는 함수이다. 사람들은 0.3 정도 미만의 확률에는 과대한 가중치를 부여하고, 이보다 큰 확률에는 과소한 가중치를 부여한다. 가치함수 $v(x - r)$은 판단기준점 r 으로부터 멀어질수록 한계민감도가 체감하는 현상을 나타낸다. 이로 인하여 "**반전효과**"가 발생한다. 그 이유는 $v(x - r)$이 위험영역에서는 볼록하고 이득영역에서는 오목하기 때문이다. 만일 손실의 가치 $-x$가 동일 규모의 이득의 가치보다 더 크다면, 가치함수는 사람들의 손실회피 성향을 또한 나타낸다. 즉 $-v(-x) > v(x)$이며, 여기서 $x > 0$이다.

1. 증권시장 : 지분프리미엄

실증 재무학에서 수수께끼 같은 현상이 있다. 프로스펙트이론은 재무분야에서 두 가지 중요한 이례적 현상을 설명할 수 있다. 그중 하나가 주식 또는 지분 증권의 프리미엄이다. 무위험자산 즉 국공채나 은행에 자금을 맡길 때 얻을 수 있는 수익률은 무위험수익률이며, 이는 확실하게 벌 수 있는 투자수익률이다. 주식은 유위험자산이다. 투자자는 자금을 주식에 투자하는 데 따르는 위험에 대한 보상으로 무위험증권에 대한 수익률을 초과하는 수익률을 기대한다. 주식에 대한 기대수익률과 무위험수익률 사이의 차이를 **위험 프리미엄**이라고 부른다. 예를 들어 은행의 정기 예금 이자율은 연 5%, 주식 펀드의 기대수익률은 12% 인 경우 주식에 대한 위험 프리미엄은 연 7%가 된다.

투자자가 주식에 투자하려는 의향의 정도는 위험회피성향에 달려 있다. 위험 프리미엄이 0인 경우, 투자자들이 주식에 전혀 투자하지 않으려 한다면 위험회피형이라고 보아도 무방하다. 이론상, 위험회피형 투자자들이 모든 자금을 무위험자산에 투입하는 대신에 기존에 공급된 주식을 보유하도록 유도하려면, 주식에 대한 위험 프리미엄은 항상 양(+)의 값이어야 한다.

주식은 채권보다는 변동성이 더 높아서, 연간 주가의 변동성(수익의 변동성)이 채권보다 더 심한 경향이 있다. 주가는 주주들이 채권자들보다는 위험을 더 많이 부담하므로 채권보다 추가되는 위험을 보상해 주는 차원에서 평균수익률이 채권보다는 더 높다. 예를 들어, 20세기의 대부분 기간 동안, 주가수익률은 채권보다는 연간 8%정도 높았다. 이것은 지분증권에 대한 수익률 프리미엄으로 합당한 수준이라고 생각된다.

매라와 프래스코트(1985년)는 이 프리미엄이 내포하는 위험회피도의 크기에 대한 연구를 통하여 놀라운 발견을 했다. 즉 전통 경제이론의 가정하에서, 투자자들이 그렇게 높은 프리미엄을 요구하려면 터무니없이 위험 회피적이어야만 한다는 것이다. 예를 들어 지분프리미엄에 대하여 설명할 수 있을 정도로 충분히 위험회피적인 사람이라면, 동전던지기에서 앞면이 나오면 5만 달러 받고 뒷면이 나오면 10만 달러를 받는 대안과 동전 던지기 없이 51,209 달러 확정금액을 받는 대안 사이에 투자자들의 선호도는 차이가 없다.

오랫동안 재무 경제학자들은 왜 지분프리미엄이 그렇게 높은지에 대하여 연구를 해왔다.

버날지와 탈러 교수는 1997년에 프로스펙트이론에 근거한 설득력 있는 해답을 제시하였다. 투자자들은 수익률의 변동성보다는 손실(*수익률이 마이너스가 될 가능성*)을 회피하는 성향을 지니고 있다는 것이다. 주식이 채권에 비하여 연간 수익률이 마이너스가 되는 경우가 훨씬 더 빈번하다. 따라서 손실회피성향의 투자자들은 일년 동안에 돈을 잃을 훨씬 높은 위험에 대한 보상으로 큰 지분프리미엄을 요구할 것이다. 주가의 평균수익률이 사채에 비하여 높다는 것은 무엇을 뜻하는가? 누적주가수익률은 평가기간이 장기화 될수록 더 높게 나온다는 것을 의미한다. 따라서, 버날지와 탈러 교수가 지분프리미엄을 설명하려면 짧은 기간을 가정해야 했다. 단기간 경우 채권보다는 주식투자자가 원금을 잃은 가능성이 더 높다.

그들은 예상기대 주가수익률과 채권수익률을 여러 기간별로 계산하였는데, 여기서 2.25의 위험회피계수를 사용하였다(즉, 어떤 작은 손실의 비효용은 동일한 이득에서 얻는 효용의 2.25배에 달한다.). 결론적으로, 1년을 초과한 기간을 놓고 볼 때, 만약 주식수익률이 채권보다 8% 더 높다면, 이 8%는 지분프리미엄을 설명하는 것이며, 주식과 채권의 기대수익가치는 거의 동일하게 된다고 하였다.

바베리스 등(1999)은 자산가격결정의 일반균형 모델에 위험회피 요소를 포함시켰다. 그들에 의하면, 위험회피성향과 강한 '하우스머니효과'(주가상승후의 위험-선호도의 증가현상)는 둘 다 지분프리미엄을 설명하는데 필요하다고 한다.

2. 증권시장 : 비대칭적 매도성향

사람들은 이득의 발생보다는 당연히 손실의 발생을 훨씬 더 싫어한다. 손실상황에서는 도박도 마다하지 않을지 모른다. 투자자들이 매수가격에 비하여 현재가격이 상승한 주식(매도시까지는 미실현이익 주식이다.)은 매도하여 이익을 실현하고, 매수가격에 비하여 현재가격이 하락하여 상대적으로 손실을 본 주식은(매도시까지는 미실현손실 주식이다.) 지나치게 오래 보유하는 경향이 있다. 즉 주가가 상승하면 그때 매도하겠다고 하면서 너무 오래 보유한다고 한다. 세프린과 스태트먼(1985)는 이러한 경향을 '**비대칭적 매도성향(기질효과)**'이라고 명명했다. 이런 성향은 변칙적이며 이례적이다. 왜냐하면 주식의 매도여부 결정에 있어서 매수가격이 크게 중요시되어서는 안되기 때문이다. 만일 당신이 주가가 상승할 것이라는 예상을 한다면, 주식을 보유해야 할 것이다. 반약 하락할 것이라고 생각한다면, 주식을 매도해야 할 것이다. 더욱이, 일반적으로 세법은 주가가 상승한 주식보다는 하락한 주식을 매각하는 경우에 유리한 혜택을 부여한다. 매각손실은 자본이득으로 인하여 발생한 이익에서 차감되므로 세금을 줄이는데 도움이 되기 때문이다.

비대칭적 매도성향은 웨버와 카머러(1998)의 연구에서도 발견되고 있다. 대량거래의 경우, 가격이 하락한 주식(하락주)의 거래량이 상승한 주식(상승주)의 거래량보다는 더 적었다. 이 분야에서 가장 뛰어난 오딘의 연구가 있다. 그는 투자자들이 가격상승주식은 겨우 104일 정도 보유하는데 비하여 가격하락주식은 평균 124일간 보유함을 발견하였다. 사람들이 가격하락주식을 보유하는 이유는 언젠가는 반등하기를 기대하기에 그렇다고 한다. 오딘의 연구에 의하면, 보유중인 하락주가 다음해에 달성한 수익률은 겨우 5%이에 불과한 반면 나중에 매도해버린 상승주의 처분시의 수익률은 11.6% 이었다. 그러나 하락주와 상승주의 차이는 12월에 가서는 없어진다. 12월은 하락주를 처분함으로써 세제상의 혜택을 볼 수 있는 마지막 기회이다. 12월은 세금절약의 마지막 기회이므로 손실기피성향이 일시적으로 압도하게 된다.

김동철 · 최원욱 · 이윤종(2005) 교수는 중견 증권회사를 통하여 거래하는 우리나라 **개인투자자**들의 실제 매매자료를 분석한 결과 비대칭적 매도성향은 우리나라에서도 일반적 현상으로 나타나도 있음을 확인했다. 즉 개인투자자들의 주식평균보유기간은 이익실현주식이 손실실현주식에 비하여 상대적으로 짧으며, 이익실현율이 손실실현율에 비하여 높게 나타났다. 비대칭적 매도성향은 주식시장이 하락하는 약세장에서 현저하게 나타났으며, 전반적 시장추세에 따라 차별화되는 매도성향은 평균회귀현상으로는 설명이 어려우나 손실회피성향으로는 설명될 수 있다. 따라서 선행연구에서 이러한 비대칭성의 근거로서 공통적으로 제시되었던 손실회피성향과 평균회귀현상에 대하여 이 연구는 차별화된 설명력을 제시하고 있다.

주택의 소유자도 강한 비대칭적 매도성향이 있다고 한다. 명목적인 손실(자기들이 지불한 가격 즉 취득가격보다 더 낮은 가격으로 판매하는 것)을 보고 있는 소유주가 주택의 매각가격을 너무 높게 책정함으로써 주택을 처분하기 까지 너무 오래 소유하게 된다는 것이다.

3. 노동의 공급

카머러와 그의 동료, 그리고 탈러 교수는 뉴욕의 택시기사에게 매일 어떤 시점에 운행을 중지하고 퇴근하는가를 물어보았다. 대부분의 택시기사는 12시간에 해당하는 고정금액을 택시회사에 지급하고 차를 빌려 운행한다. 택시기사들은 매일 목표금액을 설정하고 그 목표를 달성할 경우 하루를 마감한다고 하였다. 매일 목표수입금액을 설정해서 운전하는 행위가 분별있고 현명한 것으로 보이기는 하지만, 이것은 무엇을 의미하는가?

기사들이 시간 당 임률이 낮은 날(즉 운 나쁜 날)에 더 많이 일하고, 시간당 임률이 높은 날(즉 운 좋은 날)에는 더 적게 일을 한다는 것이다. 전통적 노동공급이론은 그 반대로 예측한다. 기사들은 즉 수익성이 높은 시간대에 일을 하고 ,신통찮은 날에는 일찍 운전대를 떠난다, 그러면서 수입의 부족분은 수익성이 좋은 날에 더 많이 일함으로써 메울 것이다.

그러기에, 매일목표금액을 설정한다는 이론과 표준적인 노동공급이론은 운전시간과 당일 임률간의 상관관계의 부호를 서로 반대로 예측한다. 많은 기사들의 운전 시간 데이터를 분석해본 결과, 시간과 임률간의 상관관계는 비숙련기사 경우 마이너스로 나오고 숙련기사의 경우 거의 '제로'에 가깝게 나타났다고 한다. 비숙련기사는 매일 목표수입금액을 주먹구구식으로 정한 다음 운전을 시작하지만, 그렇게 했던 사람이 목표수입금액의 설정행위를 그만두거나 혹은 운전경험이 축적됨에 따라 매일 거의 동일한 시간동안 운전하는 경향을 보인다.

매일 목표수입금액을 설정하는 방법은 손실회피를 간접적으로 가정하는 셈이 된다. 비숙련기사의 경우 시간과 임률 사이에 강한 음의 상관관계가 나타나는 이유를 설명하려면, 몇 가지 가정이 필요하다. 즉 기사들이 하루 단위의 시야를 견지하며, 당일 수입금액에 대한 효용함수가 일일 목표수입금액에서 가파르게 기울어지는 모양을 취한다는 가정이 필요하다. 이러한 기울기는 수입금액 목표에 미치지 못하는 "손실"상황을 회피하려는 경향을 나타내는 것이다.

4. 소비재의 비대칭적인 가격탄력성

재화의 가격탄력성이란 가격변화에 대한 수요량의 변화 정도를 백분율로 나타낸 것이다. 많은 연구자들은 가격 변동 후의 구매량 변동을 관찰함으로써 탄력성 수치를 추정하여 왔다. 손실을 싫어하는 소비자는 가격할인으로 인해 뜻밖에 얻게 된 이득을 좋아하기 보다는 가격상승을 더욱더 싫어한다. 그러므로 만일 가격상승이 이루어진다면 가격이 하락하였을 경우 추가로 더 구매할 수 있는 수량보다 더더욱 구매수량을 축소할 것이다. 그래서 손실-회피성향으로 인하여 가격의 탄력성이 비대칭인 모습을 보이게 된다. 즉 가격이 하락한 후 보다는 가격이 상승한 후의 탄력성이 더 클 것임을 함축하고 있다. 퍼틀러(1992)는 소비자의 계란구매 행동에 대한 연구를 통하여 처음으로 가격탄력성의 비대칭성을 발견하였다.

하디 등(1993)은 전형적인 브렌드 선택모형을 이용하여 퍼틀러의 연구를 반복했다. 브랜드에 대한 소비자의 효용을 직접 관찰할 수는 없다. 소비자의 구매행동을 관찰함으로써 간접적으로 그 추정이 가능하다. 그들은 연구에서 소비자들이 재화의 현재가격과 준거가격(최근에 지불한 가격)과의 비교하여 만일 가격이 하락한 경우 소비자들이 획득할 추가적인 효용보다는 가격이 상승한 경우 구매로부터 보다 많은 비효용(고통)을 느끼게 될 가능성을 고려하였다. 오렌지 주스의 경우, 손실회피계수를 2.4정도로 추정하였다.

손실을 싫어하는 소비자는 구매행위를 할 때 특정한 재화(예, 계란,

오렌지 쥬스)별로 구입수량을 결정하는 경향이 있다. 한 가지 물품에 좀더 많이 지불하는데 다른 손실은 쇼핑 카트에 실린 다른 물품들의 이득 혹은 손실과 통합시키면 대수롭지 않게 될 수 있다.

5. 저축과 소비 : 악재에 대한 비민감성

이제까지 여러 가지 소비이론이 제시되어왔다. 소비함수는 현재소득 뿐만 아니라 미래 예상소득을 포함한 평생 부wealth의 현재가치 및 이자율의 함수라 할 수 있다. 이러한 미래 전망적 소비이론의 예로서 **라이프사이클가설**과 **항상소득가설**이 있다.

경제학자 프리드만은 사람들이 장기적 관점에서 소비계획을 세우므로, 매기 소비는 항상소득 permanent income에 의존한다고 생각했다. 항상소득은 소비자의 초기 보유자산과 현재부터 무한대까지 얻게 되는 소득을 합친 금액 즉 평생 부를 현재가치로 환산한 금액을 말한다. 주어진 기간의 항상소득은 평생 부의 일정부분이 된다. 프리드만에 의하면 매기의 항상소비 Cp는 바로 항상소득 Yp의 함수라는 것이다. 따라서 항상소득가설에 의하면 매기의 항상소비는 현재가치로 나타낸 평생 부의 일정부분으로 결정된다.

모딜리아니 · 브람버그 · 앤도 (MBA)에 의해 주창된 라이프사이클가설 혹은 생애주기가설도 항상소득가설과 마찬가지로 미래 전망적 소비이론에 속한다. 일반적으로 소득은 중년기에 가장 높고 유년기와 노년기에는 낮다. 따라서 전 생애에 걸쳐 일정수준의 소비를 유지하려면 저축을 통해 소득과 소비수준의 괴리를 메워야 한다. 노년기와 유년기에는 소비에 비해 소득이 자으므로 음(-)의 저축을 하고, 소비에 비해 소득이 큰 중년기에는 양(+)의 저축을 한다는 것이 라이프사이클가설의 주요 내용이다.

현실적으로 소비가 한번 증가하면 소득이 감소해도 이를 다시 줄이기가 어려운 것이 보통이다. 개인의 소비가 사회적으로나 시간적으로 상대성을 띤다는 것이 상대소득가설이다. 상대소득가설을 주창한 듀젠베리에 의하면, 어떤 개인 또는 가계의 소비행위는 타인 혹은 다른 가계의 소비와 서로 영향을 주고받으며 결정된다. 그러므로 개인의 소비는 자신의 소득수준과 다른 사람들의 소비수준에 의해 영향을 받는다고 한다. 듀젠베리의 **상대소득가설**은 과거 소득이 현재 소비에 미치는 효과에 중점을 두고 있다(정운찬 · 김영식, 2003).

일생 동안 사람들은 저축과 소비에 대해 여러 가지 결정을 내린다. 이에 관한 경제적 모형들의 가정은 다음과 같다. 즉 사람들은 매 기간별로, u[c(t)] 로 표시되는, 각각의 효용을 가지고 있으며, 현재소비보다는 미래소비에 가중치를 낮게 부여하는 할인계수를 가진다.

이 모델은 합리적인 소비자들이 지금 소비를 얼마나 하고 저축은 얼마나 할 것인지를 예측하는데 이용되며, 이는 소비자들의 현재의 소득수준과 미래예상소득 및 그 할인계수에 달려 있다. 이 모델들의 많은 예측은 실증적인 결과와는 차이를 보인다. 이들 모델에 의하면, 사람은 장래소득을 미리 예상하여 '항상 소득'을 추정한 다음 그 총금액의 일정한 부분을 매년 소비해야 한다. 그렇다면, 대부분의 근로자들은 일생을 통하여 점점 소득이 늘어나므로, 젊었을 때는 버는 돈보다 더 많이 - 만약 가능하다면 대출을 받아서라도-소비하고 나이가 많아질수록 쓰는 돈보다 더 많이 번다는 것을 암시하고 있다.

그러나 사실, 소비로 나가는 돈은 현재의 소득 중 거의 일정한 비율을 차지하는 경향이 있다. 표준적 이론들이 예측한 만큼 그 정도로

라이프사이클에 따라 변하는 것은 아니다. 또한 소비는 은퇴 후에 급격히 감소하는 경향이 있다. 물론 은퇴를 대비하여 충분한 저축을 한 사람들의 경우는 그렇지 않을 것이다.

쉐어(1995)는 라이프사이클이론의 또 다른 예측문제를 지적하였다. 일단의 근로자들이 있으며, 내년에 받게 될 이들의 임금수준이 금년에 미리 결정된다고 가정해보자. 쉐어는 1년전에 미리 다음해의 연봉이 결정되는 선생님그룹을 피험자로 사용하였다. 대표적인 라이프사이클이론의 예측에 의하면, 내년 임금인상률이 놀라울 정도로 좋다고 예상되면 그들은 지금 더 많이 소비해야 할 것이고, 그와 반대로 예상되면 지금 소비를 줄여야 한다. 그러나 쉐어의 연구에서 선생님들은 장래 임금인상이 예상되는 경우 과연 더 많이 소비했다. 하지만, 장래 임금이 삭감되는 경우에도 소비를 줄이지는 않았다.

보우만과 그의 동료(1999)는 2 기간 소비-저축모형으로 이러한 패턴을 설명하고 있다. 이 모형에서 근로자들은 참조-의존적 효용을 가지고 있다. 이들이 매 기간의 소비에서 얻는 효용은 손실회피와 반전효과를 나타내고 있다. 사람들은 어떤 준거점에서 시작하여 제1기의 소비와 저축을 한다. 제2기의 준거점은 제1기의 준거점과 제1기의 소비의 평균값이다. 근로자들이 제2기의 소비에서 얻는 기쁨은 제1기에 얼마나 소비를 하였는가에 달려있다. 여기서 전기의 소비가 현재의 준거점에 영향을 준다. 만일 제1기에 소비를 많이 했다면 제2기의 기준점이 높을 것이다. 생활수준이 하락하여 소비가 준거수준 아래로 떨어졌다면 낙담할 것이다.

보우맨 등은 이렇게 단순한 모델이 어떻게 쉐어 연구의 선생님집단이 보이는 행동을 설명할 수 있는지를 보여주고 있다. 선생님들은 자신들의 준거점에서 소비하고 있으며 장래 임금이 삭감될 것이라는 나쁜 소식(악재)을 알고 있다고 가정해보라.

보우맨 등의 연구결과, 선생님들이 임금이 삭감되더라도 소비를 줄이지는 않는다고 한다. 다음 두 가지 이유로 소비는 하방경직성을 가지기 때문이다.

(1) 현재의 소비를 줄인다는 것은 준거점이하로 소비함을 의미한다, 그들은 손실회피적이기 때문에,이러한 상황을 몹시 싫어 할 것이다.

(2) 반전효과 때문에, 그들은 기꺼이 내년임금이 그렇게 낮지 않을 가능성에 도박을 걸 것이다. 즉 선생님들은 준거점 아래의 적당한 수준으로 소비를 줄이는 방안을 수용하기 보다는 정확히 준거점 수준 혹은 준거점보다 훨씬 낮게 소비하게 될 가능성에 차라리 도박을 걸 것이다.

이러한 두 가지 요인으로 인하여 그들은 장래소득 전망에 대한 나쁜 뉴스를 접한 후에도 현재의 소비수준을 줄이기 싫어한다. 쉐어의 연구결과는 이 두 가지 요인으로 설명이 가능하게 된다.

6. 현상유지 편견, 소유효과 및 매수매도 가격차이

사뮤엘슨과 잭하우저(1988)는 현상태에 대한 과장된 선호를 나타내기 위하여 현상유지 편견status quo bias 이라는 용어를 만들었다. 그들은 일련 실험을 통하여 그러한 편향을 예증하였다. 또한 필드자료를 조사한 몇몇 연구에서도 이러한 현상유지 편견이 나타났다.

미국 하버드대학은 새로운 건강관리플랜을 조직내에 추가하였다. 새로운 옵션들이 도입되기 전에 입사한 기존 멤버들은, 물론, 새로운 옵션으로 변경할 수 있었다. 이 건강관리플랜에 대한 신구직원들의 선호가 본질적으로 동일하다면, 신구직원이 택한 옵션들의 분포가 같아야 할 것이다. 그러나, 기존직원들이 신규직원보다는 종전의 플랜을 더 고수하려는 경향이 있었다. 기존직원들 중 아주 소수만 새로운 옵션을 택하였다.

아무런 현상유지 조건이 없는 경우, 어떤 대안이든 간에 사람들은 디폴트 조항(자동선택조항,default options)이 포함된 대안에 과다한 선호를 나타내기도 한다. 존슨과 그의 동료(1998)은 보험상품의 구입 의사결정에서 이 현상을 관찰하였다. 존슨 등이 연구를 진행했던 시기에, 펜실베니아와 뉴저지의 입법권자들은 보험회사들이 보다 싼 자동차보험상품을 팔수 있도록 허용하는 불법행위 조항의 개혁을 고려하고 있었다. 이 보험은 자동차사고로 피해를 입은 피보험자의 보험금 청구 권리를 일정 범위로 제한한다. 위의 2개주는 매우 유사한 한정보험을 채택하였지만 각각 다른 형태의 디폴트 조항을 택하였다. 모든 보험회사는 고객들에게 조금 값싼 보험료를 내고 제한적인 보험혜택이 주어지는 한정보험 상품과 보험료는 보다 비싸지만 모든 위험을 카버해주는 무한정보험 상품 중에 어떤 것을 선택할 것지를 물어보는 우편물을 발송했다. 질문항의 형태를 보면 한 주에서는 한정보험 상품을 디폴트로 만들었고 다른 주에서는 무한정보험 상품을 디폴트로 만들었다. 실제로, 한정보험 상품을 디폴트로 만든 주에서, 한정보험 상품을 적극적으로 선택하는 사람들의 비율이 더 높았다. 이 경우, 고객이 어느 상품을 택하는지 응답하지 않으면, 디폴트 규정이 적용되어 한정보험상품을 택하는 것으로 간주된다.

소유효과 endowment effects와 밀접하게 연관된 연구들은 한 재화의 매수 및 매도 가격이 종종 아주 다르다는 것을 발견하였다. 이에 대해서는 카네만 · 크네츠 · 탈러(1990)의 **머그잔 실험**이 유명하다. 그들의 연구에서 일부 피험자들에게는 무작위로 커피잔이 배포되었고, 일부 피험자에게는 배포되지 않았다. 머그잔을 받은 사람은 머그잔이 없는 사람들이 구매시 지불하려고 제시하는 가격의 2-3배정도를 요구하였다. 사실 경제이론상으로는 매수 및 매도가격이 매우 근접해야만 한다. 필드데이터를 관찰한 연구자들은 "조건부상품에 대한 평가"와 관련하여 매수 매도가격에 현격한 차이가 있음을 발견했다. 이에 고무되어 이 머그잔 실험이 수행된 것이다.

조건부재화의 평가contingent valuation는 깨끗한 공기, 환경훼손 등과 같이 정상적으로 거래되지 않은 재화에 대한 경제적인 가치의 측정치이다. 이러한 재화에 대한 화폐금액적인 평가는 효익-원가분석과 소송에서 배상금액을 결정하는 데 필요하다. 많은 연구에서 판매가격이 일반적으로 구매가격보다 훨씬 높게 제시된 것으로 나타났다. 그리고 이 가격차에 대한 의미와 진정한 평가금액의 측정방법에 대한 논란이 심리학자와 경제학자사이에 아직도 뜨겁다.

세 가지 현상 모두는 판단기준점(준거점)에 미치지 못한 손실상황을 회피하려는 사람들의 성향과 모순되지 않는다. 한 대안을 현상유지 혹은 디폴트로 만들거나 혹은 소유효과가 발생하면 어떤 준거점이 형성되는 것 같다. 사람들은 판단기준으로부터 벗어나서 손실상황으로 들어가길 싫어하거나 혹은 판단기준점으로부터 많은 금액을 받는 이득 상황으로 옮겨간다.

7. 경마장 마권의 투기현상

이긴 말에 건 사람들에게 수수료와 세금 따위를 공제한 돈 전부를 분배하는 경마 배팅을 보자. 경마장 고객들은 흔히 우승의 가능성이 상대적으로 낮은 말에 투기하는 행태를 보인다고 한다.

승산 없는 말에 과다하게 베팅한다는 것은 승률이 높은 말에 과소 베팅한다는 의미가 된다. 사실, 일부 말에 대한 선호가 지나쳐서 1등 배당금액의 70%정도가 특정 말에 집중되기도 한다. 그러기에 이러한 말들이 1등 한다고 하더라도 베팅 후 분배되는 돈은 아주 작은 셈이다. 경마장은 고객들이 배팅한 금액의 약 15%를 운영비용과 수익금액으로 떼어놓는다. 선호도가 과다하게 몰리는 특정 말에 돈을 건 사람들은 건 돈의 85%만을 전체 참가자들 중 70%사람들과 나누어 갖는다. 결과적으로 2달러 배팅 금액에 단지 약 2.4달러를 배당받을 뿐이다. 사람들은 이러한 배팅을 아주 싫어한다. 실제로, 그러한 베팅을 한다면 , 적은 돈을 벌 수 있을 뿐이다.

이런 승산 없는 말을 선호하는 편견에 대하여 여러 가지 설명이 가능하다. 많은 레이스에서 승률이 낮았던 말들은 롱숏longshot이 되는 경향이 있다. 그런 말들이 다음 경기에서는 승리하게 되어 있다는 도박꾼들의 잘못된 믿음이 이러한 말들에 과도한 베팅현상을 초래한다.

정통적인 기대효용이론은, 승산 없는 말에 투기하는 현상을 어떻게 설명할 수 있을까? 사람들이 회폐금액으로 표시된 결과에 대하여 볼록한 기대효용함수를 가지고 있다고 가정해야만 이에 대한 설명이 가능하다. 쥴리앤과 살라니에(1997)는 기대효용이론과 프로스펙트이론에 대한 비교연구를 심도 있게 진행했다. 그들은 10년 동안 영국에서 벌어진 34,443 레이스 전부를 표본으로 이용하였다. 경마투기에서 참가자들은 기대효용이론이나 누적프로스펙트이론중의 하나를 이용하여 말들에 건 돈을 평가한다고 쥴리앤과 살라니에는 가정하였다.

연구결과, 쥴리앤과 살라니에는 누적프로스펙트이론이 기대효용이론보다 훨씬 더 적합하다는 사실을 발견하였다. 작은 돈에 대한 효용함수는 볼록하다고 추정하였다. 이득확률에 대한 확률가중치 함수 π(p)는 거의 선형이지만, 손실 확률에 대한 가중치 함수는 낮은 손실확률에 높은 가중치를 부여하는 것으로 추정하였다. 예를 들어,

π(.1) =.45 이고, π(.3) = .65이다.

이러한 추정치는 승산 없는 말에 투기하는 현상에 대하여 놀랄만한 설명력을 지니고 있다. 경마장 관중들은 승률이 낮은 말에 돈 걸기를 좋아한다. 왜냐하면 그들은 볼록형 효용함수(즉 위험추구경향의 함수)를 가지고 있으며, 돈을 낮은 성공 가능성과 높은 실패 가능성 양쪽에 거의 선형적으로 비중을 부여하기 때문이다. 그렇지만, 그들은 승률이 높은 말들을 싫어한다. 왜냐하면 도박하기를 좋아하기 때문이다(효용함수 u(x)가 볼록형이다). 그런데 승률이 매우 높은 말에 배팅해서 실패할 가능성은 낮은 데도, 그러한 낮은 실패확률은 어울리지 않게 두려워한다. 승률이 매우 높은 말에 배팅해서 실패하는 경우, 낙담의 강도는 유달리 크게 인식될 수 있을 것이다.

8. 경마장 베팅 : 당일오후효과

맥그로스림(1956)과 알리(1977)는 경마장의 이례적 투기현상을 설명하기 위하여 판단기준점의 기능을 강조한바 있다. 하루 중 마권에

투기하는 패턴은 당일 오전에는 승률이 높은 말에 투기가 집중되지만, 오후가 되고 경기의 후반부로 넘어감에 따라 승률은 낮지만 배당이 높은 말에 집중되는 현상이 나타난다. 경마장은 각각의 금액에서 상당한 돈을 떼어가기 때문에, 대부분의 참가자들은 경주 종료 무렵까지 손실상태에 처해 있다.

반복된 손실이 단일 심리계정으로 결합되면 .초기의 경주에 비하여 마지막 경주에서 위험추구경향이 극대화된다. 투기참가자들이 하루 중 반복된 손실을 독립된 심리계정으로 각각 분리하는 경우, 시간경과에 따른 위험추구경향의 변화는 없을 것이다. 그러나 반복된 손실을 모두 동일한 심리계정으로 결합 인식한다는 것이다. 그래서 경마투기 참가자들은 당일 마지막 경주에서는 승률 높은 보다는 승산 없는 말 쪽으로 베팅을 이동시키는 경향이 있다. 이를 **'당일오후효과'**The end-of-the-day effect라고 부른다.

이들은 승산 없는 말에 베팅하기를 아주 좋아하는데 만일 그러한 베팅이 성공하는 경우에는 앞서 잃었던 모든 손실을 만회하고도 남을 충분한 배당금액을 받기 때문이다. 승산 없는 말쪽으로 베팅을 이동하는 현상이 너무나 현저하게 나타나므로, 마지막 경주에서 우승예상 말에 보수적으로 베팅하는 전략이 좋다는 연구결과도 발표되고 있다.

사람들이 당일 이득이 제로인 점을 판단기준점으로 사용하고 손실 영역에서 손실을 만회하려고 도박하는 현상과 당일마감효과는 상통한다. 만일 사람들이 토요일 마지막 경주와 그다음 일요일 오전의 첫 경주는 근본적으로 다르지 않기에 자신의 부를 분리하지 않고 결합하는 경우, 기대효용이론은 위험에 대한 선호도가 하루 동안에 바뀌는 현상을 충분히 설명하지 못한다. 누적프로스펙트이론은 당일 시작시점에 사람들이 마음의 계좌(심리계정)를 열고, 당일 경주가 끝나면 계좌를 폐쇄한다고 가정함으로서 선호의 전이 현상을 설명할 수 있다. 사람들은 계좌를 적자상태로 마감하길 싫어한다.

9. 로또복권의 인기

로또복권은 구매자가 40개내지 50개 숫자 중에 6개를 선택하여 당첨여부를 확인하는 게임이다. 공개리에 무작위로 추첨한 6개 번호와 일치하는 번호를 선택한 사람이 많은 당첨금을 받는다. 만일 당첨자가 없을 경우, 잭팟은 다음 회로 이월된다. 미국에서 로또식 복권 '파워볼'의 이러한 누적 이월금이 3억6500만 달러까지 올라간 적이 있었다. 2006년 2월 이 사상 최대의 누적 당첨금은 네브래스카 주 링컨의 햄 제조공장에서 일하는 8명의 노동자에게 돌아갔다. 로또복권은 1980년도 미국의 일부 주에서 도입하였고 1989년에는 모든 주의 복권판매액의 반 정도를 차지할 정도로 인기가 있다.

쿡과 크로펠터(1993)는 이러한 로또복권이 사람들에게 인기 있는 이유는 당첨가능성은 낮지만 당첨금이 고액이기 때문이라고 하였다. 그들의 연구결과, 모든 주에서 복권판매액은 주별 인구규모와 강력한 상관관계가 있다. 인구의 크기는 잭팟의 크기와 상관관계가 있다. 그리고 각 주에서 매주 판매되는 복권매출액은 이월 당첨금액의 크기와 강한 상관관계가 있다. 기대효용이론은 돈에 대한 볼록한 형태의 효용함수로만 이 현상을 설명할 수 있다. 그러나 프로스펙트이론은 대형 잭팟에 대한 수요를 쉽게 설명할 수 있다. 즉, 쿡과 크로펠터의 연구에서 제시된 것처럼, 사람들은 복권의 당첨확률이 극히 낮은 사실에는 무감각하지만 당첨금이 거액이라는 점을 과대평가한다.

요 약

이제까지 본바와 같이, 프로스펙트이론은 다양한 경제 현장에서 관찰되는 여러 현상을 몇 가지의 특성을 가지고 설명할 수 있었다. 프로스펙트이론의 몇 가지 특성은 상이한 패턴들을 설명하는데 유용하다.

예를 들어, 손실기피성향loss aversion은 채권에 비하여 주식에 더 높은 초과수익률 속 지분프리미엄의 발생현상을, 택시기사가 시간당 임률이 낮은 날에 더 많이 운전하는 현상을, 가격등락에 따른 소비자 반응의 비대칭성을, 내년 연봉이 삭감될 것이라는 소식을 듣고서도 소비자들이 소비를 줄이지 않는 현상을 소유효과 등으로 설명할 수 있다.

사람들은 자신이 손실 영역에 처해 있다고 느끼는 경우 위험을 추구하는 행동 즉 도박을 하는 경향을 보인다. 반전효과 reflection effect는 주식투자자들이 상승종목보다는 하락종목을 더 오래 보유하는 경향, 자신의 집을 매수가격보다 낮게 처분하지 못하는 경향(기질효과), 연봉삭감 소식에 대한 소비의 비민감성, 경주 후반부에 승산 없는 말에 투기가 집중되는 경향을 설명할 수 있다.

확률의 비선형 가중치nonlinear weighting of probalilitics는 경마 베팅에서 승률은 낮지만 우승 배당금이 높은 말 longshot bias에 편향된 선호를 보이는 현상을, 대형 잭팟이 걸린 로또복권의 인기 현상을 설명할 수 있다.

이에 덧붙여서, 다음과 같은 점을 주목할 필요가 있다. 즉 우리는 기질효과 및 택시기사의 노동공급곡선이 모양이 하방으로 기울어지는 현상을 간단하게 관찰해볼 수는 없지만, 프르스펙트이론을 적용하면 그러한 현상을 미리 예측할 수 있다.

이 모든 사례에서 필요한 가정이 있다. 즉 사람들은 관련된 의사결정 문제들을 각각 분리하여 독립적으로 다루거나 협소한 브레킷을 설정하여 처리한다고 가정된다. 물론 그렇게 하지 않는 사람들도 있을 것이다. 브레킷을 좁게 설정하면 손실 혹은 극단적 결과의 가능성, 낮은 확률에 노력을 극적으로 집중시키는 현상을 보이게 된다. 좀더 넓은 브레킷을 설정하면, 결정의 결과들이 다른 이득 및 손실들과 혼합되게 되고, 어떤 단일한 결과의 심리적 영향이 희석 된다. 그렇게 되면 프로스펙트이론으로 이러한 현상을 설명하기가 어렵게 된다.

본장에서 제시된 실제 사례들은 기대효용이론과 쉽게 부합될 수 없는 어떤 규칙적 현상들을 보여주고 있다. 하지만 이러한 규칙성들은 가정을 추가함으로써 설명될 수가 있다. 그렇지만, 문제점은 각각의 규칙성이 특별한 가정을 필요로 하기에, 가정의 추가가 임시 변통적이라는 것이다. 게다가 하나의 규칙성을 설명하는데 필요했던 추가적인 가정이 다른 것과 모순되는 수가 있다. 예를 들어, 사람들이 위험을 선호한다고 가정을 하면 승산 없는 말에 걸기longshot와 로또복권에 대한 인기도를 설명할 수 있지만 또 한편으로는 주식수익률이 채권수익률보다는 낮아야 한다는 예측이 성립되어 버린다. 그리고 당신은 자금의 유동성에 제약이 생긴 택시기사가 외부에서 자금을 차입할 수없다는 가정을 함으로써 더 오랜 시간을 운전하여야 함을 설명할 수 있다. 그러나 유동성제약은 다음과 같은 의미를 함축하고 있다. 즉 내년소득에 대하여 좋은 소식을 통보 받은 선생님들은 소비를 더 늘이지 못하지만, 봉급삭감 소식에 접한 선생님들은 소비를 축소할 수 있음을 시사한다. 현실 상황은 그와 전혀 반대로 발생하고 있다.

프로스펙트이론은 기대효용이론을 대체할 수 있는 적합한 이론이다. 위에서 언급된 이례적 현상들을 설명할 수 있고, 기대효용으로 설명될 수 있는 가장 기본적인 현상을 또한 설명해 줄 수 있기 때문이다. 왜 사람들이 불평등한 보험에 가입하는 가에 대한 기대효용이론의 설명은 이렇다. 즉 사람들이 오목형 효용함수를 가지고 있어서 소액의 보험료에 비해 지나치게 많은 돈을 잃을 가능성을 싫어하기 때문이다. 자동차 책임보험은 법에 의해 가입이 강제되어 있다. 사실, 사람들은 자발적으로 보험에 가입하지 않는데 이러한 사실은 기대효용이론으로는 설명이 잘 되지 않는다. 손실의 비효용을 볼록하다고 가정하는 프로스펙트이론이 더 잘 설명할 수 있다. 사람들이 보험 상품을 구매하는 경우, 오목한 효용함수에서 급격하게 떨어지는 상황을 회피할 수 있다는 것이 기대효용이론의 설명이다. 프로스펙트이론의 관점에서 본다면, 사람들은 아마도 발생확률이 낮은 재난을 과다평가하고, 이를 피하려고 보험에 가입한다.

제6장 소비자의 선택행동

경제학과 회계학의 규범적 이론에 의하면 기회비용opportunity cost과 현금지출비용out-of-pocket cost은 의사결정에 관련된 비용이지만, 매몰비용sunk cost은 미래의 의사결정에 무관련한 비용irrelevent cost이므로 의사결정과정에서 배제되어야 한다.

본장에서는 의사결정분야에서 논의되는 이들 비용(원가)개념에 대한 전통 경제학자와 회계학자의 '규범적 이론'과 제시된 실무사례, 이들 개념에 대한 심리학자와 행동경제학자의 '실증적 이론'과 실무사례들을 상호 비교・조명해 보려고 한다. 이들 두 가지 이론 중 어느 한 쪽만으로는 인간 행동을 완전하게 설명・예측할 수 없으며, 따라서 어떤 통합적인 이론의 필요성을 본 장을 통하여 제기하려고 한다. 본장의 내용들은 이 분야에 대한 탐색적・이론적인 기초 자료로 활용될 수 있을 것이다.

이하에서는 우선 의사결정의 기초개념을 살펴본 후, 의사결정을 위한 규범적 비용(원가)이론을 전통경제학자와 회계학자의 관점에서 논의한다. 이어서 심리학자와 행동경제학자의 실증적 비용이론과 실증적 사례를 검토하기로 한다. 끝으로 이들에 대한 비교 검토를 통해 인간 행동을 통합적으로 설명해줄 수 있는 이론의 개발 가능성과 의사결정의 질을 개선할 수 있는 실마리를 모색해보기로 한다.

1. 의사결정과 규범적 비용이론

의사결정의 개요

경제활동의 주체는 개인으로서의 투자자·채권자·경영자·소비자, 기업, 정부기관 등이 포함된다. 이들은 희소자원(예, 한정된 자금·예산 등)의 최적배분을 위해 끊임없이 판단judgment과 선택choices 행위를 한다. 우리 인간의 경험 속에는 자신이 과거에 내린 수많은 판단이 스며들어 있다. 의사결정은 여러 대안alternatives들 중에서 하나의 최선안을 선택하는 것이며, 경험의 중요한 부분을 형성한다. 때로는 의사결정이 자동적으로 혹은 프로그램화된 형태로 이루어지기도 한다. 예를 들어, 익숙한 목적지로 여행할 때, 우리는 여러 루트를 의식적으로 비교하는 경우는 드물다. 오히려 프로그램화된 의사결정방식에 따라 어떤 루트를 선택하는 것이 일반적이다. 기업의 경영자가 경험률rule of thumb에 의거 생산수량을 결정하며, 채권 트레이더가 주로 자동화된 절차에 의거 수백만 달러 상당의 증권을 매매하는 경우가 있을 것이다. 이러한 프로그램화된 절차 혹은 경험률에 의한 의사결정이 비용·노력의 측면에서 효율적이며 종종 좋은 결과를 가져다 주기도 한다. 반복적인 의사결정의 경우에는 특히 그러하다. 때때로 우리 인간은 감각 혹은 직관에 의한 결정을 내리기도 한다. 지나친 시간적 제약으로 다른 방식의 사용이 곤란한 경우 감각이 동원된다. 도로에서 자동차 운전 중, 갑자기 전면에 자전거 탄 사람을 마주친 경우, 충돌을 피하기 위해서 차를 정지해야 할 지 아니면 좌회전 혹은 우회전을 해야 할지 순간적으로 결정해야 한다. 최종 노사 협상 중 흔히 노사양측은 상대방이 양보할 수 있는 최대 한도가 어느 수준인가를 재빨리 판단해야 하는 상황에 처하기도 한다. 상이한 대안들 간에 차이가 별로 없다면, 보다 공식적인 분석을 통하여 비용이 발생되도록 할 필요는 없다. 이러한 경우 직관 혹은 감각이 활용되기도 한다. 대안들 간에 중대한 차이가 있는 경우에도 직관 혹은 휴리스틱에 의한 결정을 선호하는 의사결정자들도 있다.

의사결정의 시간범위는 단기적이거나 장기적일 수 있다. 의사결정은 일상적이고 반복적인 구조적 의사결정과, 비일상적이고 특수한 비구조적 의사결정으로 구분될 수 있다. 또한 개인의 의사결정 내지 선택행위는 확실성 하에서 혹은 불확실성 하에서 이루어질 수 있다. 상황에 따라 나타나는 결과가 다를 때 사람이 어떻게 행동할 것인가를 분석하는 것이 '확실성 하의 선택'choice under uncertainty이론이다. 일어날 수 있는 상황이 여러 개 있는 경우 불확실성이 있다고 하며, 각각의 상황에 확률을 부여할 수 있는 경우의 불확실성을 '위험'이라 한다.

의사결정의 문제가 존재하려면 첫째, 현재 상태와 미래의 바람직한 상태 간에 차이가 존재해야 하며, 그러한 차이를 인식하고 있는 의사결정자가 이 문제를 해결하려는 동기가 있어야 하며, 이를 처리할 수 있는 능력과 자원이 있어야 한다. 여기서 인간의 능력과 자원은 유한하므로 불가피하게 선택을 하는 것이며, 대안을 선택할 때 때로는 단순화된 간편법을 적용하기도 한다.

관념적이지만, 의사결정과정은 의사결정문제의 정의·대안의 탐색·관련정보의 수집·정보의 분석과 평가·결정(대안의 선택)의 단계로 세분될 수 있다(신준용 외, 2002). 사이먼(1960) 교수에 의하면, 의사결정 과정은 문제의 파악intelligence, 설계design, 그리고 선택

choices의 세 단계로 구분된다. 문제의 파악 단계는 주어진 상황에서 문제점이 무엇인가를 찾아내고 의사결정을 내려야 할 조건을 탐색하는 과정이다. 설계단계에서는 여러 가지 행동 대안이 설정되고 각 대안이 분석된다. 대안간의 비용(원가)의 비교는 이 단계에서 행해진다. 그리고 선택 단계에는 문제 해결에 가장 적합한 대안을 선택하여 이를 실제로 집행하는 과정이 포함된다.

의사결정의 구성 요소는 의사결정의 대안alternatives, 미래의 사상states of nature 그리고 의사결정과정에서 하나의 대안을 선택하면 그 결과로서 나타나는 성과payoff의 세 가지로 구분된다(김준석, 2000). 의사결정 과정에서 모든 가능한 대안 중 단지 한정된 수의 대안을 놓고 이를 분석하는 것이 일반적이다. 미래의 사상(사건, 여건적 상황)은 특정한 대안이 선택되었을 때 일어날 수 있는 관련사건(상황)들의 집합을 말한다. 미래 어떠한 사상이 생겨날지에 대한 지식은 의사결정 대안이 여럿 있을 때 더욱 중요하다.

의사결정의 분석에 있어서 미래 사상에 대한 지식은 확실성certainty, 위험성risk, 그리고 불확실성uncertainty의 상태로 구분된다. 하나의 대안이 선택되면 그에 따라 어떠한 사상이 미래에 생겨날 것인지에 대해 완전한 지식이 있는 경우가 확실성이다. 미래에 발생할 사상은 각 대안별로 단 하나로서 그 확률 값은 1이며, 이때의 성과는 분명하게 알 수 있다. 현실적으로 미래에 발생할 사상을 확실하게 알 수 있는 경우는 예외적이다. 각 의사결정 대안별로 여러 개의 사상이 나타나며, 각 사상이 발생할 빈도수가 비교적 장기간에 걸쳐 알려져 있는 경우가 있다. 실제의 의사결정에서 미래에 어떤 사상이 발생할지 정확히 모르지만, 각 사상이 발생할 상대적 가능성은 알려져 있는 상태에서 위험성 모델이 적용될 수 있다. 한편 불확실성의 상태는 미래에 발생할 사상의 확률 분포가 알려져 있지 않는 경우를 말한다. 미래 사상의 불확실성의 정도는 모든 경우에 똑 같은 것은 아니다. 미래 사상의 확률분포가 어느 정도 정확하게 예측될 수 있는 상태(객관적 확률), 주관적 판단에 의존하여 예측해야 하는 경우, 그리고 미래에 어떠한 사상이 나타날지에 대해 정보가 없는 극단적인 불확실성도의 상태도 있다.

주관적 확률은 불확실성 하에서 의사결정자가 과거에 경험을 쌓은 바가 전혀 없어서 단지 그의 판단에만 의존해야 하는 경우이다. 의사결정자의 판단은 물론 그의 과거 경험을 도대로 형성되지만, 그것을 위한 과정이 과학적이지 못한 상태이며 주관적이다. 판단에 의존하는 확률 분포이더라도 이를 형성하는 과정은 공식화되어야 할 것이다. 주관적 확률은 의사결정자가 미래 사상이 발생할 상대적 빈도수의 관점에서 최선의 판단을 내리는 것이다.

불확실성이 내재되어 있는 상황에서 의사결정자는 앞으로 발생할 사상에 대해 일종의 믿음belief을 가질 것이다. 사상이 과거에 얼마나 자주 발생하였는지 전혀 정보가 없는 상태에서 의사결정자는 단지 그 사상에 대해 막연한 느낌 또는 믿음을 가지고 있을 수 있다. 의사결정자는 이 믿음에 의해서 어떠한 선택을 하게 되므로 그는 이 믿음을 반영토록 노력하고 그 믿음의 일관성과 정확성을 평가해야 할 것이다. 믿음은 사상이 발생할 가능성을 주관적 확률로 표현할 때 구체화 된다 .그러나 주관적 확률을 부여하는 데 있어서 몇 가지 편의bias현상이 발견되기도 한다.

경제문제를 어떤 각도에서 다루느냐에 따라 실증경제이론과 규범경제이론으로 나눌 수 있다. 실증경제이론은 있는 그대로의 현실을 분석하여 그것이 어떤 이유로 발생했으며 어떤 귀결을 가져올지를 객관적으로 분석하는 데만 관심을 갖는다. 반면에 규범적 경제이론에서는 어떻게 하는 것이 바람직한지의 차원에서 경제문제를 논의하는 특징을 갖고 있다. 실증경제이론이 현실 그 자체를 중시한다면, 규범경제이론은 당위를 중시한다는 차이가 있다. 이하에서는 규범적 관점에서 의사결정 주체들이 고려해야할 비용개념들을 논의한다.

경제학적 비용

인간의 욕망은 무한한데 그것을 충족시켜 주는 경제적 자원은 제한되어 있기 때문에 우리는 선택choice의 문제에 직면하게 된다. 전통경제학에서는 모든 경제주체가 합리적이라는 기본가정을 채택하고 있다. 전통경제학자들은 인간을 항상 자신에게 이익이 되는self-interest 합리적 선택을 하는 경제인(호모 이코노미쿠스 : homo economicus)으로 가정한다. **합리성**rationality은 경제학에서 추구하는 올바른 선택의 전제조건이다. 물론 현실에서 모든 사람들이 완벽한 합리성을 갖추고 있는 것은 아니며, 기본적으로 합리적인 사람이 때때로 비합리적인 반응을 보일 수도 있다. 다만 사회 전체로 놓고 볼 때는 사람들이 합리적이라고 가정해도 무방하다는 생각을 갖고 있을 따름이다. 합리적인 선택은 어떤 행위로 인하여 얻을 수 있는 이득, 즉 효익과 그에 관련된 비용을 정확하게 파악하고, 비용-효익에 대한 비교분석하는 과정을 필요로 한다.

그렇다면 사람들은 구체적으로 어떠한 고려과정을 거쳐 합리적 선택을 하는가? 직장인A는 다니는 직장을 그만두고 미국 경영대학원

MBA에 진학할 것인지 여부를 결정하려고 한다고 가정해보자. 우선 그는 학위 취득으로 얻을 수 있는 효익benefit과 학위 취득에 소요될 총 비용cost을 계산하여 전자가 후자보다 더 크다고 판단하면 진학하기로 결정할 것이다. 여기서 효익의 개념에는 '명예'라는 심리적인 측면도 물론 포함될 수 있을 것이다. 이 예는 어떤 행위와 관련된 비용을 정확하게 파악해야만 합리적 선택이 가능함을 시사해준다 .여기서 눈에 보이는 비용, 즉 전통적인 **회계비용**accounting cost만을 비용으로 생각해 의사결정을 하면 합리적 선택에 이를 수 없다(후술하는 혼그린 & 포스터 교수의 예 참조). 경제학적인 비용개념은 회계비용이 아니라 **기회비용**이다. 어떤 행위의 기회비용은 이를 선택함으로 인하여 포기해야 하는 여러 행위 중 가장 큰 가치를 갖는 행위의 가치이다. 위의 예에서 직장인 A가 MBA 코스등록금과 책값 등 실제 지출되는 비용(현시적 비용)뿐만 아니라, 직장을 그만둠으로서 포기한 연간 소득(암묵적인 비용)도 비용에 포함시켜 고려해야 한다. 경제학자에 의하면 기회비용개념은 은 현시적인 비용과 암묵적인 비용을 모두 포함한다(정창영, 2000). 그러나 기업 회계상의 비용은 오직 현시적인 비용만을 포함하는 것이 보통이다.

우리말에 "본전을 뽑아야 한다."는 표현이 있는데, 이는 비합리적인 태도의 전형이라고 할 수 있다. 비싼 돈을 내고 음악회에 간 사람이 연주가 무척 시시하다고 느끼면서도 자리를 뜨지 않는 것이 그 좋은 예이다. 시시한 연주를 참고 듣느니 집에 가서 비디오나 보는 것이 낫다고 생각하면서도 본전을 뽑기 위해 그대로 앉아 있는 것은 결코 합리적인 행동이 아니다(이준구 · 이창용, 2003). 기회비용과 더불어 합리적 선택의 과정에 중요한 역할을 하는 또 다른 비용개념으로 **매몰**

비용이 있다. 일단 지출된 뒤에는 어떤 선택을 하든 회수할 수 없는 비용을 말한다. 어떤 행위를 할 것인지 여부를 결정할 때는 이미 지출되었고 어떻게 하든 다시 회수할 수 없는 비용을 고려 대상으로 삼지 말아야 합리적 선택을 할 수 있다.

회계학상의 비용

의사결정을 위한 원가(여기서는 '비용'과 '원가'의 용어를 유사 동의어로 사용함) 개념에는 관련원가relevant cost, 차액원가differential cost, 기회원가opportunity cost, 현금지출원가out-of-pocket cost, 매몰원가sunk cost 등이 포함된다. 이러한 용어는 회계학의 한 분야인 관리회계에서 주로 논의된다. 차액원가는 두 가지 대안의 총원가의 차이로 정의되며 증분원가incremental cost라고도 한다. 관련원가란 의사결정에 결정적인 영향을 미칠 수 있는 원가로써 각 대안들 사이에 차이가 나는 미래원가를 뜻한다. 관련원가는 미래원가의 기대 값이며, 대안들 간에 차이가 있는 원가이다.

의사결정에 관련이 있는 원가란 회피가능한 원가avoidable cost인데, 이는 여러 의사결정 대안 중 한 대안을 선택함으로써 전부 또는 부분적으로 제거할 수 있는 원가를 말한다. 다음을 제외한 모든 원가는 회피가능하다.

첫째, 매몰원가
둘째, 대안 간에 차이가 없는 미래원가

매몰원가(매몰비용)는 이미 발생하여 어떤 대안을 선택해도 회피될 수 없는 원가이다. 이는 미래사건과 무관련하므로 의사결정상황에서 무시된다. 마찬가지로 대안 선택과 관계없이 발생하는 원가는 최적 대안 선택에 아무런 도움을 줄 수 없는 회피불가능원가이므로 의사결정과 관련이 없는 원가이다. 회피가능한 원가는 차액원가와 유사하며 동의어로 사용된 회피가능원가를 식별하기 위한 원가분석단계는 다음과 같다.

- 고려중인 각 대안의 모든 원가를 집계한다.
- 이들 원가 중에서 매몰원가를 제거한다.
- 대안들 간에 차이가 없는 원가를 제외시킨다.
- 나머지 원가들을 기초로 의사결정을 한다. 이들 원가가 차액원가 또는 회피 가능한 원가이므로 의사결정과 관련이 있다.

매몰비용은 의사결정을 내리는데 고려되어야 할 원가(비용)가 아니다. 다음 두 가지는 매몰비용을 주제로 한 사례이다.

사례1 : 비행기 요금

어느 회사의 매니저로 일하는 스미스는 이틀 간의 비즈니스 여행을 위해 최근 상업용 비행기로 세인트루이스에 갔다. 그곳에 있는 동안 그는 회사전용 비행기가 전날 도착하여 자신이 떠나기로 한 날과 동일한 날에 출발한다는 사실을 알았다. 스미스는 바로 ＄120 짜리 항공권을 현금으로 환불받고 회사 비행기로 돌아갈 채비를 했다. 그는 ＄120의 회사여비를 절약하고 일정에 맞추어 돌아가게 된 것에 흐뭇해했다. 그러나 지출된 비행기요금이 ＄120 인데도, 회사는 스미스의 소속 부서에 스미스의 출장여비로 총 ＄240의 왕복요금을 부담시킨 사실을 약 2주일 후에 알았다. 자신의 소속 부서에 ＄120이 아닌 ＄240을 부담시킨 이유를 납득할 수 없었던 스미스는 "비행기는 저와 관계없이 돌아갈 예정이었고, 빈 좌석이 많았습니다."라고 회계부서에 설명했다. $120의 회사여비를 절약했는데도 해당 부서에 그 결과가 반영되지 않는 불합리함을 막을 수 있는 방법은 없는가?

이 상황의 문제는 회사의 원가배부시스템이 스미스가 인식하고 있는 중요한 사실을 놓치고 있다는 데 있다. 즉, 회사비행기를 운용하는 데 따른 원가의 대부분은 매몰원가로서 스미스가 회사로 되돌아갈 결정을 한 시점에서는 회피할 수 없는 것이다. 그럼에도 그 원가의 일부를 스미스가 소속한 부서에 부담시키는 것은 회사의 원가배부시스템이 매몰원가와 회피가능원가를 구별하지 못하고 있음을 뜻한다. 이로 인해 회사와 경영자는 비경제적 의사결정을 할 가능성이 높아졌다.

사례 2 : 컨설팅 수수료

NM 밀크Milk 회사가 새로운 초콜릿우유 제품군의 출시계획을 평가하기 위해 재무컨설턴트를 고용했다고 하자. 컨설턴트가 보고서를 제출했을 때, NM 밀크Milk 회사는 막대한 컨설팅수수료를 초콜릿우유 프로젝트의 비용 항목으로 포함시키지 않았다는 이유로 이의를 제기했다. 어느 쪽이 맞는가? 규범론적 이론에 의하면 컨설팅수수료는 매몰비용이다. 왜냐하면 컨설팅수수료는 초콜릿우유 라인의 실제 출시여부와 관계없이 지불해야만 하기 때문이다. 이것이 컨설팅사업의 매력적인 부분이다.

이상적으로 말하면, 의사결정자는 모든 대안을 열거할 수 있어야 하고, 모든 대안에 대해 상호의존효과까지도 충분히 고려하여 예상되는 결과를 계산해 낼 수 있어야 한다. 실제로 의사결정자는 대안들을 가려내어 분명하게 좋지 않은 대안들은 즉시 제외시키고, 가능성 있는 대안들도 간과한 후에 결국 한정된 수의 대안들에만 주의를 집중시킨다. 일부의 대안들이 고려대상에서 제외되기 때문에 기회비용의 개념이 등장하게 된다.

혼그린과 포스터(1992)교수가 제시한 아래의 사례를 통해 기회원가 · 현금지출원가 · 매몰원가의 개념을 살펴보기로 한다.

회계기간의 시초에 단위당 $110로 구입되었던 구리의 기초재고를 1,000 단위 갖고 있는 어떤 회사가 있다고 가정하자. 이 회사는 4개의 제품들인 A, B, C, D에 대한 투입물로 동을 사용한다. 그러나 이 회사는 그 1,000 단위를 투입물로 사용하지 않고, 그 대신 고철상에 팔아넘길 수도 있다. 한 고철상은 단위당 $95를 제안했고 두 번째 고철상은 단위당 $90에 매입하겠다고 한다. 그런데 또 하나의 대안은 시의 폐품 처리장에 그냥 버리는 방법이다. 다음 표에서는 구리 1,000 단위를 가지고 할 수 있는 것을 분석하는데 있어서 경영자가 사용할 수 있는 "전체 대안" 접근방법이 요약되어 있다.

	선택안				(단위 $1,000)		
	구리를 제품에 사용				고물상		버림
	A	B	C	D	1	2	-
기대미래수익	$220	$204	$186	$170	$95	$90	-
기대미래원가: 노무비 및 제조 간접비	90	70	60	100	-	-	-
미래원가를 초과하는 미래수익	$130	$134	$126	$ 70	$95	$90	-

제품 B의 생산에 투입물로서 구리를 사용하는 것이 최선의 대안이다. 많은 의사결정 상황에서 경영자들은 대안들이 너무 많아서 세밀히 분석할 수 없게 된다. 경영자들이 공식적인 고려대상에서 몇몇 대안을 제외하기 때문에 기회비용의 개념이 나타난다. 기회비용은 제한되어 있는 자원을 특정목적을 위해 사용함으로써 상실된 최대공헌이익을 말한다.

위의 분석에서 경영자는 고철상에서 파는 것과 버리는 대안은 분석하지 않기로 결정했다고 가정하자. 이렇게 되면 공식적으로 고려대상이 되는 대안들은 제품A에서 D까지로 제한된다. 이 경우에 단위당 $95에 매입하겠다는 고철상의 제안은 기회비용이 된다. 이 단위당 $95는 제조업자가 한정된 자원(구리)의 사용을 제품생산이라는 특정한 목적에 제한함으로 인해 포기한 최대가능 공헌이익이다.

기회원가 접근법을 사용하여 의사결정자는 나머지 대안들에 대한 분석을 다음과 같이 정리할 수 있다(단위 $1,000).

	구리를 제품에 사용			
	A	B	C	D
기대미래수익	$220	$204	$186	$170
기대미래원가 :				
구리의 기회원가	95	95	95	95
현금지출원가 : 노무비 및 제조간접비	90	70	60	100
총 기대 미래원가	$185	$165	$155	$195
미래원가를 초과하는 미래수익의 순 이득	$35	$39	$31	$(25)

이 방법으로도 경영자는 역시 같은 결론에 도달하게 되는데, 제품 B가 바람직한 대안이다. 앞의 분석에서 제외된 대안 중 최선의 값이 '기회비용'으로서 분석표에 포함되어 있다. 또 다른 탈락된 대안들은 이 분석에 포함되어 있지 않다. 위의 표에서 제품 A와 C, 그리고 D의 생산에 구리를 사용하는 대안들도 제외되었지만, 이들 대안들은 의사결정 모형에서 공식적인 비교가 된 후에야 만 제외될 수 있다.

기회비용은 일반적으로는 공식적인 '회계보고서'에는 나타나지 않는다. *기회비용은 공식적 고려에서 제외된 최선의 대안을 거절함으로써 상실한 공헌이익을 나타낸다. 따라서 기회비용은 현금의 수입이나 지출을 수반하지는 않는다.* 회계담당자들은 대개 체계적으로 기록하는 원가를 '현금지출원가'에만 한정시킨다. 현금지출원가는 조만간 현금지출이 이루어질 원가이다. 회계담당자들은 거부된 대안이 아닌 선택된 대안에 대하여만 회계기록을 한정시키는데, 주된 이유는 다른 대안에 대한 적절한 자료를 수집하는 것이 불가능하기 때문이다.

미국원가계산기준위원회(CASB)는 "기회원가란 재료, 노동, 설비 등의 자원에 대해서 대체적인 용도 중 어느 하나를 택하고 다른 것을 포기한 결과 상실되는 효익을 화폐가치로 평가한 것"으로 정의하였다. 기회원가의 대표적인 특징은 지출원가와 대립되는 개념으로 재무회계상 기록대상이 되지 않는다는 점이다. 기회원가는 의사결정과정에서 고려되는 대안의 수를 줄이는데 기여한다. 아울러 올바른 의사결정을 위해서는 반드시 고려되어야 하는 중요한 변수이다. 그러나 기회원가는 의사결정자가 고려하는 대안에 따라 달라지는 일종의 상대석 개념이다(신홍철, 2002).

현금지출원가out-of-pocket costs는 특정 의사결정으로 인해 발생된 원가에 대한 현재 또는 가까운 장래의 지출이다. 즉 의사결정결과로 자금지출이 수반되는 원가를 의미한다. 예를 들어, 작업이 없다면 유휴시설이 될 설비를 사용하기 위하여 주문을 받아들이는 것은 만약 주문을 받아들이지 않았다면 회피될 수 있었던 원가를 수반하게 될 것이다. 특별한 용도의 재료나 선적용 컨테이너의 구입이 현금지출 원가의 예인데, 왜냐하면 이들은 특정 주문이 받아들여졌을 때만 발생하기 때문이다. 그러나, 이러한 작업에 사용되는 기계나 설비에 대한 감가상각비는 관련이 없다. 왜냐하면, 이러한 감가상각비는 주문이 받아들여지든지 받아들여지지 않는지에 관계없이 발생할 것이기 때문이다. 그러므로 감가상각비는 현금지출원가가 아니다.

매몰원가sunk cost는 돌이킬 수 없는 과거원가를 말하는데 어떠한 의사결정이 내려지더라도 변경될 수 없기 때문이다. 만약 구설비의 장부가액 $600,000이고 현행 처분가액이 $70,000일 때 매몰원가는 무엇인가? $600,000 전액이 매몰원가인데 그 이유는 과거에 이미 지출이 이루어져서 변경될 수 없는 금액이기 때문이다. 혼그린과 포스터(1992) 교수는 매몰원가라는 용어를 결코 사용해서는 안 된다고 주장한다. 왜냐하면, 모든 과거원가는 관련성이 없으므로, 과거원가를 구태여 매몰원가로 부르는 것은 무의미하다는 것이다.

경제학적 비용과 회계학상의 비용 비교

미시경제학에서 다루는 비용은 기회비용이다. 규범적인 경제이론 및 회계이론에 의하면, 기회비용은 합리적 선택을 위해 의사결정 과정에서 고려되어야 하며 매몰비용은 고려 대상에서 제외되어야 한다. 또한 경제학과 관리회계에서 다루는 기회비용과 매몰비용의 기본 개념은 동일하다. 다만 경제학에서는 기회비용의 개념을 현시적 비용과 묵시적 비용을 합친 것으로 보지만, 회계학에서의 기회비용은 경제학에서의 묵시적 비용만을 의미한다. 현시적 비용은 회계학에서의 현금지출원가를 의미한다. 그러므로 경제학에서 사용되는 비용 개념은 기회비용과 같은 의미로 볼 수 있을 것이다.

2. 기회비용과 소유효과

인간을 완벽한 합리성이 아니라 제한된 합리성bounded rationality의 존재로 가정하는 것이 보다 현실적일지 모른다. 즉 사람이 모든 관련 정보를 다 입수할 수 없더라도 의사결정을 해야만 한다. 인간 행동상의 결함 및 정보의 불완전성에도 불구하고, 각 개인은 반드시 최적의 의사결정은 아닐지 모르지만, 그래도 합리적으로 결정하는 존재로 기대될 수 있다. 경제학은 개인의 구체적인 행위보다, 이들의 경향이나 총체적인 면을 설명하고 예측하고자 한다. 개인의 집단이 어느 정도에 이르면 합리적 행위로부터의 이탈은 서로 상쇄될 것이다

전통적인 경제학의 특징인 합리적 선택모형은 여러 가지 이유로 도전을 받아왔다. 인간이 어떻게 사고를 하고 어떻게 의사결정을 내리는지를 서술하지 못하고 피상적이라는 것이다. 또한 인간이 합리적이게 행동할 만큼 충분한 정보를 가지고 있지 못하다는 점도 지적된다. 인간은 모든 것을 알 수는 없다. 그러나 정보취득비용이 더 나은 의사결정으로 얻게 될 이익보다 크다면 불완전한 정보를 가지고 의사결정을 내리는 것이 합리적이다. 합리적 선택모형이 피상적이라는 비판은 어

떤 인간은 합리성이 부족하고, 누구나 합리성에서 벗어난 적이 있다는 점을 지적한다. 보다 심각한 비판은 우리의 두뇌가 현대생활과 다른 사회 환경에서 진화하였다는 점을 지적한다. 그래서 합리성과는 체계적으로 거리가 멀다는 것이다(정기화 역, 2003). 많은 심리학자나 탈러 Thaler(1991)같은 행동경제학자들은 우리들 대부분이 '매몰비용의 오류'에 쉽게 빠진다는 것을 예시한바 있다. 그들의 관찰에 따르면, 우리 인간은 동일한 것이라도 없을 때보다도 가지고 있을 때 그 가치를 더 높게 평가한다는 것이다. 이 개념은 '소유효과' 또는 '부존자원효과'로 알려져 있다(사례3 참조). 이하에서는 개인이 실제로 어떻게 의사결정을 내리는가를 기회비용을 중심으로 살펴보기로 한다.

사례3 : 와인의 판매

K씨는 1980년도 산 고급 와인 한 상자를 한 병 당 약 $20를 주고 구입했다. 몇 년 후에 그 와인을 판매한 상인이 K씨의 와인을 한 병 당 $400에 되사겠다고 제안하였다. 비록 이제까지 K씨는 와인 한 병 당 $140 이상 주고 구입해본 적이 없지만, K씨는 그 상인의 제안을 거절하였다.

사례4 : 잔디 깎기

P씨는 자기 집 마당의 잔디를 직접 깎는다. 자기가 직접하는 대신, 이웃집 사람의 아들에게 $8를 지불하면 잔디를 깎을 수 있다. 그러나 P씨는 $20를 받는다고 해도 같은 면적의 이웃집 마당의 잔디를 깎아 주지는 않을 것이다.

구매가격과 판매가격간에는 공통적으로 큰 차이가 있음을 위 사례를 통해 알 수 있다. 그러한 차이점은 소득효과나 거래비용을 이용하여 설명할 수 있다. 그렇지만 기회비용과 현금지출비용을 구별할 수 있다면, 보다 간단하게 그러한 차이의 원인에 대한 설명이 가능할지 모른다. *경제학에 의하면, 모든 비용은(어떤 면에서는) 기회비용이다. 따라서 기회비용은 현금지출비용out-of-pocket costs과 동일한 것으로 간주되어야 할 것이다.* 이러한 규범론적 어드바이스가 서술적 모델로서 얼마나 적합한가? 아래 문항 1과 2를 살펴보자.

문항1 : 갖고 있는 돈 이외에 당신은 $1,000를 받았으며, 이제 다음의 두 가지 대안 중 하나를 선택해야 한다(피험자 수 N=70).

A : $1,000를 받을 확률이 0.5인 안 (16%)

B : 확정적으로 $500을 받음 (84%)

문항2 : 갖고 있는 돈 이외에 당신은 $2,000를 받았으며, 당신은 이제 다음의 두 가지 대안 중 하나를 선택해야 한다(피험자 수 N=68).

C : $1000를 잃을 확률이 0.5인 안 (69%)

D : 확정적으로 $500의 손실을 보는 안 (31%)

괄호내의 정보는 피험자들이 각 대안을 선택한 피험자의 비율을 의미한다. 피험자들은 문항 1을 이익을 얻을 수 있는 기회로 보며, 문항 2를 손실회피 기회로 본 것이다. 피험자들의 반응이 대부분 반대로 전환되기 때문에, 이들 문항이 피험자들에게 서로 다르게 파악됨을 알 수 있다. 카네만과 트베르스키(1979)는 이익과 손실에 초점을 (이 두 문제에서 동일한 최종 자산상태보다는) 둔 프로스펙트이론을 발표하였다. 이들 학자의 모델은 이익함수보다 손실함수의 기울기를 더 가파르게 함으로써, 피험자들의 그러한 행위를 반영시켰다. 이 이론에 의하면 이사결정자는 의사결정에 따른 예상이익과 예상손실을 가치함수

value function에 의하여 평가한다. 가치함수는 이득상황에서는 볼록concave하고 손실상항에서는 오목convex한 형태를 보이므로, 동일한 금액의 이득에 비해 손실의 경우 가치가 크게 평가된다(최영곤·김광일, 2003).

카네만과 트베르스키에 의하면 의사결정자는 의사결정에 따른 예상이익과 예상손실을 '∫' 형태의 가치함수에 의하여 평가한다. 프로스펙트 이론의 주요내용을 그림으로 살펴보면 다음과 같다(그림 1. 참조).

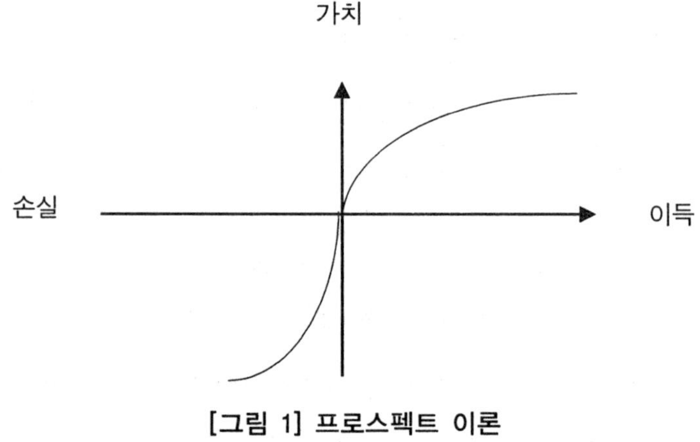

[그림 1] 프로스펙트 이론

(1) 이득으로 인식하는 Ⅰ사분면과, 손실로 인식하는 Ⅲ사분면의 가치함수는 비대칭이다.
(2) (+)쪽의 오목한 기울기는 정(positive)의 함수이고, (−)쪽의 볼록한 기울기는 부(negative)의 함수이다.
(3) 부(negative)의 가치함수는 급격하다.
(4) 의사결정자가 상황을 어떻게 지각하느냐에 따라 태도가 달라진다.

이러한 함수의 모양을 살펴보면 알 수 있는 것이 있다. 즉 **현금지출비용**이 손실로 간주되고 **기회비용**이 지나간 과거의 이익으로 간주된다면, 전자가 훨씬 더 중요시 될 것임을 의미한다. 더욱이 다른 조건이 같은 경우, 개인이 소유하고 있는 재화는 현재 자신에게 없는 재화보다 훨씬 높은 가치를 부여할 것이다. 그러므로 현재 소유 중인 재화 중에서 어떤 재화를 빼내어 누군가에 넘기는 것은 손실을 발생시키는 반면, 동일한 재화를 기존자산에 추가하는 것은 이익을 가져다준다는 것이다. 기회비용을 과소평가하는 현상은 이러한 소유효과에 기인된 것일지도 모른다.

사례 3-4의 인간행동은 소유효과에 의거 설명될 수 있을 것이다. 사례3에서 이것은 두 가지 방식으로 작용한다.

첫째, 앞서 언급한 바와 같이, 와인을 처분하는 것은 손실을 유발하는 반면 동일한 와인병을 구매하는 것은 이익(부여된 중요도가 상대적으로 덜 높음)을 발생시킬 것이다.

둘째, 구매한 와인에 대한 지불액은 손실로 간주될 수도 있는 반면, 매각으로 인해 얻은 금액은 이익으로 간주될 것이다.

프로젝트 중 하나는 기회비용으로만 구성되며 나머지 하나의 프로젝트는 현금지출비용만으로 기술된 점에서만 차이를 나타내는 실험이 실시되었다. 즉 두 가지 프로젝트 중에서 MBA 학생들에게 하나를 선택하도록 한 실험에서 학생들은 체계적으로 기회비용으로 기술된 프로젝트를 선호하였다는 연구 결과도 발표된 바 있다(Becker, Ronen, Sorter, 1994).

신용카드업계 이와 관련된 특히 명확한 사례로 신용카드업계를 살펴 볼 필요가 있다. 일반적으로 신용카드 회사들은 가맹점에서 신용카드 사용자에게 더 높은 가격을 부담시키지 못하도록 한다. 미국의 경우 그러한 약정을 금지하기 위한 법안이 국회에 제출된 적도 있었다. 일부법안이 통과될 가능성이 보이자, 신용카드업계는 로비를 시작했고, 결국 관심의 초점을 내용이 아닌 형태로 돌려놓았다. 신용카드가맹점이 현금고객과 신용카드 고객을 어떻게 차별화하길 신용카드업계는 바라는가? 신용카드 고객에 할증료를 부담시키는 것보다는 현금고객에게 상품가격의 할인해주는 형태를 신용카드업계는 특히 선호하였다. 소비자들이 현금할인을 신용카드이용에 대한 기회비용으로 간주하고 할증료를 현금지출비용으로 본다면, 이러한 선호도는 일리가 있다.

사진필름 현상·인화업계 또한 사진필름 현상·인화업계도 소유효과를 터득한 것처럼 보인다. 일부 업체는 아무리 잘못 찍힌 필름이라도 처리·인화하는 정책을 쓰고 있다. 소비자들은 원치 않는 사진에 대하여 환불을 요구할 수 있다(소비자는 원하는 경우 다음에 다시 한 번 점포에 들리면 된다). 이 업계가 고객의 환불 요청으로 어려움을 당하지 않는 이유를 소유효과에서 그 실마리를 찾을 수 있을지 모른다. 마케팅 전략에도 소유효과의 개념이 활용될 수 있다. 2주간 사용해본 후 마음에 들지 않으면 환불해주는 조건의 판매전략을 생각해보자.

첫 번째 결정단계에서 소비자는 기껏해야 물건을 집에 가져왔다가 반품하는데 드는 운송비만 손해볼 것이라고 생각한다. 운송비가 2주 동안 물건의 이용가치보다 적다면, 가장 넓은 의미의 소비자는 물건값을 지불하고 집에 가져올 것이다. 두 번째 결정단계는 2주 후에 나타난다. 소비자가 구입품에 완전히 적응한 경우, 그는 당해 물품의 보유로 인한 비용을 기회비용으로 간주할 것이다. 일단 이렇게 되면, 그 물건은 판매될 가능성이 높다. 물론, 그 상품을 도둑맞아 보험회사에서 물건값을 환불받은 경우, 소비자는 그 물건을 재구매하지 않을 가능성은 있다.

3. 매몰비용 : 심리적 비용모델

관리회계 및 경제의 일반이론에 의하면, 증분 원가와 증분 효익 만이 의사결정에 영향을 미쳐야 한다. 과거원가historical costs는 의사결정과 무관해야 한다. 그러나 회계전문가도 아니며 이코노미스트도 아닌 일반소비자들은 일상적인 결정에서 과연 매몰원가(매몰비용)를 무시하는가? 매몰비용은 과거에 이미 지출되어버린 돈이다.

사례5 : 오페라 입장권

오페라 마니아인 K씨 부부는 강원도 원주 소재 집에서 서울 예술의 전당에서 공연될 Aida입장권 티켓을 1주일 전 40만원에 구입했다. 공연 당일은 태풍이 몰아치는 악천후였다. 하지만, 그들은 어떻게든 공연을 보러 가기로 결정했다. 만약 이 티켓이 우연히 생긴 것이라면, 집에 머물러 있을 거라는 생각이 문득 떠올랐다.

사례6 : 테니스 회원권

어떤 남자가 테니스 클럽에 가입하여 연간 멤버십 비용으로 3십만원을 지불한다. 그런데 테니스를 시작한지 2주 만에 테니스운동으로 인해 팔꿈치에 염증(테니스 앨보)이 생겼다. 그는 아픔을 감수하고 계속 테니스를 치면서 이렇게 중얼거린다. "3십만원을 날리고 싶지 않아!"

사례 5와 6에서 제시한 바와 같이, 그들은 매몰원가(매몰비용)을 아마도 무시하지 않는다. 오히려 다른 조건이 같다면 재화나 용역을 이용할 권리에 대하여 대금을 지불하면 당해 재화에 대한 이용률이 상승될 것이라는 대안적인 가설이 제시될 수 있을 것이다. 이러한 가설은 매몰원가 효과와 관련된다.

이러한 가설을 검증하기 위한 증거의 수집업무는 그리 간단하지 않다. '선택적 인식'의 실수를 범할 가능성이 있기 때문이다. 돈을 지불하고 테니스클럽에 가입한 사람들은 그렇지 않은 사람보다 테니스를 즐길 가능성이 높으며, 테니스클럽의 이용 가능성은 멤버십 요금을 부담하지 않는 다른 사람들에 비해 훨씬 더 높다. 이러한 문제는 마켓 테스트를 어렵게 만든다. 그러나 다른 증거도 존재하며, 일반적으로 가설을 지지해준다.

첫째, 경마장에서 보이는 관중들의 일반적 행동은 초반경기에서보다 후반경기에서 투기적 성향이 높아진다고 한다. 즉 승산이 별로 없는 말에 대한 배팅들이 경마일 당일 경기가 진행되어가면서 점차 증가한다는 것이다. 이러한 현상은 경기 시작 전 관중들의 판단기준점이 경기가 진행됨에 따라 입은 손실에 따라 조정되지 못한 결과일 수도 있을 것이다. 관중들은 당일의 손실누적금액을 어떤 판단기준점과 비교하여 손실상황으로 인식하게 되면 점차 투기적이 되는 경향을 띄게 된다. 고스톱 화투판의 도박꾼에게도 이와 유사한 행동이 나타나는 것으로 알려져 있다.

둘째, 매몰원가를 의사결정과정에서 제외시키지 못한 사례들은 정부부문의 공사에서 많이 찾아 볼 수 있다. 미국의회의 진상조사에서 밝혀진 극적인 하나의 사례는 Teton Dam 재난사건이다. 의회의 청문회에서 "일단 댐건설공사가 시작되면 건설 과정에서 나타날 수도 있는 위험에도 불구하고 댐 건설을 지속시키려는 국토건설국의 성향"에 대한 분석이 있었다. 국토건설국의 G국장은 그러한 문제의 존재를 부인하였다. 그러나 "댐 자체에 대한 물리적인 건설과정이 일단 시작된 후 댐 건설공사가 일시적으로 중단 혹은 정지된 멈춘 예가 있습니까?"라는 질의에 대해, 청문회장에 출두한 그 국장은 그러한 예를 전혀 제시하지 못했다(Slovic etal, 1977).

사례7 : 새만금 공사

새만금 간척사업은 1991년 11월 28일 방조제 공사 착수 이래 13년째 중단과 재개를 거듭했다. 1996년 시화호 오염사건이 불거지면서 사업 백지화 논란이 있었다. 1999년 사업이 중단된 뒤 우여곡절 끝에 2001년 재개됐지만 2003년 7월 서울행정법원이 환경단체들에 의한 공사중단 가처분 신청을 받아들여 또 다시 중단 된 뒤 방조제 보강공사만 진행해 왔다. 서울고등법원이 2004년 1월 29일 1심 재판부의 공사집행정지 결정을 취소하라는 결정을 내렸다. 공사 중단이 지속될 경우 공사해놓은 방조제가 유실되고, 유실된 방조제를 유지하는 비용이 막대하며, 방조제에서 유실된 토사가 주변 어장 등을 황폐하게 할 경우 공공복리의 피해가 더 크다는 것이 고등법원의 판단이다. 공사중단으로 인한 미래의 지출 즉 '현금지출비용'이 고려된 것이다. 대규모 국가재원이 투입된 이 공사가 중단된다면 막대한 비용손실이 초래될 수 있다. 지금까지 투입된 금액은 과거원가이므로 매몰원가로 간주될 수 있다. 그렇지만 이 공사에 대한 비용과 효익의 분석은 그리 간단하지 않다. 대법원은 2006년3월 16일 "환경피해 등이 사업을 중단할 만큼 심각하지 않다"는 항소심 판결을 받아들여 상고를 기각하고, "새만금 사업을 취소할 필요가 없다"는 원심 판결을 확정했다.

매몰원가 가설에 대한 가장 강력한 지지 현상은 회계학이나 경제학 강의실에서도 발견될 수 있다. 이 개념을 가르치려고 시도해본 적이 있는 사람은 누구든지 이 개념이 직관적으로 명확하지 못하다는 점을 알고 있으며, 자기 분야에서 경험을 쌓아온 일부 사업가들에게 조차도 그렇게 인식되고 있는 것 같다.

매몰비용 개념의 모델

만약 매몰비용 효과가 존재한다면, 그것을 발생시키는 사고과정에 대하여 추론해보는 것은 흥미로운 일이다. 탈러교수는 이에 대한 합당한 설명을 프로스펙트이론에서 얻을 수 있다고 했다.

여기서 회계시스템의 차변과 대변에 상응하는 '기쁨'과 '고통(−기쁨)'이라는 용어를 도입하여 개인의 멘탈 회계시스템을 고찰해보기로 한다. 프로스펙트이론의 관점에서 본다면, 즐거움은 이익영역의 가치함수이며, '고통(−기쁨)'은 손실영역의 가치함수에 해당한다(손실영역의 가치함수를 '$\tilde{v}$'로 표기하도록 함).

소비자는 언제 '고통(−기쁨)'을 느낄 것인가? 가격이 '타당' 하다고 판단되어 구매한 후 즉시 소비하는 경우(예; 점심식사용으로 햄버거를 사먹는 경우) 소비자는 '고통(−기쁨)'을 느끼지 않을 것이다. 햄버거 가격이 g이고 원가가 c인 경우, 순 기쁨은 $v(g)+\tilde{v}(-c)$가 될 것이다. 손실의 경우에만 순 '고통(−기쁨)'이 나타날 것이다.

이제 사례5에서 설명한 경우를 살펴보도록 하자. 오페라공연 티켓을 구매한 소비자가 현금과 그 티켓을 교환했다고 생각해보자. 이때 그 소비자는 마치 입장권이 무료인 것처럼 공연장에서의 기쁨을 기대함과 동시에 40만원 상당의 '고통(-기쁨)'을 경험할지 모른다. 하지만 그럴 것 같지는 않다. 이 시점에서는 아마도 공연을 기대하는 경우를 제외하고는 아무런 '고통(-기쁨)'이나 기쁨을 느끼지 않을 것이다. 이것이 보다 그럴듯한 설명이다.

공연을 관람하게 되는 경우 소비자는 햄버거의 경우와 마찬가지로 순 기쁨을 느끼게 된다. 그러나 태풍으로 인하여 티켓을 사용할 수 없게 된 경우, 그 가치는 제로가 되어 소비자는 40만원을 날렸다고 생각할 것이다($\tilde{v}(-40)$).

그러면 '공연장에 가는 것이 어떻게 도움이 되는가(-기쁨을 완화시키는 면에서)?'라는 말이 이코노미스트로부터 나올 것이다. 폭풍이 몰아치는데도 공연을 보러 가는데 드는 비용이 c이고 관람의 가치를 g라고 가정해보자. 더욱이, 티켓이 공짜로 구한 것이라면, 소비자는 공연관람 여부에 개의치 않을 것이다(즉, $v(g) = -\tilde{v}(-c)$). 이 경우 $\tilde{v}$의 볼록성(convexity)으로 인해 $v(g)+\tilde{v}(-(c+40) > -\tilde{v}(-40)$이므로, 지불한 티켓구입비 40만원 때문에 소비자는 공연을 보러 가게 될 것이다.

매몰비용과 다중가격체계

매몰비용 효과에 대한 적용을 예시하기 위하여 사례6을 이용해보자. 테니스 클럽에서는 **이중가격제**를 실시한다. 멤버십 요금은 3십 만원이고 테니스 코트 이용료는 시간당 1 만원인데, 멤버십 요금을 4십 만원으로 인상하고 테니스 코트 이용료는 동결한다고 가정해보자. 일반적인 이론에 의하면 다음과 같은 결과가 나올 것으로 예상된다.

- 일부 멤버들은 중간에 그만둘 것이다.
- 남은 멤버들은 멤버십 요금 증가로 인한 소득효과 때문에 클럽을 덜 이용하게 될 것이다(테니스 경기는 정상적으로 진행된다고 가정).
- 이용도가 보다 높은 회원의 구성비가 높아지면, 그러한 구성비 변동이 소득효과를 억누를 것이다. 그 외의 경우, 평균이용률은 낮아질 것이다. 총 이용률은 낮아질 것이 확실하다.

만약 매몰비용 효과가 존재한다는 주장이 타당하다면, 효과(2)에 대한 분석을 변경해야 한다. 만약 매몰비용 효과의 규모가 충분히 큰 경우, 멤버십 금액을 인상하면 총 이용률이 상승될 수도 있을 것이다. 다중가격체계를 운용하는 산업에 종사하는 사람들이 이러한 분석을 해보면, 유익한 응용 가능성을 발견해낼 수 있을 것이다.

요 약

규범적인 경제이론 및 규범적인 회계이론에 의하면, 기회비용은 합리적 선택을 위해 의사결정 과정에서 고려되어야 하며 매몰비용은 고려 대상에서 제외되어야 한다. 그러나 현실에서 접하는 사례들에 의거 판단해본다면, 우리 인간은 규범적 이론에 입각한 것과는 종종 다르게 행동한다. 그렇다면 우리 인간은 불합리한 존재란 말인가? 전통경제학의 규범적 이론과 달리, 행동경제학자들의 실증 연구에 의하면, 실생활에서 우리 인간은 흔히 매몰비용을 고려한다. 매몰비용은 후속 의사결정에 영향을 미치지만, 무한정 그 효과가 지속되는 건 아니다. 의사결정자는 종국적으로는 매몰비용을 무시한다. 우리 인간은 또한 기회비용을 과소평가하는 경향이 있으며, 현금지출비용에 과대한 비중을 부여하는 것으로 나타났다.

인간이 모든 경우에 합리적으로 행동하는 것은 아니며, 또한 무엇이 합리적인 것인가에 대한 의문도 제기될 수 있을 것이다. 모든 현상을 한 가지 이론으로 설명할 수는 없는 것이며, 따라서 의사결정분야에서도 규범적 이론과 실증적 이론이 공존한다. 이코노미스트나 관리회계학자들이 규범적 이론에만 전적으로 의존할 경우, 의사결정자의 선택행동을 올바르게 기술·예측할 수 없게 된나. 그렇게 되면 체게적인 오류를 범하게 될 가능성이 있다. 따라서 두 가지 이론을 통합시킨 이론의 개발이 요구된다. 이하에서는 한 가지 사례를 통하여 이 논의를 마무리하기로 한다.

당신이 KB은행의 대출책임자라고 가정해보자. 과거 신용이 양호했던 고객이 찾아와 사업을 시작하는데 필요한 1억원의 대출을 신청했다. 이 대출신청을 면밀히 검토한 후 당신이 대출을 승인했다. 7개월이 지난 뒤 이 고객이 당신을 다시 찾아와 다음과 같은 말을 했다.

"제가 좋은 소식과 나쁜 소식을 동시에 가지고 왔습니다. 나쁜 소식은 회사의 영업이 어렵다는 것입니다. 당신이 추가 대출을 안 해주면 우리 회사는 피산하게 되고, 우리가 파산하면 당신은 우리에게 대출해준 1억원을 회수할 길이 없게 됩니다. 그러나 좋은 소식은 당신이 추가로 1억원을 대출해준다면 우리는 새로운 전기를 마련할 수 있다고 확신한다는 것입니다" 이 예는 과거에 내린 결정이 현재의 결정에 영향을 미칠 수 있다는 것을 보여주고 있다. 매몰비용 개념에 의하면,

현시점에서 미래에 관련된 결정을 할 때 과거의 투자는 고려되어서는 안 된다. 이러한 원칙에도 불구하고, 성공가능성이 매우 불투명한 사업에 계속해서 자금을 투입함으로서 **'나쁜' 돈을 날려버린 뒤 '좋은' 돈까지 버리는 사람들이 적지 않다**. 결국 투자총액은 점점 불어나는 결과를 초래한다. 이런 행태로 투자액이 점점 불어나는 가장 큰 이유 중 하나는 의사결정자 개인의 특성에도 있다.

심리학적인 관점에서 본다면, 상황을 반전시킬 수 있으리라는 희망을 가지고 계속해서 투자함으로써 회생가능성이 희박한 사업의 시작을 정당화시키려고 의도하는 사람들도 있을 것이다. 이런 부류의 사람들은 자신의 결정을 자신 또는 외부사람들에게 정당화하려고 한다. 또한 어떤 사람들은 계속해서 사업의 존속을 정당화하는데 유리한 모든 정보는 수용하고, 반면 사업을 중단시키는데 영향을 줄 가능성이 있는 정보는 수용하지 않는 소위 '선택적 인식'의 실수를 흔히 범할 수 있다.

일부의 사람들은 주어진 어떤 정보를 이익의 관점 또는 손실의 관점으로 보는 것에 따라 영향을 받기도 한다. 이 개념은 프레이밍효과 framing effects로 알려져 있다. 프로스펙트이론에 의하면, 어떤 특정한 선택에 관련된 결과를 지각하는 방식이 변경되면 위험에 대한 개인의 태도 내지 선호가 바뀔 수 있다고 한다. 카네만과 트베르스키는 이러한 현상을 '프레이밍효과'라고 명명했다. 판단과 의사결정에 관한 연구에서 중요한 관심사의 하나는 정보의 표현형태 혹은 프레이밍 방식이 개인에게 어떤 영향을 주는가 하는 것이다. 많은 경우 동일한 선택대안들을 상대적 이득이라는 관점에서 긍정적으로 표현하거나, 혹은 상대적 손실이라는 관점에서 부정적으로 표현할 수도 있을 것이다. 정보가 이익의 관점으로 표현되어 있으면(예를 들어 컵에 물이 아직 반이 남았다고 본다면), 사람들은 위험회피적인 경향을 보인다. 반면에 정보가 손실의 관점에서 표현되어 있으면(예를 들어 컵의 물이 벌써 반이 비었다고 본다면), 사람들은 위험추구적 경향을 보인다는 것이다.

어떤 사람들은 '이미지 관리'에 신경을 써 사업의 포기가 자신들이 쌓아온 명성을 동료나 상사로부터 잃게 한다고 믿는 나머지 가능성 없는 사업을 포기하지 않는다. 투자 총액이 점증하는 현상은 여러 가지 방법에 의해 완화될 수 있을 것이다.

첫째, 관리회계정보시스템에서 제공되는 정보의 명확성 · 유용성 · 적시성이 확보되어야만 재무보고시가 의시결정에 유용한 역할을 할 수 있다.

둘째, '선택적 인식'과 '프레이밍효과'는 정보를 어떻게 평가할 것인가에 대한 훈련을 통해 어느 정도 극복될 수 있을 것이다.

셋째, 의사결정의 결과를 경제적 보수 · 승진 등의 조직상의 보상에 일치시킴으로써 '명성' 또는 '이미지관리'의 문제를 완화시킬 수 있을 것이다.

마지막으로 의사결정의 결과가 아닌 의사결정 과정에 성과평가제도의 초점을 맞추어야 한다. 올바른 결정이 반드시 좋은 결과를 수반하지는 않는다는 점을 인식할 필요가 있다.

예를 들어, 대형 국책사업을 지휘하는 행정부처의 책임공무원이나 기업의 경영자가 결과가 좋지 않는 것으로 예상되는 진행 중인 사업의 중단결정을 과감하게 내릴 수 있다면, 나쁜 투자 금액의 점증 경향을 완화시킬 수 있을 것이다. 이를 위하여 과정에 초점을 둔 업적평가제도가 고려됨이 바람직하다.

第7장 행동재무와 심리

2003년 11월17일 한국경제신문은 한국 투자자의 심리를 다음과 같이 묘사하고 있다.

"주식투자자들의 성과를 보면 주가상승기에 이익 보는 자가 많지만 주가하락 시에는 손해를 봐 장기적으로 볼 때 돈을 버는 이가 많지 않다. 이는 과도한 욕심 때문에 중간에 이익이 발생해도 실현하지 못하거나 주가가 추가하락 할 수 있다고 생각하면서도 '본전 생각' 때문에 계속 붙들고 있기 때문에 빚어진다. 단번에 큰 수익 얻으려 하기보다는 장기적 시각과 자세를 가지고 배우면서 투자하는 여유 있는 마음가짐이 필요하며, 위험을 최소화하고 성공 확률을 높여야 할 것이다."

1. 두려움과 욕심

뉴욕의 월스트리트에서 흔히 회자되는 격언 중에 "시장은 두려움과 욕심이라는 두 가지 감정에 의해 움직인다."는 말이 있다. 투자자들이 이러한 감정으로부터 자유스럽지 못하다는 것이다. 증권시장에서 25년간 살아온 프로리히 보브는 다음과 같은 말을 했다(이수정 역, 2002).

"사람들이 투자를 결정하는데 영향을 미치는 요인은 두 가지뿐이라는 사실을 오랫동안의 시장경험으로 알게 되었다. 사람들이 주식을 채권을 , 뮤추얼 펀드를 매매하는 행위에 영향을 미치는 요인은 오로지 두려움과 욕심, 이 두 가지 중의 하나이다. 사람들은 시장 상황을 극단적으로 보는 경향이 있다. 그런 만큼 우리는 단기적으로 보아 시장상황이 좋게 보일지라도 사실은 그렇게 좋은 것만도 아니고, 또 반대로 너무 나빠 보인다고 해서 또 그만큼 나쁜 것도 아니라는 사실을 알고 있어야 한다. 단기적 시각을 가진 투자자는 시장 상황이 계속 좋으면 욕심이 발동해서 급기야는 참지 못하고 그 호기가 계속되리라는 착각 속에 기회를 놓칠세라 시장에 뛰어든다. 하지만 막상 뛰어들고 보니 시장 상황은 겉에서 보던 것처럼 그리 좋지 못하다는 사실을 깨닫게 되고 곧 시장은 언제 그랬냐는 듯 자기 자리를 찾아간다. 또 시장 상황이 계속 불황이거나, 너무 좋아도 투자자들의 두려움과 욕심은 발동된다. --- 하지만 장기적인 시각에서 투자시장을 관망할 줄 아는 투자자들은 두려움과 욕심이라는 요인은 시장 변동에 잠깐 영향을 미칠 뿐, 궁극적으로 성공 투자를 이끄는 힘은 장기투자 추세이라는 사실을 알고 있다."

1998년 8월 18일 미국에서 방영된 TV 프로(Wall $treet Week with Louis Rukeyer)에 토론자로 출현한 카피앨로(Cappiello)는 "시장의 펀더멘털(증시 기초여건)이 아니라 시장심리 변화로 인해 투자의견을 '매수'에서 '중립'으로 낮춘다."는 말을 했다. 그는 많은 사람들과 인터뷰해왔다. 그런가하면 국내외의 경제관련 신문이나 방송국들은 증권시장의 심리에 대한 전문가와 시장 애널리스트의 견해를 정규적으로 인용보도하고 있다. 하지만 이들 전문가들의 견해란 도대체 무엇인가? 증권시장의 반응은 "두려움과 욕심"으로 나타난다는 것이다.

과연 정말 그런가? 증권시장에서 투자자들이 보이는 모든 심리를 이 두 가지로 설명할 수 있는가? 쉐프린 등 시장심리학자들의 연구결과들에 의하면, 욕심과 두려움의 개념보다 훨씬 더 잘 현상을 설명할 수 있는 용어가 있다고 한다. 지난 25년 이상에 걸쳐 심리학자들은 두 가지 중요한 사실을 발견했다.

첫째, 1987년 심리학자 로라 로페스의 말에 의하면, 위험에 대한 태도의 주요 결정요소는 욕심greed과 두려움fear이 아니라, 기대hope와 두려움fear이다.

둘째, 인간이란 원래 실수를 범하는 존재이긴 하지만, 포트폴리오 매니저에서 애널리스트(기업분석가), 자금운용회사간부, 회사의 임원에 이르기까지, 모든 유형의 금융분야 종사자들이 동일한 실수를 반복한다.

일찍이 심리학자인 카네만 · 슬로빅 · 터베르스키는 1982년 출간한 3인 공동의 편저서(불확실한 상황에서의 판단 : 추단법과 편향)에서 이러한 실수(오류)의 중요 원인들을 규명한 바 있다.

행동재무학 behavioral finance은 전문가들의 재무적 행동에 심리학을 적용한 것이다. 전문가들은, 인간이기 때문에 범할 수 있는 특정 유형의 오류나 실패(실수)들을 알 필요가 있다. 일반 투자자들 뿐 아니라, 재무(금융) 전문직 종사자들도 다음 사항을 숙지해야 할 것이다.

- 자신 및 타인의 실수를 인식한다.
- 실수의 원인을 이해한다.
- 실수를 억제하는 방안을 강구한다.

여러 가지 이유로, 재무(금융)전문가들은 자신의 실패(실수)뿐만 아니라 타인의 실패에 대해서도 알아야 한다. 예를 들어, 재무 컨설턴트들은 투자자들의 심리에 대한 이해가 높을수록 투자자들을 보다 효과적으로 도울 수 있을 것이다. 보다 깊은 이슈들도 있다. 어떤 투자자의 실수는 다른 투자자에게 이익이 될 수 있다. 그러나 한 투자자의 실패는 다른 투자자에게 위험이 될 수도 있다. 이를테면, 어떤 투자자는 위험을 무릅쓰고 다른 투자자들의 실패를 무시해버린다. 재무(금융)전문가란 누군가? 이 용어는 넓은 범위의 사람들 즉 포트폴리오 매니저, 재무 컨설턴트, 투자자, 증권중개인, 투자전략수립가, 재무분석가, 투자은행가, 증권회사, 회사임원 등을 지칭한다. 이들 모두가 동일한 심리적 특성을 공유한다.

2. 재무심리학의 세 가지 주제

행동재무학(재무심리학)은 심리와 투자와의 관계를 계속 탐구해왔다. 재무심리학 연구자들은 재무적 현상의 전반全般에 적지 않은 심리적 요소가 개입되어 있다고 주장한다. 쉐프린은 이러한 현상을 세 가지 주제를 중심으로 구분하였다. 세 가지 주제란 무엇인가? 그리고 행동재무학과 전통재무학은 그러한 주제의 취급방식에서 서로 어떻게 다른가? 주제별로 그에 대한 해답을 정리하였다. 쉐프린(2002)의 연구를 중심으로 지금부터 각 주제별로 질문을 던지면서 논의를 시작하기로 한다.

- **휴리스틱** 재무(금융)전문가들이 오류를 범하는 이유는 경험률 rule of thumb에 의존하기 때문인가? 재무심리학의 대답은 '예'이지만, 전통재무학의 대답은 '아니오'이다. 행동재무학에 의하면 재무전문가들은 '휴리스틱'으로 불리워지는 간편법에 의거 데이터를 처리한다고

한다. "과거실적이 미래에 대한 가장 좋은 예측인자이므로, 과거 5년간의 최고 실적기록을 보유한 뮤츄얼 펀드[1]에 투자 하시지요." 이것은 간편법의 일례이다. 휴리스틱(간편법)은 어림잡은 예측으로, 대체로 불완전하다. 그러므로, 재무전문직들은 오류에 취약한 편향을 갖고 있다. 제4장 제1절은 휴리스틱－편향heuristics－driven bias을 주제로 다루었다. 전문가들은 통계적 도구를 이용하여 데이터를 적절하고 올바르게 처리한다는 것이 전통적 재무론의 가정이다.

• **프레임 의존성** 재무(금융)전문가들은 실질뿐만 아니라 형식의 영향도 받는가? 형식이란 의사결정 과제의 프레임이나 서술을 의미한다. 객관적인 고려사항에 부가하여, 의사결정 과제의 프레임도 위험과 수익에 대한 전문가들의 지각에 영향을 미친다는 것이 행동재무학의 가정이다. 따라서 프레임 의존성frame dependence을 제4장 제2절의 두 번째 주제로 정하였다. 그러나 전통재무학은 프레임 독립성을 가정하는바, 이는 전문가들이 위험 · 수익에 대한 투명한, 객관적인 렌즈를 통하여 모든 결정을 고려함을 의미한다. 사람들은 내용이 같아도 이를 어떻게 포장하여 제시하는가에 따라 다른 의사결정을 내리는 경향이 있다. 결국 내용이나 실체가 아닌 포장(프레이밍)이 의사결정에 결정적 영향을 미칠 수 있다. 이는 증권투자에도 그대로 적용되고 있다.

• **비효율적 시장** 행동재무학의 세 번째 주제는 '비효율적 시장'이나. 주가의 움직임이 예측 가능하다면 이것은 모든 이용 가능한 정보가 주가에는 아직 반영되지 않았다는 것이 되기 때문에, 주식시장의 비효율성을 나타내는 증거가 된다. 따라서 주식을 모든 이용가능한 정보를 이미 반영하고 있다는 개념을 '효율적 시장가설'이라고 말한다.

---

1) mutual fund란 투자자들이 주주로 참여하는 투자신탁 펀드이다.

의사결정의 프레임과 판단착오가 시장에서 형성되는 가격에 영향을 주는가? 행동재무학의 주장에 의하면, 휴리스틱-편향과 프레임효과로 인하여 시장가격이 펀더멘털 가치(본질가치)로부터 이탈한다고 한다. 그로 인하여 주식시장이 '효율적이 아닐 수도'inefficint markets 있다. 이와 대조적으로 전통재무학은 시장이 효율적이라고 주장한다. 효율성의 의미는-설사 일부 시장 참여자들이 휴리스틱에 의한 편향 혹은 프레임 의존성의 영향을 받더라도, 개별 증권의 가격은 본질가치와 일치된다는 것이다.

증권시장이 효율적이라는 믿음이 환상이거나 아니면 혹은 증권시장에서 주가가 잘못 평가되어 있다는 환상이 나타날 수 있다. 1970년 파마Eugen Fama는 자본시장의 효율성을 주장하는 기념비적 논문을 발표했다. 그는 **시장이 효율적이면 비정상적 수익기회가 장기간 지속할 수는 없을 것이며, 이는 번잡한 도로상에 20$ 지폐가 장시간 놓여 있을 수 없는 것과 마찬가지**라고 했다.

최근 학자들은 휴리스틱 편의와 프레임 의존성 때문에 시장이 비효율적으로 된다는 증거를 상당히 확보하고 있다. 학자들은 특정 시장의 비효율성을 묘사하기 위해 '아노말리'(자본시장의 이상현상, 비정상현상 : anomalies)용어를 사용한다. 이러한 이유로, 파마는 행동재무학자들을 '비정상현상에 분칠하는 사람anomalies dredging'으로 몰아세운 바 있다.

증권회사의 매니저들 중에는 지속적으로 시장을 앞서가는 자도 있다. 두 가지 예를 들어보자. 하나는 1970년에 첫 방영된, 미국 TV 프로(Wall $treet Week with Louis Rukeyer)와 관련된 것이다. 이 프로에서 추천된 주식은 시장평균수익률보다 년 4% 정도의 초과 수익을 올렸다. 두 번째는 1990년 1월부터 월스트리트 저널이 개최한 "전문가Pros 대 다트Darts" 투자경연대회이다. 증권 애널리스트(pros) 4명은 각자 한 개 주식을 뽑는다. 월스트리트 저널 기자 4명은 각자 주식 판에 다트를 한번 던져 주식을 찍는다. 각 주식의 6개월간의 실적에 의거 투자경연대회 승자가 결정된다. 전문가들의 추천종목이 다트 종목의 실적을 능가했을 뿐 아니라, S&P 500 과 다우존스산업평균지수를 년 5%만큼 앞질렀다.

시장 보다 더 높은 체계적 위험을 감수하면 모를까 그렇지 않으면, 투자자들은 시장을 이길 수 있다는 합리적 기대를 할 수 없다-이것이 효율적시장 학파들의 주장이다. 적극적인 전략을 구사하는 머니 매니저들은 이에 동의하지 않는다. 이러한 오류와 편향을 인식하는 자에게 수익을 올릴 수 있는 기회를 제공해준다는 것이 드래만Dreman의 주장이다. 그는 자신의 저서 '역발상 투자전략'Contrarian Investment Strategies : The Next Generation(1998)에서 "아무도 시장을 앞서 갈 수는 없지요. 그렇게 하는 우리들을 제외하고는 ."라고 말했다.' **역발상 투자**'란 대중과 거꾸로 움직이는 투자방식을 말한다. 인기 우량주보다는 소외종목에 주로 관심을 가질 뿐 아니라, 모든 투자자들이 증시를 비관해 주식을 팔아치울 때 소리 없이 헐값에 매수하는 전략을 구사한다.

시장효율성 논쟁에는 두 가지 면이 있다. 한가지 면은 틀렸다는 것이나. 드래만 같은 머니 매니저가 특정 주식의 가격이 잘못 형성되었다는 착각 - 평가에 오류가 있다는 환상에 빠져 있거나illusion of mispricing, 아니면, 효율적시장 학파들이 시장이 효율적이라는 환상에 빠져 있거나illusion of market efficiency 둘 중의 하나다. 그런데 시장의 효율성에 반하는 쪽의 증거들이 계속 축적되고 있다. 많은 증거들이 가치투자나 모멘텀 투자의 장기적 성공, 증권분석가들의 추천 변경에 반응함에 따른 장기적 성공에 관련된 것이다. 행동주의 재무학의 주요 공헌의 하나는 가치투자의 장기적 성공을 위험보다는, 오히려 휴리스틱-편향의 관점에서 설명한다는 것이다

동시에, 약간 미묘한 이슈들이 있다. 길을 걷고 있는 두 명의 이코노미스트에 대한 조크가 있다. 이들은 길가에 20달러짜리 지폐를 발견했다. 한 사람이 주우려 하자 다른 사람이 "그럴 필요 없어. 그것이 진짜라면 이미 다른 사람이 주어 갔을 걸"이라고 말했다. 시장 효율성의 의미는 **"여러분들이 북적거리는 도로상에 20달러 지폐가 놓여 있는 장면을 발견할 수 없다는 것"**이 아니라, 주가는 펀더멘털(실적 등 기본여건)가치를 반영한다는 것이다. 이는 중요한 포인트다. "스마트 머니[2)]"smart money 거래자는 저평가 혹은 고평가된 것으로 인식된 주식 전부를 대상으로 하진 않는다. 왜? 위험을 걸만한 가치가 없기 때문이다. 차익거래의 제약사항들이 있다. 예를 들어,가치투자가 거의 항상 성장위주전략을 능가한다고 믿는 투자자들은, 갑작스러운 충격을 경험할지 모른다.

다른 한 가지 면을 보자. 가격이 비효율적 시장에서 결정된다는 것과 이러한 비효율성을 이용하는 것은 서로 다른 문제다. 오류(실수)로 인하여 잘못된 가격이 형성되므로 머리 나쁜 사람들이 시장을 앞설 수 있다는 것이 행동재무학의 메시지인 것처럼 많은 사람들이 생각하는 것 같다. 그렇지만, 주식시장에서 돈벌기가 그렇게 쉬운 일은 아니며, 사실은 그와 정반대이다 휴리스틱 편향(편견, 편의)과 프레임 의존

2) 주로 단기차익을 노리는 투기꾼의 투자자금

성이 주가 결정에 개입되어 있다는 것이 행동재무학의 주요 메시지중 하나다. 1849년 당시 미국의 캘리포니아 주에는 채굴을 기다리는 다량의 금이 매장되어 있었지만, 많은 채굴업자들이 실제로 부유해졌나? 값나가는 귀금속은 소량에 불과했던 것이다.

증권회사의 추천종목이 시장을 항상 능가하는가? 그렇지 않은 경우도 있었다. 시장 효율성을 서베이 조사한 머튼Merton(1987)는 비효율적 가격의 증거를 찾아내는 방법을 여러 가지 제시하였다. 전문가들이 시장을 능가하는 지 여부를 보는 것이 한 방법이다. 투자자들이 증권회사로부터 투자종목 추천서비스를 받는 경우 만일 특정 주식이 저평가되어 있는 판단이 일종의 착각이라면, 투자종목 추천서비스는 아무 쓸모가 없게 된다. 증권회사 추천 종목이 시장을 능가하는가? 예, 그렇긴 하지만- 거기엔 많은 잡음 noises이 끼어 있다.

1986년 6월 월스트리트저널과 잭스 인배스트 리서치는 그러한 추천서비스의 가치를 공동연구하기 시작했다. 증권회사 애널리스트로부터 추천받은 종목의 실적을 추적하여 다우존스지수 및 S&P500 지수와 비교한 결과를 3개월 단위로 발표했다. 월스트리트 저널과 잭스 연구에 포함된 몇몇 증권회사는 월 단위"매수buy"주식목록을 발표한다. 그러한 목록을 발표하진 않지만, 모든 주식에 등급을 매겨 의견 표명하는 증권회사도 있다. 등급의 전형적 범위는 강력매수를 나타내는 "1"에서 강력매도를 나타내는 "5"까지 있다.

상기의 연구는 약15개 증권회사에서 추천된 주식을 언제든 한꺼번에 추적하는 방식을 취하였다. 지방의 증권회사, 특정 지구의 증권회사, 전국규모의 증권회사들이 포함되어 있었다. 시간이 흐름에 따라 조사대상 증권회사 중 일부는 합병되거나 영업폐지로 인하여 실체가 바뀐 경우도 있었다. 다음은 추천된 주식의 평가절차를 보도한 1990년 월스트리트저널의 기사이다.

"투자자는 강력 추천된 주식모두를 매수하며, 설사 보유 혹은 약한 매수로 지정된 것이라도 나머지 모든 주식을 매도한다는 것이 본 연구에서의 가정이다. 동일 액수를 각 주식에 투자하며, 포트폴리오들에 대한 재평가를 월단위로 하여 제반 금액을 동액으로 유지하도록 한다. 모든 매수 및 매도는 매월 마지막 거래일에 한다. 실적을 시장지수와 비교하는 것이 대부분의 경우 용이하다. 배당금은 실적에 포함되며, 수수료와 세금은 없은 것으로 가정한다."

월스트리트 저널/잭스 연구는 흥미로운 교훈을 제공해준다. 30개월의 연구기간이 지난 후, 돌프만 기자는 **"투자수익률 면에서 대형 증권회사의 추천종목이 평균적으로, 전체로서의 시장을 앞서가지 못했다."**는 글을 올렸다.

행동재무론의 견해를 따르면, 자본시장은 이론적으로도 효율적이라고 기대할 수 없다는 것이다. 오히려 효율적 시장으로부터 체계적으로 어긋나는 현상이 장기간에 걸쳐 유지될 수 있다고 주장한다. 효율적 시장 관점에서 보면 이상현상이라고 간주되던 많은 실증들도 행동재무는 제대로 된 현상이라고 설명한다. 행동재무론자들은 증권가격 예측이 가능함을 실증자료를 통해 확인하고 있다. 효율적 시장가설(EMH)의 이론적 근거는 다음의 세 가지 주장에 의존한다(정종락, 2003).

첫째, 투자자는 합리적이며, 증권의 가치를 합리적으로 평가한다.

둘째, 한 발 양보하여도 투자자 중 일부는 합리적이지 않을 수 있지만, 이들의 거래는 무작위로 발생한다. 따라서 이들의 비합리적인 가격평가는 서로 상쇄되어 시장가격에는 영향을 미치지 않는다.

셋째, 투자자의 비합리적인 성향이 어느 정도 체계적으로 발생할 수는 있다고 한 단계 양보하여도 이런 비합리적인 성향이 가격에 미치는 영향은 시장에 존재하는 합리적인 차액거래자에 의해 즉각 제거되고 만다고 한다.

그러나 우선, 사람들이나 투자자가 일반적으로 완전히 합리적이라는 주장은 설득력이 약하다. 투자자가 정보가 아닌 소음 noise에 근거해서 거래하거나, 현재의 혹은 아주 최근 자료에 근거해서만 의사 결정하는 경향이 있다. 개인은 불확실한 결과에 대한 예측에서 베이지안 법칙(베이즈정리)이나 확률이론의 법칙에 반하여 행동하고 있다. 증권투자에서도 대개는 최근에 벌어지는 일시적인 현상을 보고 이런 현상이 미래에도 그대로 이어지리라는 판단을 한다. 호황이 오면 마치 주가에는 천정이 없는 듯 행동하고 불황이 닥치면 주가에는 바닥이 없다고 믿고 행동하는 듯 하다. 현재의 정보에 과다하게 가중치를 두고 판단하는 이러한 현상에 '**과잉반응가설**'이라는 명칭이 부여되었다. 투자자들의 실제 행동으로부터 볼 수 있는 이런 증거는 빙산의 일각일 뿐이다. 경제적 합리성 원칙에 어긋나는 투자자의 행동은 생각보다 크게 만연되어 있고, 이는 아주 체계적인 것으로 밝혀지고 있다.

커네만-리패(1998)에 의하면, 사람들은 여러 기본 분야의 표준적인 의사결정모형에서 벗어나 행동을 하고 있다고 한다. 예컨대, 개인들은 '폰 노이만-몰겐스턴'의 합리성 법칙에 따라서 투자를 평가하지 않는다. 위험의 회피보다는 오히려 손실회피loss aversion의 성향을 나타내고 있다. 그러므로 위험회피모형보다는 손실회피모형이 재무의 여러 가지 이례적인 문제들을 올바르게 사고하는데 도움이 될 수 있다고 주장한다. 예컨대, 손실회피 개념은 투자자가 원금을 잃은 경우에 왜 그토록 매도를 꺼리게 되는지를 잘 설명해준다.

3. 행동적 현상의 확산 정도

인간행동에 기반을 둔 심리적 현상들이 재무이론의 주요 분야인 포트폴리오이론, 자본자산가격결정론, 기업재무론, 옵션가격결정 등에서도 중요한 역할을 하고 있다. 이들 분야는, 노벨경제학상이 수여된 재무경제학의 분야에 해당된다. 현재까지, 재무분야에 공헌한 업적을 인정받아 두 차례의 노벨상이 5명의 수상자에게 수여되었다.

1990년 마코위츠, 밀러, 샤프가 첫 번째로 공동수상했다. 마코위츠는 포트폴리오이론을 발전시켰고, 밀러는 기업재무론의 기초를 정립했으며, 샤프는 자본자산 가격결정모델을 발전시킨 공로가 각각 인정되어 노벨상수상자로 선정되었다. 1997년 노벨상위원회는 자본자산 가격결정이론을 발전시킨 공로로 숄츠와 머튼을 노벨상수상자로 결정했다.

과거에는 복잡 미묘한 인간 행동에 관한 심리학은 효율적자본시장이론이나 현대 포트폴리오이론과는 별 상관이 없었다. 왜냐하면 효율적시장하에서는 어디서나 정보가 널려 있고 투자자들이 즉시 이성적으로 가격을 책정할 수 있기 때문에 구태여 복잡한 인간 행동을 따져볼 필요가 없기 때문이다. 그러나 돈과 인간의 관계보다 더 감정적인 관계는 없다. 우리는 금전적인 문제에 관해 감정적이고 비논리적인 양상을 보일 때가 많다. 효율적시장이론은 너무나 오랫동안 유일한 가치로 인식되어왔기 때문에, 주식시장에서 심리학을 거론하는 일은 고작 생색내기 수준으로 다루어졌다. 하지만 1985년경 이후부터 재무 및 금융 문제를 인간행동에 접목시켜 다루기 시작하는 혁명적 움직임이 일어났다. '행동재무학' 또는 '행동경제학'이라 불리우는 학문 분야는 경제학 재무학 심리학 등의 복합학문적 특성을 띄고 있다. 우리나라에서도 이 새로운 학문은 이제 대학가의 상아탑으로부터 내려와, 전문투자자들 뿐 아니라 일반투자대중들 사이에서도 홍미진진한 대화의 주제가 되기 시작했다.

4. 숫자-한 개-뽑기 게임

전문가들은 특정한 오류를 범하는 경향이 있다. 오류의 영향이 미미한 경우도 있지만 치명적인 경우도 있다. 전문가들이 타인의 오류뿐만 아니라 자신의 오류도 인식하도록 행동재무학의 도움을 받을 수 있다. 전문가들은 둘 다 중요하다는 사실을 이해할 필요가 있다. 여기에 일종의 게임이 있다. 요점을 명확히 하도록 설계되었으며, 그 명칭은 "숫자-한 개-뽑기 게임"이다.

1997년 4월 영국 경제일간지 파이낸셜 타임스Financial Times는 경제학자 탈러의 제안에 따라 이 게임을 경연대회 형태로 개최하였다. 이 신문은 대회우승자에게 런던과 뉴욕 혹은 시카고 사이의 '브리티시 에어웨이'British Airway 왕복비행기표 2매를 준다고 발표했다. 0과 100사이의 정수를 선택한 독자들 중에서, 평균값의 3분의 2에 가장 근접한 수를 선택한 독자가 우승자가 된다. 경연 내용에 대한 독자의 이해를 돕기 위해 간단한 예가 이 신문에 게재되었다.

"보기 : 대회참여자가 5명이고 이들이 각각 10, 20, 30, 40, 50 숫자를 선택했다고 가정한 경우, 평균값은 30이다. 30의 3분의 2는 20이다. 20을 선택한 사람이 우승자가 된다."

'숫자－한개－뽑기 게임'에서 중요한 사항은 무엇인가? 여러분이 경기에서 우승하려면, 다른 사람들이 어떻게 행동하는지를 알아야 한다는 점이 중요하다. 앞의 예에서 20이 승리자의 선택이므로, 대회 참가자 모두가 20을 선택할 것이라고 당신이 추측했다고 해보자. 이 경우 당신은 20의 3분의 2에 가장 근접한 정수 14를 선택해야 한다.

그러나 당신이 잠시 재고해보니, 다른 대다수 참가자들도 이와 비슷한 생각을 하고 있어서 아마도 모두가 14를 선택할 것으로 판단하였다고 해보자. 이 경우, 당신의 최선의 선택 숫자는 10이다. 그리고 당신이 이처럼 계속적으로 생각하고 또 생각한다면, 종국적으로 선택하는 숫자는 1이 될 것이다. 그리고 모든 사람이 이런 식으로 또한 생각한다면, 우승 숫자는 정말 1이 될 것이다.

그렇지만, 정상적 집단의 경우, 높은 교육을 받은 사람들의 집단이라도, 우승숫자가 1이 되진 않을 것이다. 두 대륙간 왕복 비행기표를 상품으로 내건 파이낸셜 타임스 경진대회에서, 우승한 숫자는 13이었다. 만일 참가자 모두가 1을 선택했다면, 아무도 선택행위를 잘못한 사람이 없게 된다. 만일 13이 우승 숫자라면, 대다수 사람들의 선택행위가 잘못되었음을 의미한다. 센스 있는 참가자가 되려면 다른 참가자들이 범하는 오류의 규모에 대한 감각을 지녀야한다는 것이 이 게임의 진짜 요체이다. 앞의 게임은 세 가지 행동재무학의 주제 중 두

개를 예시한 것이다.

사람들은 의사결정과정에서 오류를 범한다. 이러한 오류로 인해 증권가격이 무오류상황에서 결정되는 가격과 차이가 생긴다. 그롬퍼와 매트릭(1998)의 연구에 의하면, 1980년과 1996사이에 기관투자자의 소유비중과 주식의 집중현상이 눈에 띄게 증가했다. 이러한 변화로 인해 소수집단의 사람에 의한 실수가 시장에 미치는 잠재적 영향력이 확대되었다. 다음의 예에서 보는 바와 같이, 전문가들은 위험을 무릅쓰고 '숫자-한 개-선택 게임'의 교훈을 무시한다.

미국의 롱텀케피털 매니지먼트(LTCM : Long Term Capital Management)사건을 살펴보자. 이것은 일종의 헤지 펀드hedge fund로서 1998년 2분기 동안 상당한 인기를 얻었다. LTCM의 파트너 중 3인은 -살로먼 브러더즈Salomon Brothers에서 고정수익 차익거래arbitrage의 개척자였던 머웨터Meriwether, 노벨상수상자인 숄즈Scholes와 머튼Merton-아주 잘 알려진 인물이다. 1997년 말 현재, LTCM은 70억$를 넘는 자본을 보유하고 있었다. 그러나 1998년 LTCM의 자본이 70억$에서 40억$으로 줄어들면서, 재앙이 닥쳐오기 시작했다. 그해 9월 뉴욕의 연방준비은행FRB은 사모私募 펀드 구제계획을 마련하였다. 14개 주요 은행과 증권 중개기관들이 LTCM지분의 90%와 교환조건으로 총 36억$를 각출하였다 사태가 극도로 악화된 것은 분명했다.

사실, 많은 일들이 잘못된 방향으로 진행되었지만 특히 다음 예는 문제발생의 원인을 조명해준다. LTCM은 로얄 덧치 석유Royal Dutch Petroleum와 셀 운송무역Shell Transport and Trading은 로얄/셀 지분을 공동 소유했다. 두 개 회사에 대규모 포지션을 갖고 있었다. 로얄 덧치 석유와 셀 운송무역의 주식은 런던증권거래소 LSE와 뉴욕증권

거래소 NYSE에서 거래되고 있었다. 프르트와 퍼롤트(1996)의 사례연구에서 지적된 바와 같이, 두 회사를 연결하는 협정문은 로얄 덧치/셸의 현금 흐름액의 분배 비율을 둘 사이에 60/40로 규정하고 있다. 아마도, 이 규정으로 인해 두 회사간의 주식의 거래비율이 고정되었으리라 짐작된다. 이론상, 로얄 덧치의 주식시세는 셸 운송무역 주식시세의 1.5배가 되어야 할 것이다. 그러나 한 개－숫자－뽑기 게임과 마찬가지로, 실제의 시가는 무오류상황에서 결정되는 시가와 전형적으로 괴리되어 있다. 흥미롭게도, 셸 운송무역주식은 전통적으로 로얄 덧치와 동등한 가격으로 거래된 것이 아니라 18% 할인된 가격으로 거래되어 왔다. 할인율이 18%를 넘어서자, LTCM은 두 가지 주식을 쌍으로 매매했다. 셸 운송무역에 대해서는 매입 포지션을 취했고, 로얄 덧치에 대해서는 할인율이 전통적 가치로 회기하면 단기적 이익이 실현이 될 것으로 예상하면서 매도포지션을 취했다.

그러나 LTCM은 '한 개－숫자－뽑기 게임'에서 1을 선택한 사람과 동일한 운명에 처하게 되었다. 이것은 이긴wining전략이 아니었다. 1998 9.9 일자 비즈니스위크 Business Week지의 보도에서 본 봐와 같이, 할인율이 축소된 게 아니라 오히려 확대되었다. LTCM에 대한 얘기가 여기서 끝난 것은 아니다. 이러한 헤지 펀드의 경험들이 행동현상에 대해 많은 사례를 제공해주고 있다.

5. 행동재무학의 발전과 역사

심리학자들의 연구성과가 경제학자들의 관심을 끌게 되자 행동재무학의 싹이 트기 시작했다. 본서에 서술된 많은 인간행동에 관련된 개념들은 1982년 카네만 · 슬로빅 · 트베르스키 3인의 편저서에 소개되어 있다. 이들 학자의 연구 성과가 행동주의 재무학 분야의 중심에 서있다.

슬로빅은 위험에 대한 잘못된 인식을 강조한 바 있으며, 일찍이 그는 행동적 개념과 재무의 관련성을 주목하여, 두 개의 논문에서 이를 다루었다.

첫 번째는 주식중개인에 대한 것으로, 1969년 Journal of Applied Psychology 저널에 발표했고, 두 번째는 재무분석가와 개인투자자에 대한 것으로 1972년 Journal of Finance 저널에 발표했다.

한편, 트베르스키와 카네만(T/K)은 재무분야에 심대한 영향을 미친 두 개의 논문을 발표했다. 1974년 사이언스 Science 학술지의 논문에서 '휴리스틱에 의한 편향'을, 1979년 이코노매트리카 Econometrica 학술지의 논문에서 '프레임 의존성'을 다루고 있다.

T/K의 두 개 논문은 사적통제와 저축행위에 대한 탈러 등의 공동연구, 그리고 "배당퍼즐"에 대한 스태트만 등의 공동연구에 깊은 영향을 주었다. 배당퍼즐의 문제를 다룬 이 논문은 1984년 Journal of Financial Economics 저널에 발표되었다. 배당퍼즐이란 피셔 블랙이 부여한 명칭이다. 그는 전통재무학의 한계를 본 후, 행동주의 재무학의 발전을 적극 지지하였다. 미국재무학회 회장으로서 그는 행동재무분과를 새로 만들었다.

행동 재무분과에서 발표된 논문 중 두 편이 1985년 7월, Journal of Finance 저널에 게재되었다. 카네만 · 슬로빅 · 트베르스키의 논문은 카네만의 대표성(익숙성) 개념을 시장가격결정문제에 적용하였다. 이들의 주장에 의하면, 투자자는 좋은 뉴스(호재)와 나쁜 뉴스(악재) 양쪽 모두에 과잉반응한다. 따라서, 과거 주가가 하락했던 주식은 과소평가되며, 과거 주가가 상승했던 주식은 과대평가된다고 한다.

스태트만과 쉐프린은 카네만과 트베르스키의 프레이밍 개념을 손실의 실현 문제에 적용하였다. 투자자들은 주가가 하락된 손실주식을 너무 오랫동안 보유하려고 하며 또한 주가상승으로 이득을 본 주식은 지나치게 빨리 매각하려는 경향이 있다고 한다. 이런 현상을 기질효과 disposition effect라고 한다. 이 두 논문은 행동재무학의 함의를 바라보는 길을 달리 규정하는 바, 하나의 흐름은 증권가격에 그리고 다른 하나는 투자자의 행동에 초점을 두고 있다.

사실상, 행동주의적 관점은 조직화된 일단의 지식을 한동안 이미 실시되어 온 어떤 거래접근방식에 집중시켰다. 드봉과 탈러의 논문은 가치투자에 대한 것으로, 1934년 발표된 그래함과 도드의 '증권분석'에 이 개념이 처음으로 서술되어 있었다. 1970년대 말 머니매니저인 드래만은 가치측정치로 주가수익비율 P/E을 주창하면서 유명해졌다.

자본자산가격결정모형 CAPM과 효율적시장이론에 따라서 시장수익률이 결정된다는 견해와 상반되는 실증적 결과들이 1980년대에 많이 발견되기 시작하였다. 전통 재무론의 지지자들은 이러한 연구결과물은 이례적인 것이며, 이들을 아노말리로 명명하였다. 이러한 아노말리는 규모size 즉 소기업 효과에서 시작하여- 계속 나타나고 있었다. 곧 1월 효과, 주말효과, 그리고 공휴일효과가 나타났다. 새로운 아노말리가 계속 발견되면서, 학자들은 전통적 재무이론이 증권가격의 결정 요인에 대한 설명 능력이 없는 것이 아닌지 의문을 가지기 시작하였다.

6. 전통재무학의 반응

행동재무학과 전통재무학은 세 가지 주제에 대한 관점에 대하여 큰 차이를 보인다. 그렇다면 전통재무학의 지지자들은 어떤 반응을 보이는가? 우선 프레임 의존성에 대한 반응부터 살펴보자. 1985년, 배당퍼즐에 대한 스태트만과 쉐프린의 공동 논문이 발표된 지 1년 후, 시카고 대학교는 행동재무학을 주제로 한 컨퍼런스의 스폰서가 되었다.

노벨상 수상자인 밀러와 모디글리아니는 전통적 배당이론을 발전시켰다. 시카고 컨퍼런스에서 밀러는 스태트만과 쉐프린 접근법을 논의하였다. 밀러는 아마도 스토리가 흥미롭겠지만, 많은 흥미로운 스토리들 중 하나인 그 자신의 안트 미니Aunt Minnie 스토리에 스태트만과 쉐프린의 접근법이 적용될 수 있을 것이라고 인정했다. 그러면서도 실제로, 밀러는 다음과 같은 주장을 했다. "지나치게 흥미로운 제반 스토리들이 학자들의 주의력을 다른 곳으로 흐트러지게 해서 시장의 기본적 동인을 식별하지 못하게 하였다." 그는 컨퍼런스의 발표논문집에서 이 주장을 반복하였다.

미국 역사상 최대 지방자치단체 파산 사건이 오렌지 카운티에서 발생하였다. 무엇이 오렌지 카운티의 재정을 파탄상태로 몰아갔던 것인가? 행동적 측면의 편향에서 그 원인을 찾아볼 수 있다. 이 사건은 미국 최대증권사인 매릴린치Merrill Lynch 및 기타 많은 사람이 연루된 소송사건으로 비화되었다. 밀러는 소송사건에서 매릴린치의 입장의 옹호자로 활동했다. 1997년 논문에서, 밀러와 로스는 파산사태를 전적으로 피할 수 있었다고 주장했다. 그들의 주장이 아마 옳을 수도 있다. 그렇지만, 파산사태는 실제로 발생했던 것이며 – 주로, 일련의 행동적 측면의 편향 때문에 발생했다는 것이 쉐프린(2000)의 견해이다. – 적어도 우리의 목적이 금융시장에 관련된 주요사건들의 이해에 있다면, 그러한 편향들이 지나치게 주의를 딴 데로 돌린다고 보지는 않는다.

실로, 행동적 측면의 현상들은 도처에서 발견되고 있으며 밀접한 관련성이 있다. 이를 명확히 하기 위하여 본서에서 사례들을 활용하고 있다. 재무적 의사결정자들의 행동적 현상은 도처에서 목격되고 있으며, 휴리스틱 – 편향과 프레임 효과는 높은 비용을 수반하기 때문에 의사결정과 밀접한 관련성이 있다.

1987년 시장 효율성에 대한 문헌조사를 행한 머튼(1987)는 1965년 사무앨슨 논문부터 검토한 후, 주식시장의 변덕성에 대한 쉴러(1981) 연구에서 제기된 과제, 드봉 – 탈러의 과잉반응효과, 손실실현에 대한 스태트만과 쉐프린의 처방 등을 다루었다. 그 당시, 머튼은 시장의 효율성에 반하는 증거는 "미성숙 상태"에 있다고 기술했다. 그는 쉴러 연구 틀의 기술적 난이성, 드봉 – 탈러 연구에서 보고된 통계적 효과의 미약성, 드봉 – 탈러의 처방과 스태트만과 쉐프린 처방 사이의 명백한 모순점을 지적하였다.

머튼이 1987년도 그의 논문에서 시장의 효율성을 부인하기엔 시기상조라고 한 것은 아마도 당연했었다고 본다. 그렇지만, 1987년 이래, 학자들은 불안정성, 과잉반응, 손실실현을 포함한 현상에 대하여 많은 연구를 수행했으며, 머튼이 제기한 이슈들 중 일부를 해결하였다. 예를 들어, 1998년 논문에서 오딘은 손실실현 종목에 대한 스태트만과 쉐프린의 주장을 확인했다. 또한 오딘은 투자실적에 관한 연구에서 드봉 – 탈러 효과와 상치되는 증거를 발견하지 못했다.

머튼이 깊이 관여했었던 LTCM 사건의 경험은 시장의 효율성에 대한 확신으로부터의 변화 조짐을 시사한다. 그렇지만, 시장효율성의 부정이 행동재무학의 교훈 모두에 대한 수용과 동일한 의미는 아닐 것이다.

아직도, 시장의 효율성 신념에 끈질기게 집착하는 사람들이 일부 있다. 효율적 시장가설에 관한 선구적 연구자인 파마(1998)는, 행동재무학에서 제기한 시장효율성의 도전들에 대하여 보다 최근의 서베이 연구 결과를 작성했다. 그는 1998년 시카고대학교 대학원의 비즈니스 매거진에 서베이 연구 결과의 일부를 발표했다. "이례적 현상(아노말리, anomalies)의 공격으로부터 살아남은 효율성"이라는 제목이 그의 견해를 요약해주고 있다. 이와 관련하여, 파마는 행동재무학자들을 "아노말리에 분칠하는 사람" 이라는 취지의 발언을 것으로 알려졌다.

파마의 "분칠하기"라는 표현은 두 가지 이슈를 제기해준다.

첫째, 협의의 이슈는 시장이 효율적인지 여부이다. 시장의 비효율성과 행동재무학이라는 특정 사안에 대한 파마의 견해와 관련하여, 증거의 무게가 행동적 관점을 지지하는 쪽으로 기울고 있는 것으로 보인다.

둘째, 단지 시장의 비효율성 보다 재무행위의 행동적 측면에 더 많은 것이 있는지 여부가 넓은 이슈다. 달리 말하면, 만일 시장이 효율적인 경우, 프레임 의존성과 휴리스틱 - 편향은 무가치한 개념인가? 재무전문가나 학자들 어느 쪽도 휴리스틱 - 편향과 프레임 의존성을 무시할 수 없을 것이다. 이러한 편향으로 초래되는 비용은 지나치게 높다.

요 약

증권시장에서 투자자들이 보이는 모든 심리를 욕심greed과 두려움fear 이 두 가지로 설명할 수 있는가? 이와 다른 견해가 있다. 시장심리에 대한 연구결과들에 의하면, 욕심과 두려움의 개념보다 훨씬 더 잘 현상을 설명할 수 있는 용어가 있다. 지난 25년 이상에 걸쳐 심리학자들은 두 가지 중요한 사실을 발견했다.

첫째, 위험에 대한 태도의 주요 결정요소는 욕심greed과 두려움fear이 아니라, 기대hope와 두려움fear이라고 한다.

둘째, 인간이란 원래 실수를 범하는 존재이긴 하지만, 포트폴리오 매니저에서 애널리스트(기업분석가), 자금운용회사간부, 회사의 임원에 이르기까지, 모든 유형의 금융분야 종사자들이 동일한 실수를 반복한다.

행동재무학과 전통재무학은 다음과 같은 한 주제의 취급방식에서 서로 어떻게 다른가?

1. 재무전문가들이 오류를 범하는 이유는 경험률rule of thumb에 의존하기 때문인가? 재무심리학의 대답은 '예'이지만, 전통재무학의 대답은 '아니오'이다. 행동재무학에 의하면 재무전문가들은 '휴리스틱'으로 불리워지는 간편법에 의거 데이터를 처리한다고 한다. "과거실적이 미래에 대한 가장 좋은 예측인자이므로, 과거 5년간의 최고 실적기록을 보유한 뮤츄얼 펀드[3]에 투자 하시지요." 이것은 간편법의 일례

3) mutual fund란 투자자들이 주주로 참여하는 투자신탁 펀드이다.

이다. 휴리스틱(간편법)은 어림잡은 예측으로, 대체로 불완전하다. 그러므로 재무전문직들은 오류에 취약한 편향을 갖고 있다. 제4장 제2절은 휴리스틱-편향heuristics-driven bias을 주제로 다루었다. 전문가들은 통계적 도구를 이용하여 데이터를 적절하고 올바르게 처리한다는 것이 전통적 재무론의 가정이다.

2. 재무전문가들은 실질뿐만 아니라 형식의 영향도 받는가? 형식이란 의사결정 과제의 프레임이나 서술을 의미한다. 객관적인 고려사항에 부가하여, 의사결정 과제의 프레임도 위험과 수익에 대한 전문가들의 지각에 영향을 미친다는 것이 행동재무학의 가정이다. 따라서 프레임 의존성frame dependence을 제4장의 두 번째 주제로 정하였다. 그러나 전통재무학은 프레임 독립성을 가정하는바, 이는 전문가들이 위험·수익에 대한 투명한, 객관적인 렌즈를 통하여 모든 결정을 고려함을 의미한다. 사람들은 내용이 같아도 이를 어떻게 포장하여 제시하는가에 따라 다른 의사결정을 내리는 경향이 있다. 결국 내용이나 실체가 아닌 포장(프레이밍)이 의사결정에 결정적 영향을 미칠 수 있다. 이는 증권투자에도 그대로 적용되고 있다.

3. 의사결정의 프레임과 오류가 시장에서 형성되는 가격에 영향을 주는가? 행동재무학의 주장에 의하면, 휴리스틱-편향과 프레임효과로 인하여 시장가격이 펀더멘털 가치(본질가치)로부터 이탈한다고 한다. 그로 인하여 주식시장이 '효율적이 아닐 수도'inefficint markets 있다. 이와 대조적으로 전통재무학은 시장이 효율적이라고 주장한다. 효율성의 의미는-설사 일부 전문가들이 휴리스틱에 의한 편향 혹은 프레임 의존성의 영향을 받더라도, 개별 증권의 가격은 본실가치와 일치된다-는 것이다

행동재무의 견해를 따르면, 자본시장은 이론적으로도 효율적이라고 기대할 수 없다는 것이다. 오히려 효율적시장 으로부터 체계적으로 어긋나는 현상이 장기간에 걸쳐 유지될 수 있다고 주장한다. 효율적시장 관점에서 보면 이상현상이라고 간주되던 많은 실증들도 행동재무론자들은 제대로 된 현상이라고 설명한다. 행동재무는 증권가격 예측이 가능함을 실증자료를 통해 확인하고 있다. 드봉, 탈러, 카네만 · 슬로빅 · 트베르스키, 쉐프린 , 스태트만 등은 행동주의 재무학 분야 연구에 지대한 영향을 미친 학자들이다.

제8장 행동회계와 기능적 고착

1. 고착현상의 본질

인간은 어떤 사물이나 문제에 대하여 한 방향으로 계속해서 생각하다 보면, 그 방향으로 생각이 굳어져 다른 방향으로 사물이나 문제를 바라보지 못한다 .이러한 현상을 가리켜 기능적 고착이라고 한다. 이로 인하여 문제 해결상의 오류가 발생한다.

기능적 고착현상은 심리학적 현상에서 파생된 것이나 회계학에서는 심리학과는 약간 다른 측면에서 이를 파악하고 있으므로 기능적 고착현상의 본질을 심리학적 측면과 회계학적 측면으로 나누어 살펴보기로 한다. 즉 회계에 있어 기능적 고착은 회계정보이용자가 회계자료를 생성하는 회계과정에 변경이 있는 경우, 이에 따라 의사결정과정을 수정하지 못하는 현상을 말한다. 이러한 현상은 심리학에서 근거를 찾을 수 있으나 회계에서의 기능적 고착은 심리학과는 다른 측면에서 검토되어 왔다. 행동회계(행동과학회계 : behavioral accounting) 연구의 한 가지 토픽으로서 기능적 고착 개념이 국내에서도 연구되어 왔다.

심리학에서의 기능적 고착

심리학에서 기능적 고착은 과거의 경험이 인간의 행동에 미치는 영향을 설명하는 하나의 현상으로 인식되고 있는 바, 일찍이

Maier(1945)는 직전의 문제해결이나 과거의 경험에 내재한 동질성 equivalence이 새로운 문제해결에 도움을 줄 수 있다고 하였다. 모든 심리학자들이 과거의 경험을 긍정적 요인으로 본 것은 아니었다. 예컨대 Dunker(1945)는 과거의 경험의 부정적 역할 즉, 과거의 경험이 문제해결에 방해가 된다는 기능적 고착의 개념을 도입하였다. 특정한 사물을 특정한 목적으로 활용해본 경험을 가진 사람이 있다고 해보자. 그가 새로운 방법으로 그 사물을 활용하여야만 해결할 수 있는 새로운 문제에 직면해 있는 경우가 종종 있다. Dunker 는 과거의 사용경험이 당해 사물의 새로운 활용방법의 발견을 억제한다는 가설을 설정, 이를 검증하였다. 그의 연구결과는 상자, 추 혹은 종이 클립과 같이 일상적으로 사용하는 사물에 대해 기능적 고착 현상이 존재한다는 가설을 뒷받침하였다. 그러나 Birch and Rabiowitz (1951)는 사물에 대한 하나의 용도를 습득하는 것이 당해 사물의 다양한 활용을 제약하지만, 사람은 사물의 다양한 용도를 습득할 수 있으므로 고착의 정도는 낮다는 주장을 검증하였다. Flavell, Cooper and Loisell(1958)의 연구도 이러한 주장을 뒷받침하였다.

그렇지만, Dunker의 실험을 보다 정교하게 다듬어서 기능적 고착 가설을 지지했던 다른 심리학자들도 있었다. 즉 Adamson(1952)은 두 집단의 피험자들로 하여금 책상, 상자, 성냥, 못 등을 이용하여 5피트 높이에 있는 스크린에 세 개의 초를 부착하도록 하였다. 실험집단의 피험자에게는 상자의 본래 기능대로 사물들을 상자 안에 넣어 제시하였으며 통제집단의 경우에는 사물들을 책상위에 놓아 제시하였다. 이 과업은 상자마다 초를 녹여 붙인 후에 스크린에 상자를 못으로 부착시키면 달성할 수 있다. 이 연구는 초를 부착시키는 판으로 상자를 활용하는, 상자의 새로운 용도를 연구대상으로 한 것이다. 연구결과에 의하면 통제집단이 문제해결의 건수나 소요시간 면에서 실험집단보다 우수하였다. 이는 실험집단이 상자가 가지고 있는 용기로서의 기능에 고착되었기 때문이라는 것이다.

Adamson and Taylor(1954)는 전기스위치, 전기연결장치 등을 제공하고 피험자들로 하여금 천정에 서로 멀리 떨어져 매달려 있는 두 끈의 끝을 서로 붙잡아매도록 하였다. 실험이 시작되기 전에 피험자들의 반은 전기스위치를 이용하고, 다른 반은 전기연결장치를 이용하여 전기를 연결시키는 실습을 실시하였다. 피험자들은 무게가 있는 전기스위치나 전기연결장치를 끈의 한쪽 끝에 매달고 이를 추처럼 흔들면서 다른 끝을 잡은 후에 두개의 끈을 서로 잡아매는 과업을 수행하였.다. 이 연구는 전기스위치나 전기연결장치와 같은 무게가 있는 것을 추로 활용하는지 여부를 연구대상으로 한 것이다. 전기를 연결하는 실험 전 실습에서 전기스위치를 활용한 피험자들은 과업수행에서 전기연결장치를 추로 사용한 반면에, 전기연결장치를 활용하여 실습한 피험자들은 전기스위치를 추로 사용하는 것으로 나타났다 .이 연구결과는 기능적 고착현상에 대한 가설을 뒷받침하였다. 이러한 고착현상은 일련의 다른 실험에서도 보고된 바 있다.(Glucksberg and Danks, 1967; Luchins and Luchins, 1968). 기능적 고착현상을 검토한 연구들은 사물을 직전에 사용한 이후 경과된 시간, 문제의 해결을 위하여 사물의 새로운 활용방법이 필요한 정보, 힌트, 지능 등을 고착현상의 발생정도에 영향을 미치는 요소로 제시하였다(Adamson and Taylor, 1954 : Saugstad and Raaheim, 1960).

회계학에서의 자료적 고착

심리학에서의 기능적 고착 function fixation이란 사람들이 하나의 명칭 또는 대상에 하나의 의미만을 부여하고, 다른 대체적인 의미 또는 용도를 알지 못하는 인간행동의 현상을 의미한다. 간단히 말해서 사람들은 어떤 대상에 하나의 기능만을 고착시킨다는 것이다. 기능적 고착을 회계에 적용하기 시작한 것은 이지리 등 Ijiri, Jaedicke and knight은 어떤 조건하에서 사람들이 회계처리절차의 변경에 대응하여 의사결정과정을 변경할 수 없는지를 연구하면서 시작되었다. 이들은 의사결정자가 회계처리방법의 변경에 대응하여 자신의 의사결정과정을 변경시키지 못한 이유를 기능적 고착현상으로 다음과 같이 설명하였다.

"심리학자들은 사람들이 하나의 명칭 또는 대상(예 ; 제조원가)에 하나의 의미를 고착시키고, 다른 대체적인 의미 또는 용도를 알지 못하는 '기능적 고착'현상이 대부분의 인간행동에서 나타남을 발견했다. 사람들은 과거의 경험을 통하여 객관적으로 특정 항목(대상)에 대하여 특정 가치(의미)를 연상하지만, 특정 항목의 가치는 사실상 특정 시간에 따라 다르고, 과거의 가치와는 상당히 다르다는 점을 흔히 인식하지 못한다. 따라서 새로운 환경에 처할 때 사람들은 이전에 익숙했던 대로 대상 또는 항목을 바라보게 된다."

이들은 이 개념을 회계에 적용하여, 다음과 같이 확장시켰다.

"만일 각기 다른 회계처리방법으로부터 도출된 회계 산출물이 이익, 원가 등과 같은 동일한 명칭으로 불리어진다면, 회계를 잘 이해하지 못한 사람들은 회계 산출물을 작성하기 위하여 대체적 회계처리방법들이 적용되어 왔다는 사실을 간과하는 경향이 있다. 이러한 경우에 회계처리방법의 변경은 의사결정에 분명히 영향을 미친다."

이지리 등의 제안에 따라 많은 회계연구자들이 대체적인 회계처리기법의 영향을 기능적 고착개념을 이용하여 설명하였다. 심리학상의 기능적 고착과 이지리 등이 설명한 회계학상의 고착의 초점은 서로 다르다. 기능적 고착은 초점이 기능functions에 있으나 회계학상의 고착은 산출물outputs 혹은 자료data에 초점을 둔다.

두 가지 고착간의 차이를 재고자산의 평가에 적용하여 보자. 심리학상의 기능적 고착은 의사결정자들이 재고자산의 평가 자료를 가격결정과 같은 한 가지 활용방법에만 익숙하다보니 생산결정과 같은 자료의 다른 활용방법을 인지하지 못한다는 것이다. 회계학상의 고착은 의사결정자들이 회계시스템의 산출물(예 ; **당기순이익**)에 고착되어 재고자산 평가방법의 변경에 따른 산출물의 변화를 인식하지 못했다는 것이다. 이는 심리학자들이 기능이나 사물에 대한 고착에 관심을 가지는 반면에 회계학에서는 자료의 고착에 관심을 가지고 있음을 나타낸다.

애스톤에 의하면 회계학상의 고착은 심리학상의 고착이 수정된 형태로서 대부분의 회계학상 고착현상의 연구는 수정된 고착형태를 대상으로 하였다 따라서 벨카우이(1989)는 사물을 이용하여 간단한 과업을 수행함에 있어서 나타나는 사물의 기능에 대한 고착을 '기능적 고착'functional fixation으로, 회계시스템의 자료(산출물)를 이용하여 복잡한 과업을 수행함에 있어 나타나는 자료에 대한 고착을 '자료적 고착'data fixation으로 분류하였다.

2. 고착현상의 발생원인

고착의 원인을 설명하는 배경적 이론으로 프로스펙트이론prospect theory, 조건화가설conditioning hypothesis, 방해이론interference theory, 초두효과 대 최근효과 이론primacy vs recency theory등이 제시되고 있다.

프로스펙트이론

프로스펙트이론에 의하면, 동일한 의사결정 문제라도 이를 다르게 파악시키면(즉 의사결정상황을 어떻게 기술하는가 하는 틀을 짜내는 것에 따라), 지금껏 밝혀진 심리학적 원칙 즉 의사결정 문제를 지각하고 확률 및 결과를 평가하는 원칙에서 예상되는 선호와는 다른 선택행동을 예측할 수 있다는 것이다. 이는 곧 합리적 선택이론에 경종을 울리는 것인데 카네기만과 트베르스키는 의사결정문제의 구성에 따라 선호가 뒤바뀌는 경우에 해당하는 많은 예를 들었다. 전통적 기대효용이론을 대신하는 이 이론에 의하면, 불확실한 결과의 가치는 확률의 단조함수인 의사결정가중치 π(p)와 곱해져 산출되는바 결국 이들 가중함수인 π가 가치함수인 v의 비선형적 특성 때문에 상이한 틀framing이 상이한 선택을 야기 시킨다는 것이다. 즉 여기서 비선형성이란 인간의 선택행위가 의사결정의 틀이 어떤 식으로 구성되는가에 따라 민감하게 달라질 수 있다는 의미로 해석된다.

또한, 그들에 의하면 의사결정의 틀은 의사결정의 대상이 되는 문제나 그 구조에 대한 의사결정자의 개념을 의미한다. 즉 의사결정문제와 관련된 행동, 결과 및 환경에 대한 의사결정자의 개념이라고 정의될 수 있다. 의사결정자의 관점은 문제의 형성뿐만 아니라 의사결정자의 규범, 습성 및 개인적 특성에 의하여 영향을 받게 된다. 따라서, 의사결정 과업의 형성뿐만 아니라 의사결정자의 규범, 습성 및 개인적 특성이 의사결정의 틀에 영향을 미치고 나아가서 기능적 고착이나 자료적 고착을 야기한다는 것이다.

조건화 가설

원래의 조건화이론은 학습learning과정에 관련된 고전적 조건화classical conditioning와 작동적 조건화operant conditioning개념에서 찾을 수 있다(이학종, 1987).

스털링은 회계정보이용자들이 제공되는 회계정보에 대하여 반응을 보여야 한다는 느낌을 받았을 뿐만 아니라, 다른 이용자들이 반응을 나타내는 것을 관찰하게 됨에 따라 회계정보에 반응하도록 조건화되었다고 설명하였다.

레브신은 이용자들이 자료에 대한 고착현상을 발생시키는 과정을 두 가지 단계로 나누어 설명하였다. 첫 번째 단계는 잠재적인 이용자들이 기업회계기준과 이를 적용한 재무제표를 학습하고, 나아가서는 기업성과를 평가하는 수단으로 회계자료를 이용한 비율분석과 자금분석을 학습함으로써 이용자들이 공시된 회계정보의 목적적합성과 효용에 조건화된다는 것이다. 두 번째 단계는 이러한 조건화가 반복적인 재무보고의 공시에 의하여 계속적으로 강화된다는 것이다.

대부분이 회계학 전공 학생으로 구성된, 실험의 피험자들이 어떤 형태의 회계 산출물(예, 원가 혹은 이익)에 반응하도록 조건화되어 왔기 때문에, 공시된 회계변경에 반응하여 자신의 의사결정과정을 수정하지 못했다고 하는 것이 자료 고착현상에 대한 한 가지 설명이 될 수 있을지 모른다. 이러하여 과거의 형태나 사회화 경험 내에서 움직이도록 조건화됨으로서 회계변경에 대한 피험자들의 정확한 반응이 억제된다고 한다. 이러한 조건화현상이 자료고착형태로 나타난다는 것이다.

방해이론

학습이론learning theory에 의하면 과거의 경험은 효과적인 의사결정을 방해하든가 촉진하게 된다. 이에 기초한 학습의 전이가설 Transfer-of-training hypothesis도 학습의 전이가 효과적 의사결정을 촉진하든가 방해하는 영향을 미친다고 주장한다. 과업 1과 과업 2를 학습한 후에 과업 1을 수행하는 경우에, 전이현상이 두 번째 과정의 학습을 촉진하거나, 혹은 두 번째 학습을 방해하는 수가 있을 것이다. 또 두 번째 과업의 습득은 나중에 첫 번째 과업의 수행을 촉진하거나 방해하는 수가 있을 것이다. 이러한 두 가지 효과를 설명하면 다음과 같다.

두 번째 과업의 습득이 처음 과업의 수행을 저해하는 부정적 전이 Negative transfer 혹은 회상적 방해Retroactive interference가 나타나는 경우이다. Kagan and Haveman은 고착현상이 부정적 전이의 대표적인 경우라고 설명하였다.

두 번째 과업의 습득이 첫 번째 과업의 수행을 촉진하는 회상적 촉진Retroactive facilitation이 나타나는 경우이다. 그래노와 마틴 등은 이러한 회상적 촉진현상이 실험에 있어서 피험자에게 제공하는 명목상 자극과 피험자가 인지하는 기능적 자극이 구별되기 때문에 발생한다는 자극기억가설Stimulus encoding hypothesis을 제시하였다. 자극기억가설 하에서는 고착현상이 나타나지 아니한다는 것이다. 하카 등은 시장가치에 의한 의사결정이 적절한 경우에 원가와 이익에 대한 과거의 학습이 고착현상을 초래하는지 여부를 파악하기 위하여 이러한 방해이론과 행동기억가설을 적용하여 검증하였다. 그들의 연구결과는 회계학 과목의 학습이 회계자료를 이용한 의사결정과정을 방해한다는 가설을 증명하지 못하였으나 자극기억가설에 따라 회상적 촉진이 발생하였음을 개략적으로 지지해주었다.

초두효과와 최신효과

고착현상에 대한 회계연구들은 대부분이 수강과목을 통하였거나 실험 전 학습과정을 통하여 회계변경의 성질을 파악한 학생피험자들을 활용하였다. 연구자들은 이러한 피험자들에게 회계변경이 있기 전과 후에 의사결정을 하도록 요구하는 긴장 상태 하에서 실험을 실시하였다. 따라서 학습의 순서learning order가 회계방법에 대한 수용이나 고착현상에 영향을 미칠 뿐만 아니라 긴장상태도 이에 영향을 미친다는 주장이 제기되었다. 이러한 주장은 긴장상태 하에서 생명체는 최초로 학습한 환경에 적절한 행동을 한다는 바르톨과 쿠(1963)의 심리학적 가설에 근거를 두고 있다

벨가우이는 특정한 회계문제에 대해 두 가지 대안들을 학습한 피험자들로 하여금 이와 무관한 문제에 대하여 긴장상태 하에서 의사결정하도록 하였다. 그는 피험자들이 최초로 학습한 방법에 의하여 반응을 나타낼 것이라는 가설을 설정하고 이를 검증하였다. 그의 연구결과는 다음과 같은 몇 가지를 시사해 주었다.

“피험자가 긴장상태에 있는 경우에는 대체적 회계처리방법들의 유용성에 대한 평가를 확인할 수 없다. 긴장상태가 교육환경이나 전문가 환경에서도 발생할 수 있다고 한다면, 회계교육을 받은 의사결정자는 최초로 학습한 회계방법을 활용할 속성을 가진다. 기업이 선택한 회계방법에 대한 이론적 근거는 담당자가 학교에서 학습한 학습순서와 기법에 의하여 강화될 수 있다.”

1946 아쉬의 연구에 의하면, 일련의 순서로 제시된 증거나 특성들 중 초기에 나타난 것이 나중에 나타난 것 보다 인상형성에 더 강한 영향을 미친다. 이러한 패턴을 ‘**초두효과**’라고 한다. 사람들이 서로 간에 인상을 형성하는 경우나, 연속적인 정보의 평가가 포함된 상황에서도 일어난다. 예를 들어 사람들이 논쟁적인 문제의 반대편에서 입장입장을 개진할 때, 초두효과가 때때로 나타난다. 많은 경우 사람들은 문제에 관련된 두 번째 제시내용보다 첫 번째 제시내용에 보다 많은 영향을 받는다. 어떤 경우에는 첫 번째 제시내용보다 마지막 제시내용에 더 영향을 받기도 한다. 이러한 패턴을 ‘**최신효과**‘라고 부른다.

최초의 경험 즉 초두효과primacy effect나 최근의 경험 즉 최신효과recency effect의 유무에 대해서는 서로 엇갈리는 연구결과들이 보고되고 있다. 따라서 호브랜드 등은 이러한 연구결과의 불일치를 초래하는 요인 즉 강화, 힘, 자아관여 혹은 개입 등에 대한 연구를 권장한 바 있다.

3. 지금까지의 연구

고착현상에 대한 회계학 연구는 회계변경이나 대체적 회계방법에 따라 회계자료에 대한 고착현상이 발생하는지 여부에 관한 연구들이 대부분이다. 그러나 최근에는 자본시장에서의 고착현상연구, 회계자료의 활용에 관한 기능적 고착현상연구결과 등도 발표되고 있다.

심리학에서 연구된 기능적 고착을 회계학에 도입한 것은 이지리 등이었다. 이들은 의사결정자가 자신에게 제공되는 의사결정 정보를 산출하는 회계처리과정에서의 변화에 대응하여 의사결정과정을 변화시키지 못할 수도 있는 조건을 분석하였다. 이러한 조건으로 피드백의 결여, 의사결정자의 기능적 고착, 그리고 '덜 구조화된'ill-structured 환경 등을 들었다.

젠센은 투자자의 의사결정에 대체적인 감가상각 방법 및 재고자산 가치평가방법이 어떠한 영향을 미치는지를 살펴보았다. 연구결과 몇몇 피험자가 순이익에 기능적으로 고착된 현상을 나타내었다.

고내데스와 도푸치는 기능적 고착에 관한 이전의 여러 연구들을 종합적으로 검토하였다. 그들은 기능적 고착에 관한 연구결과가 사용된 피험자 유형, 조사한 회계기법의 유형 및 실험자가 피험자의 행위를 설명하기 위해 사용한 의사결정 모형 등에 따라 달라졌다는 점을 파악하였다.

애스톤은 106명의 MBA학생을 피험자로 하여 대체적인 원가계산방법(전부원가계산방법과 변동원가계산방법)이 변경될 때 제품가격 결정에 어떠한 영향을 미치는지를 연구하였다. 연구결과 피험자들이 제품가격결정시 원가에 기능적으로 고착되었다.

창과 버게르그는 44명의 경영대학원 학생들에게 원가표준과 원가차이 보고서를 제시하고 다음과 같은 두 가지 질문에 답하게 하였다. 첫째, 생산 공정의 이상 유무를 조사할 것인지의 여부와 ,둘째 원가차이가 얼마나 커야 조사를 할 것인가 하는 것이었다. 연구결과 원가차이금액을 변화시켰을 때 피험자들은 약한 형태의 기능적 고착현상을 보았다.

이들은 의사결정방법에 약간의 변화가 있는 경우에는 약한 형태의 기능적 고착이라 하고 의사결정방법에 전혀 변화가 없는 경우에는 강한 형태의 기능적 고착이라 정의하였다.

압델-칼릭 및 캘러는 61명이 은행투자담당사원과 증권분석가로 하여금 6개의 회사증권에 대한 투자매력도를 평가하게 하였다.

이 연구는 재고자산평가법을 선입선출법에서 후입선출법으로 변경시켰을 때의 효과를 보기 위한 것이었다. 이 연구에서는 물가가 상승하고 있는 인플레이션 상황이 가정되었다. 따라서 선입선출법에서 후입선출법으로의 변경은 변경 전 보다 낮은 이익을 가져오지만 순 현금수지는 크게 된다. 순 현금수지를 할인하여 투자의사결정을 하는 사람은 이러한 변경 후에 그 증권을 더 높게 평가할 것이다. 회계이익에 기능적으로 고착되어 있는 사람은 이러한 증권을 변경전보다 낮게 평가할 것이다. 연구결과 피험자들은 증권을 평가할 때 순 현금수지보다는 순이익을 계속 사용하여 기능적으로 순이익에 고착되어 있었다.

하카 등은 시장가격이 적절한 반응인 의사결정상황하에서 사람들이 시장가격이 아닌 원가와 이익에 기능적으로 고착된 반응을 나타내는지를 검토하였다. 연구결과는 약 50퍼센트의 피험자가 이익이나 원가자료에 고착된 반응을 나타내었다.

왓츠와 짐버만은 투자자가 기능적 고착현상을 나타낸다는 연구결과를 기계적 가설mechanistic hypothesis과 연관 시켜 논의하고, 투자자가 기능적 고착현상을 나타내는 이유에 대해 두 가지로 설명하였다. 그 하나는, 투자자는 각기 다른 절차를 사용하여 계산한 이익들을 구별하는 데 비용이 많이 들기 때문에 계산하지 않는다는 것이다. 두 번째 설명은 투자자가 비합리적이기 때문에 구별하지 못한다는 점이다.

그들은 일반투자자들이 재무제표에 포함되어 있는 미래현금흐름에 관한 확률분포의 정보를 해석할 정도로 전문화되지 못하였으나, 이러한 일반투자자들이 주가형성에 기여한다고 설명하였다. 이러한 자본시장에서의 기능적 고착가설은 경제적 효과를 수반하지 아니한 회계변경에 의하여 이익자료가 현금흐름과 괴리되며 시장이 이러한 이익자료에 의하여 체계적으로 오도된다는 기계적 가설과 유사하다. 그러나 기능적 고착가설은 회계정보에서 현금흐름에 관한 사항을 파악할 수 있는 전문투자자와 그러하지 못한 일반투자자의 존재를 인정한다는 점에서 일반투자자만을 인정하는 기계적 가설과는 차이가 있다. 이러한 기능적 고착가설이나 기계적 가설은 효율적 시장가설efficient market hypothesis과는 대립된다.

한편 우리나라에서는 박종호, 김선렬, 도보은, 이성규, 박선희 등이 주로 회계변동에 관련된 기능적 고착현상을 연구한 바 있다.

먼저 박종호의 연구에 의하면 회계처리기준의 변경에 대한 기능적 고착의 정도는 분석적인 의사결정자와 덜 분석적인 의사결정자 사이에 차이가 있었지만 통계적으로 유의적인 것은 아니었다. 김선렬은 회계처리기준의 변경에 대하여 실험집단의 피험자의 55%가 의사결정방법을 바꾸지 못하여 기능적 고착이 일어났음을 발견하였다. 노보은은 회계처리기준의 변경이 투자의사결정에 영향을 미치는지 여부에 대한 연구에서, 피험자들은 이익수치에 고착하는 현상을 보고하였다. 이성규(1989)는 우리나라 기업의 감가상각방법 변경정보를 투자의사결정에 이용함에 있어 피험자들이 회계변경 정보를 충분히 반영하지 못했음을 보고하였다. 박선희의 연구에서 피험자들은 투자의사결정을 함에 있어서 재고자산평가방법의 변경여부에 관계없이 제시된 몇 가지 정보들 중 이익자료에 고착현상을 보였다.

이제까지의 여러 연구에서 시사되는 점은 다음과 같다:

회계처리방법의 적용에는 일관성이 중요하며, 방법상 중요한 변경이 이루어졌을 때에는, 두 가지 방법에 의해 계산된 숫자가 변경된 기간에 상세하게 공시되어야 한다. 회계분류 및 집합은 가능한 한, 많은 의미론적 해석이 포함되도록 하여야 한다. 또한 근본적인 경제적 상호관계를 나타내지 못하는 총계수치에 대한 고착현상을 피하기 위해서는 재무자료를 분해하여 제공하는 것도 바람직하다. 끝으로, 회계정보 이용자에 대한 교육을 통하여 이러한 고착현상을 감소시킬 수 있을 것이다.

4. 문제점과 제안

문제점

벨카우이(1989)는 기존의 고착현상 연구들이 가지고 있는 문제점을 다음과 같이 제시하였다.

"대부분의 연구들이 기능적 고착과 자료적 고착을 구분하여 검토하지 아니하였고 자료적 고착에 치중하였는바, 의사결정자의 행동을 파악하기 위해서는 이러한 두 가지 고착현상에 대한 연구가 각각 필요하다."

지능이 고착현상의 발생을 제약한다는 연구결과가 루친과 루친스과 같은 심리학연구나 반스와 웹 등의 회계학연구에서도 제시되었다. 이는 제공된 회계자료가 과업수행에 상대적으로 목적적합하지 아니하다고 생각하는 피험자들은 고착현상을 나타내지 아니함을 나타낸다 하겠다.

고착현상에 관한 회계학연구들은 하카 등을 제외하고 대부분이 고착현상의 발생 원인이나 제거방법보다는 고착현상의 발생여부에 연구초점을 두고 있다. 그러나 심리학에서는 고착현상의 원인과 제거방법에 초점을 둔 연구들이 진행되어 왔는바, 플라벨 등이 제시한 사물의 다른 기능에 대한 교육이 그 예라 할 수 있다. 따라서 회계자료에 대한 고착현상을 야기하는 요인들과 이러한 현상을 축소시킬 수 있는 방법에 관한 연구가 향후의 고착현상에 대한 회계학연구에 초점이 될 수 있겠다.

대부분의 연구들이 학생을 피험자로 활용하여 고착현상에 대한 연구결과를 제시하였는바 이는 고착현상이라기 보다 무지에 의한 결과일 수도 있다. 이러한 지적은 피어슨, 반스 및 왜브에 의하여 제기된 바 있다.

고착현상에 대한 기존연구들은 그 연구방법으로서 '하나의 사물' 접근방법'Onc-object' approach이나 '두 가지 사물' 접근방법'Two-object' approach 중에서 하나를 적용하여 왔다. '하나의 사물' 접근방법은 피험자들에게 수행할 하나의 과업을 부여하고 이를 수행함에 있어 사물의 새로운 활용방법을 적용하는지 여부를 평가한다. 피험자들이 사물의 일상적인 활용방법에 익숙하여 새로운 활용방법을 과업수행에 적용하지 못한 경우에 고착현상이 발생하였다고 간주하게 된다. 이는 고착현상의 발생여부가 과업수행의 여부에 의하여 결정된다는 것을 의미한다 하겠다. 그러나 '두 가지 사물' 접근방법은 실험집단의 피험자들에게는 두 가지 사물을 제공하고 통제집단에게는 이 중에서 하나의 사물을 활용하도록 한다. 고착현상의 발생여부는 피험자들이 과업수행에 있어 특정한 사물을 활용하는지 여부에 의하여 판단하게 된다. 플라벨은 '두 가지 사물' 접근방법에 의하여 진정한 의미의 고착현상여부를 파악할 수 있다고 주장하였다. 그러나 고착현상에 대한 회계학연구들은 대부분이 '하나의 사물' 접근방법을 채택하였는바 앞으로는 '두 가지 사물' 접근방법에 의하여 회계자료에 대한 고착현상연구가 필요하다.

한편 위르너와 버네르그는 고착에 대한 기존연구들의 내재된 문제점을 다음과 같이 지적했다. 대부분의 연구들이 자극-반응방법을 활용하여 자극에 따른 예상반응과 실제반응간의 차이를 고착현상으로 설명하고 있으나 자극-반응방법은 자극과 반응간의 관계만을 추론할 수 있을 뿐이다. 과거경험이나 지식 면에서 피험자의 개인적 차이에 따른 영향을 제거하기 위하여 기존의 연구들은 피험자들을 과업에 무작위로 할당하였다. 그러나 무작위할당에 의하여 피험자들의 과업에 대한 이해를 제약하는 체계적인 특징을 제거할 수는 없다.

기존연구에서 고착현상을 뒷받침하는 결과가 나타난 것은 피험자들이 회계자료에 고착되었다기보다는 회계에 대한 비전문성이나 무지에 의하여 발생한 현상이라고 할 수도 있다.

고착현상에 대한 회계분야의 실험에서는 심리분야의 실험과는 달리 피험자에게 회계변경의 전과 후에 판단적 과업을 수행하도록 하고서도 의사결정의 과업에 대한 피드백을 제공하지 아니하였다. 피험자들은 그들의 의사결정이 타당하였는지 여부를 파악할 수 없었다.

회계변경을 인지하고 지식을 갖춘 피험자도 고착현상 이외에 다음과 같은 이유에서 회계변경에 따라 의사결정 모델을 변화하지 않을 수가 있다. 즉 회계변경이 의사결정과 무관하다고 파악한 경우, 회계변경에 따라서 의사결정에 변화가 초래된다고 기대하지 아니함으로 의사결정과정의 변경을 초래할만한 가치가 없다고 인정하는 경우, 피험자들이 회계변경을 반영하는데 많은 비용과 노력이 소요된다고 인지하는 경우, 의사결정자가 제공하는 정보를 수령하는 자가 자료에 고착되어 있다고 생각하는 경우에 의사결정자 자신도 고착된 것처럼 행동하는 경우 등이 그 예이다.

제 안

이상에서 언급한바와 같이 고착현상에 대한 회계학연구의 대부분이 학생피험자를 대상으로 한 실험실 실험이나 현장실험이었다. 학생피험자들을 활용함에 따라 외적 타당성에 문제가 제기되었다. 또한 실험과업이 현실감이 적어 피험자의 실제행동을 유발시키는데 문제가 있었고 최적의 행동보다는 주관적 판단을 요구하였다. 현 시점에서 고착현상에 대한 회계 및 심리분야의 논문을 종합검토해본 결과 의사결정의 과정을 직접 관찰할 수 있도록 보다 좋은 방법론의 개발이 시급하다고 지적되고 있다. 그 중의 하나로 프로토콜protocol 분석이 있다. 여기서 피험자는 실험과업을 수행하는 한편, 피험자에게 글로 표현하게 하는 것 즉 소리내어 생각하기thinking aloud방식으로 연구자는 고착현상에 관한 다음과 같은 문제들에 해답을 얻을 수 있다.

- 피험자가 회계변경을 인지하는가?
- 피험자가 회계변경정보를 과업수행에 목적적합하다고 인식하는가?
- 피험자가 회계변경의 영향을 이해하는가?
- 피험자가 회계변경을 그 중요성의 견지에서 무시하는가? 등

또한 패인(1976) 등은 구두 프로토콜 verbal protocol 분석으로부터 얻은 자료의 이용가능성을 다음 네 가지로 요약하고 있다.

첫째, 프로토콜 분석 결과는 탐구적 센스 즉 행위에 있어서의 정형성 regularities을 모색하는 연구기초단계에서 유용할 것이라는 것,

둘째, 그런 자료가 다른 방법에 의해 수집된 자료를 확인하고 이를 확대 해석하는 방법 등으로 보충적인 방법에 유용할 수 있다는 것,

셋째, 프로토콜 자료가 정보탐색 및 이용에 관한 가설 검정에 유용할 수 있으며,

넷째, 동 자료가 의사결정의 모델로 설정하고 테스트하는데 이용될 수 있다는 것이다.

실험에 현실감이 높은 여러 가지 과업의 이용, 보다 좋은 사후 보고 방법, 보다 적은 수의 피험자 집단의 사용 등과 더불어 프로토콜 분석의 이용을 통해, 아마도 기능적 고착현상에 대한 우리의 지식을 확대시킬 수 있을 것이다.

요 약

회계정보이용자의 의사결정 질의 향상을 위한 개인적인 차원에서, 그리고 자본시장의 균형을 설명하고 예측하며 그 효율성을 제고하기 위한 경제적 차원에서, 행동회계 또는 행동과학회계[4]의 연구는 절실하게 요청된다. 행동회계 또는 행동과학회계 behavioral accounting 연구의 한 가지 토픽으로서의 기능적 고착 functional fixation개념이 국내외 연구자들의 관심을 끌어왔다. 심리학에서 근거를 찾을 수 있으나 회계에서의 기능적 고착은 심리학과는 다른 측면에서 검토되어 왔다.

개인이 회계정보를 이용하는 과정을 알기 위해서는 그가 장래 예상되는 사건과 관련하여 어떻게 판단하는가를 이해함이 중요하다. 회계에 있어 기능적 고착은 회계정보이용자가 회계자료를 생성하는 회계과정에 변경이 있는 경우, 이에 따라 의사결정과정을 수정하지 못하는 현상을 말한다.

심리학에서 유래된 기능적 고착과 회계학에서 관찰되는 자료고착은 구분할 필요성이 앞서 제시되었다. 회계분야에서 고착에 관한 기존 연구들은 대부분 어떤 이론적 배경을 가정함이 없이 고착현상의 유무를 검증하였다. 앞으로는 회계분야의 실험에서 피험자들이 회계변경에 반응하여 자신의 의사결정과정을 올바르게 수정하지 못하는 이유에 관련된 실증적 지식은 물론 관련 이론의 개발에 보다 많은 관심이

---

4) 행동과학회계의 정의에 대하여는 학계에서 일치된 견해는 없는 것 같다. 미국회계학회의 행동과학회계 교과내용 위원회(The AAA Committee on Behavioral Science Content of the Accounting Curricurum, 1976)는 행동과학회계를 다음과 같이 정의하고 있다: 행동과학회계는 첫째, 궁극적으로 인간의 행동을 다루며, 둘째, 이러한 연구는 '과학적 방법'으로 수행되어야 한다. 행동과학의 목적은 인간의 행동을 이해하고 설명하며 예측하는 데에 있다.

주어져야 할 것이다. 또한 보다 현실감이 높은 실험과업의 사용, 보다 적합한 피험자의 선정, 그리고 프로토콜 분석 등 측정방법의 개선 등을 통하여 고착현상의 존재유무 및 그 원인 등에 대한 이 분야 연구의 질을 높일 수 있을 것으로 기대된다.

제Ⅲ부

갈등해결과 결론

제9장 협상의 심리법칙

갈등이란 용어는 많은 정의를 가지고 있다. 그 정의들 속에는 반대의 개념, 제한된 자원의 개념, 방해의 개념, 갈등상황에서는 이해관계와 목표가 양립될 없게 보이는 두 사람 이상의 당사자들이 존재한다는 가정이 공통적으로 있다. 갈등이란 목적을 달성하고 이익을 계속 추구하고 있는 B에게 좌절을 초래케 할 행동을 취함으로써 B의 노력을 상쇄하려는 A의 의도적인 노력의 과정이라고 볼 수 있다(김남현, 1985). 협상은 합의를 목표로 당사자들 사이에 놓인 사회문제를 풀기 위한 모든 종류의 활동을 포함한다. 일반적으로 흥정은 협상의 한 부분이다. 여기서는 두 용어를 유사어로 사용하기로 한다.

1. 인지적 관점

갈등을 풀기위해 이해당사자간에 흥정이나 협상이 오간다. 많은 학문들이 갈등의 해결문제를 다양하게 다루고 있다. 때로는 심리학이라는 단일 학문분야 내에서도, 학자들은 갈등을 여러 각도에서 접근하고 있다. 예를 들면 사람간의 갈등에는 감정적 측면이 있다. 갈등에 대한 포괄적인 심리학적 처치법을 개발하려면 원한과 분노와 복수의 역할을 다루지 않으면 안된다. 또한 협상과 갈등의 해결은 일반적으로 시간이 많이 소요되는 동태적인 과정이다. 이런 특성을 감안하지 않은 처치법은 완전 할 수가 없는 것이다. 이 장은 갈등 해소를 위한 심리학적 분석을 개발하거나 묘사하지는 않을 것이다. 이하에서는 카네만 · 슬로빅 · 트베르스키(2000) 교수의 연구성과를 중심으로, 개개인의 의사결정에 대!한 몇 가지의 인지적 분석으로부터 갈등 해결을 위한 함의를 탐색할 것이다.

이 장은 관련성이 있는 세 가지 - 낙관적 과신optimistic overconfidence, 확실성효과 certainty effect, 손실회피loss aversion - 현상에 집중할 것이다.

낙관적 과신이란 사람들이 미래를 예측하고 그 결과를 통제하는 자신의 능력을 과대평가하는 경향을 의미한다.

확실성효과란 가능성이 있는 결과보다 확실한 결과에 필요이상으로 신뢰를 두는 경향을 의미한다.

손실회피란 좋은 결과와 나쁜 결과에 대해 균등하지 않게 평가하는 경향을 의미하는데 손실이 그에 대응되는 이익보다 더 커 보이는 것이다.

이하에서는 개인들의 판단과 선택에 대한 연구과정에서 관찰한 이러한 세 가지 현상을 예시할 것이며, 그 결과 이러한 편견biases 때문에 성공적인 협상이 방해 받는지를 논의할 것이다.

일부 선행연구를 제시하였다. 첫째, 위에서 언급한 세 가지 현상은 판단과 의사결정에 관한 합리적 이론과 차이를 보인다. 그러므로 이 장에서 논의하는 갈등해결에 대한 장애는 만약 사람들이 정통 경제학의 합리적 모델에 따라 행동하면 감소되거나 없어질 것이다. 그러나 합리적으로 행동하지 않아서 갈등이 해소되지 않는다고 결론내리는 것은 적절하지 않다. 완벽하게 합리적일 때는 합의를 도출하지 못하지만 다소 덜 합리적일 때는 합의가 도출되는 경우가 많이 있다. 죄수의 딜레마는 합리성이 가장 바람직한 사회적 해결방안이 아니라는데 대한 고전적인 예가 된다. 이 장에서는 낙관적 과신, 확실성효과, 손실회피 때문에 생기는 장애에 대해 논의할 것이다. 그렇다고 이 현상들이 갈등해결에 반드시 방해가 되는 것만은 아니다.

2. 낙관적 과신

이 절에서는 인간의 판단분야에서 학자들로부터 상당한 관심과 주목을 받아온 두 가지 - 과신overconfidence과 낙관주의optimism - 현상을 논의한다.

다음과 같은 관련 연구결과들은 인간의 판단에서 과신 현상의 존재를 확인시켜주고 있다 :

판단자는 자신의 지식에 의하여 타당하다고 생각되는 것보다 더 극단적인 확률을 부정확하게 부여한다(Lichtenstein, Fschhoff, and Phillips 1982), 지나치게 좁은 확신구간을 설정한다(Alpert and Raiffa, 1982), 과거의 데이터를 간과한 채nonregressive 미래를 예측한다(Kahneman and Tversky, 1973).

과신은 자주 일어나지만 보편적인 것은 아니다. 과신을 일으키는 심리학적 과정에 대해서는 여러 가지 견해가 있다. 사람은 자신이 잘 모르는 상황은 과소평가하는 경향이 있다. 이러한 경향에서 과신이 잉태될 수 있다.

브래너, 켈러, 및 트베르스키(1992)의 연구는 이 현상을 예시하였는데, 갈등이 있는 곳에는 대부분 이 현상이 있는 것 같다. 실험 참여자들은 몇 가지 판례에 대한 실제 정보를 받았다. 각 판례에서 정보는 세 부분 (사건 개요 자료, 원고의 주장, 피고의 주장)으로 나뉘어져 있다. 이 연구의 실험참여자 즉 피험자는 네 그룹으로 구성되었다. 한 그룹은 사건 개요 자료만 받고, 다른 두 그룹은 사건 개요 자료와 원고의 주장이나 피고의 주장 중에 하나만 무작위로 추출하여 받았다. 원고나 피고의 주장에는 새로운 증거는 없고 다만 사건 개요 자료에 있는 내용을 강조할 뿐이다. 네 번째 그룹은 배심원에 주는 모든 정보를 받았다. 연구자는 피험자들에게 배심원이 원고 편을 들 확률을 예측하도록 하였다. 그 결과 한 쪽 정보만 얻은 피험자는 그 정보 편으로 심하게 편향 되어 있었다. 비록 실험참여자들이 그들이 가진 증거는 일방적이라는 것을 알고서도 적절한 조정을 하지 못하였다. 대부분의 판례에서 양쪽의 정보를 가진 그룹은 한 쪽의 정보만 가진 그룹보다 정확하게 배심원의 판결을 예측하였다. 그러나 한 쪽의 증거만을 가진 그룹은 양 쪽의 증거를 가진 그룹보다 더 자신의 예측에 확신을 가지고 있었다. 따라서 피험자가 반쪽의 증거만을 가지고 있을 때 증거를 전부 가지고 있을 때보다 더 확신을 가지고 배심원의 판결을 예측하였다.

갈등이나 논쟁이 있는 곳에는 언제나 정보의 불균형이 존재한다. 대부분의 경우 각 편은 자기편의 주장을 지지하는 증거를 더 많이 알고 있고 상대방의 주장을 지지하는 정보는 많이 알고 있지 못하다. 없는 정보를 보충할 방법이 어렵기 때문에 편견이 생기고 결국은 성공적인 협상을 하지 못하게 된다. 각자는 성공할 가능성과 상대편에 해결책을 내놓을 능력을 과대추정하면서, 상대방이 그렇게 하려는 것은 못하게 방해한다.

사람들은 종종 통제 불가능한 사건의 결과에 영향을 미칠 수 있다고 믿는다. 자신이 결과를 주도할 수 있을 것 같은 기분이 들 때 자기과신에 빠지게 된다. 이러한 통제력의 착각, 혹은 주도권의 환상을 야기하는 주요 요인에는 선택권, 연속적 결과, 업무의 친숙성, 정보의 양, 적극적 참여, 과거의 성공 등이 있다(이주형 역, 2006).

갈등관계에 있는 당사자들은 **주도권의 환상**fallacy of initiative에 사로잡힐 수 있다. 주도권의 환상이란 상대방보다 본인에게 주도권과 문제해결 능력이 더 많이 있다고 여기는 경향을 말한다(Tversky and Kahneman, 1973). 체스판에서나 전장에서 양쪽은 서로 상대방의 입장이나 생각을 받아들이기가 어렵다. 이것은 게임에서 위지(예, 배구에서 코트 체인지)을 바꾸면 어째서 사람들이 새로운 많은 행마를 개발할 수 있는지 그 이유를 설명하는데 도움이 된다. 비슷한 현상이 모의재판에 대한 관찰자들의 반응에서 목격된다. 모의재판이 때로는 분쟁의 한쪽 당사자가 소송 가능성을 염두에 두고 있는 상황에서 진행되기도 한다. 모의재판을 관찰해보면 소송을 제기하려는 사람은 상대방의 입지가 견고한 것을 보고 종종 놀라고 당황한다. 자신들의 편향에 대한 이러한 생생한 사례를 겪어보지 못한, 논쟁의 당사자들은 법정에서 그들이 이길 것이라고 과도하게 낙관적인 평가를 한다. 상대방의 입장을 과소평가하는 경향 때문에 양보를 하지 않게 되고 협상중재의 가능성이 낮아지게 된다.

니러와 베제르만(1983)은 양 당사자가 최종 제안을 하고 중재자가 그 중 하나를 선택하는 최종 중재과정에서 이 효과를 예시하였다. 당사자는 각자 자기의 제안이 채택될 것이라고 과대평가(평균 15%이상)하였다. 이러한 상황에서 중재자가 보다 현실적인 평가를 이끌어낼 수 있다면 좀 더 유화적인 최종 제안이 도출될 수 있을 것이다.

과다한 낙관주의를 갖게 하는 또 하나의 인지적 메카니즘이 있다. 가까이 있는 특정 사례를 근거로 예측하고 평가하는데서 낙관적인 과신이 초래될 수 있는 것이다. 여기에는 관련된 인과 요소의 강점에 대한 평가 및 최근의 실적을 근거로 한 추정을 포함한다. 이것은 예측에 대한 '내부 접근법'으로 과거의 유사한 사례들의 통계로부터 결과를 예측하는 '외부 접근법'과 대비된다. 내부접근법은 과거 일어난 유사한 사례들을 참고하여, 결과를 추측하려는 시도를 하지 않는다 (Kahneman and Lovallo 1993 ; Kahneman and Tvesky 1979). 예측을 함에 있어서 내부적 접근법은 관련된 통계 정보를 무시하는데, 이것은 어떤 상황을 추상적이고 통계적인 표현이 아닌 구체적(그리고 선호하는 인과) 모델로 표현하는 일반적 경향에 대한 증거가 된다. 이러한 경향은 사람들의 일반적인 믿음과 특정 사안에 대한 믿음사이에 비일관성을 초래할 수 있다. 과신효과에 적용되는 비일관성 예가 한 가지 있다: 응답자들이 평균적으로 일련의 질문에 대한 자신의 견해에 대해서는 지나친 확신을 보여주었지만, 총 질문 중에 정답을 맞춘 갯수 추정에 대해서는 덜 낙관적이거나 다소 비관적이었다(Gigerenzer, Hoffrage, and Kleinbolting 1991; Griffin and Tversky 1992). 이 효과는 실험실 연구에서만 나타나는 것이 아니다.

쿠퍼,우, 및 던켈버그(1988)는 기업가들에게 자신이 성공할 가능성과 같은 종류의 기업이 성공할 기본 확률에 대해 인터뷰했다. 80%가 넘는 응답자가 자신이 성공할 확률을 70%이상이라고 하고 33%는 확실하다고 하였다. 이러한 기업이 성공할 확률은 단지 59%였으며, 이 역시 지나치게 낙관적인 추정이다. 던 앤 브레스트(1967)의 연구에 의하면, 신생기업의 5년 생존률은 33%이다. 한국개발연구원의 2006년 3월 발표 자료에 의하면, 우리나라 중소기업은 절반가량이 창업이후 2년 내 문을 닫고 10년 이상 살아남을 확률은 25%이다.

일반적으로 어떤 개인사업을 시작하려는 사람은 그 사업에 대해 가장 유리한 기대를 하는 사람에 속하는 경향이 있으며, 특히 자신의 사업에 대해 그러한 전망을 가지고 있다. 이것을 통계적 선택효과라고 하기도 하고 '**승자의 저주**winner's curse'라고 하기도 한다. 원칙적으로 주주의 대리인으로서의 경영자는 이러한 편견을 예상하고 수정할 수도 있는데 쿠퍼 등의 연구에 의하면 창업을 하는 사람들은 그렇게 수정하지 않았다.

낙관적 편견을 갖게 되는 것은 예측을 함에 있어서 내부 접근법을 이용하기 때문만은 아니다. 그렇지만, 의사결정자가 행동방향을 고려하는 특수한 경우에, 내부접근법의 선호로 인하여 예측이 계획과 의도에 정박 anchor될 수 있다. 또한 여기에 관련된(목적 적합한) 통계적 요소는 과소평가되거나 무시될 가능성이 있다. 우리가 어떤 프로젝트를 두 달 내에 마칠 생각을 하고 있다고 가정해보자. 그렇다면 오늘을 완료시점의 평가를 위한 시작일로 보고 , 예측 못한 요인을 위해 추가로 한 달을 추가하는 것은 자연스러운 일이다. 이런 방식의 사고는 계획이 실패할 여러 가지 가능성을 무시하게 한다. 계획은 최선의 상황에 대한 추정이므로 이러한 앵커링은 낙관주의를 부른다. 계획 상황에서 나타난 낙관적 예측현상은 여러 연구에서 보고되고 있다(Arnold 1986 ; Merrow, Phillips and Myers 1981 ; Davis 1985).

갈등의 상황에서, 근거 없는 낙관주의는 문제해결을 막는 심각한 장애가 된다. 특히 그것이 전문가적 권위로 지지받을 때는 더욱 그러하다. 낙관적 과신은 전쟁을 지휘하는 장군이나 소송을 진행하는 변호사에게는 비록 주위 사람들에게 그들의 확신이나 낙관주의를 좋게 표현할지라도 결코 바람직한 특성이 될 수 없다.

여태까지 언급한 것 말고도 낙관주의에 대한 연구내용은 또 찾아볼 수 있다(Taylor and Brown 1988). 예를 들면 보통 사람들은 다른 사람들이 자신을 실제 이상으로 좋게 평가하기를 기대한다. 그러나 약간 의기소침한 사람들은 보다 현실적이다(Lewinsohn, Mischel, Chaplin, and Barton 1980). 마찬가지로, 사람들은 능률이나 유모어 감각 등의 바람직한 성품에 대해 자신들을 평균이상으로 평가하는 경향이 있다(Taylor and Brown 1988). 사람들은 또한 자신이 환경을 통제하는 것으로 과장한다(Langer 1975; Crocker 1981). 그리고 자신의 성공은 기술 때문이지 우연 때문이 아니라고 생각한다(Howell 1971; Heath and Tversky 1991).

낙관적인 환상은 적응성이 있다는 주장이 점차 관심을 받고 있다(Taylor and Brown 1988; Seligman 1991). 이 주장을 좀 더 살펴보면, 낙관적 과신을 두 단계로 분리해서 생각해보는 것이 바람직하다. 즉 목표나 계획을 설정하는 단계와 계획을 수행하는 단계가 있다. 목표가 선택되고 계획이 수립되면, 비현실적인 낙관주의 때문에 과도한 위험을 택하는 현상이 나타난다. 실제로, 비즈니스 의사결정분야에 있어서 낙관적 계획수립 편견이 많이 나타난다고 하며(Davis 1985), 정치 분야에서도 이러한 예를 일간 신문을 통하여 많이 접할 수 있다. 그러나 의사결정자들은 대부분의 상황에서 위험회피적이다. 과도한 낙관주의와 위험회피성향이 합쳐지면 의사결정자들이 종종 위험을 부정하기 때문에 위험을 채택하게 된다(Kahneman and Lovallo 1993; March and

Shapira 1987). 따라서 의사결정단계에서 비현실적 낙관주의가 갖는 장점은 과도한 위험회피로 인해 정체되는 것을 방지하는 것이지만, 비현실적 낙관은 갈등의 상황에서는 거의 순기능을 하지 못한다.

낙관주의의 주된 장점은 선택한 목표를 향한 행동의 단계에서 지속성 및 참여를 증대시키고, 통제할 수 없는 문제점에 대해 인내할 수 있는 능력을 길러주는 것이다. 테일러(1989)는 암환자가 치료에 대해 갖는 비이성적인 희망의 역할을 살펴보았고 셀리그만(1991)은 낙관적으로 설명하는 사람은 성공하기 쉽고 실패를 비정상적인 것으로 보며 여러 가지 어려움에도 불구하고 지속성이 있다고 주장했다.

스포츠에 있어서 낙관주의의 역할은 갈등해소를 위하여 특별한 관심을 끈다. 반대로 낙관적 과신은 운동선수로 하여금 도저히 상대할 수 없이 강한 상대와 맞붙게 만든다. 반대로 자신감과 만족감 부족은 경기에 임할 때는 도움이 된다. 이기기 위해서 어려움이 있더라도 노력을 더 하고 지속성을 유지해서 이길 확률을 높인다. 경쟁적인 스포츠의 특징은 비록 질 확률이 확실해도 경기를 포기하는 것이 가능하지 않다는 것이다. 이런 상황에서는 승률에 강력하게 저항하는 것이 도움이 될 뿐이다. 경기장을 떠나는 것이 가능한 대안이며, 또한 계속 싸우는 것이 힘들 때면 상황은 더욱 복잡해진다. 이러한 상황에서는 정당한 수준내의 인내인가 아니면 비합리적인 경기에 점점 더 빠져들고 있는 것은 아닌가- 그 구분이 어려워진다.

스포츠에서처럼, 갈등의 또 다른 상황을 보자. 낙관과 확신은 투쟁함에 있어서 노력, 관여 및 인내심을 높여준다. 심각한 마찰을 일으키는 갈등의 경우 더욱 그러하다. 양쪽 모두 최대한의 노력을 기울이고 난 후에는 낙관적인 사람이 유리하다. 어떤 경쟁 상황에서는 낙관주의와 과신이 갖는 장점은 자신을 속이는데서 기인하는 것이 아니라 상대방을 속이는데서 나온다. 이것이 협박이 작용하는 원리이며, 성공적으로 협박하면 승리해서 얻는 것과 같은 것을 훨씬 적은 비용으로 얻을 수 있다. 겁주기를 통하여 경쟁자를 암컷이나 먹이나 영역으로부터 몰아낼 줄 아는 동물에게는 갈등해소를 위한 기술이 거의 필요하지 않다. 완벽하게 확신을 가지고 있으면 결과가 좋다는 것이 갈등의 분석과정에서 밝혀졌다. 완벽한 확신을 꾸며내기는 어렵기 때문에, 진정한 과대확신은 상대방에 의하여 수용될 만한 이점으로 작용할 수 있다(Frank, 1989).

3. 확실성과 유사확실성

갈등해소의 중요한 측면 중의 하나는 합의의 성격과 그 실제 결과에 대한 불확실성의 존재이다. 합의의 결과는 세 가지 형태로 분류될 수 있다:

- 확실한 결과 - 즉각적인 교환, 또는 불확실성이 없고 무조건적이며 강제적인 미래 행동의 약속
- 조건부의 확실한 결과 - 객관적으로 관찰된 외적사건의 발생여부에 따라 강제되는 약속
- 불확실한 결과 -약정이 있어야 생기는 결과.

불확실한 결과란 약정을 맺기 전의 양 당사자의 의향이다. 확실한 것과 한정적 조건의 형태에 속하는 것은 명시적 약정, 계약, 및 조약이다. 그러나 약정의 불확실한 결과도 때로는 중요하다. 예를 들면 특정

한 거래에서 공급자와 고객사이의 상호 만족스러운 약정은 당사자간에 장기적인 관계의 가능성을 높인다.

이스라엘과 시리아간의 평화협상은 시리아가 핵무기를 만들거나 구입할 가능성을 줄이지만 이 중요한 결과를 보장하는 것은 아니다. 이 사례들이 시사하는 바와 같이 비록 확실하지는 않지만, 약정의 중요한 결과는 한쪽 편의 영업권의 증가로 나타난다. 미래의 영업권은 여러 가지 결과에 따라 달라진다. 공급에만 한정된 것이 아니고 영업권이 중요한 요소가 되는 협상의 경우도 해당된다. 그러나 사람들이 확실한 것과 조건부 확실한 것에 비하여, 불확실한 결과를 어떤 식으로 생각하는 지를 보자. 약정의 결과를 공식적인 계약에서 확실시된 이익과 조건부로 확실한 이익에 비해 체계적으로 과소평가하는 특징이 있다. 실제로, 이러한 경향은 논쟁의 양 당사자 간에 약정의 주관적 가치를 감소시킨다.

개인의 의사결정을 연구한 결과 확률적인 이득과 확실한 것 사이에 부여된 가중치에 중대한 편견이 있음이 밝혀졌다. 카네만과 트베르스키(1979, 1984)는 이를 확실성효과 certainty effect라고 명명하였다.

이 효과에 대한 고전적인 예시는 앨리어스의 역설Allias paradox인데 이는 프랑스의 노벨 경제학상 수상자의 이름에서 따온 것이다. 그는 1952년 유명한 경제학자들(이들 중 몇몇은 나중에 노벨상을 수상함)을 대상으로 상인을 하면서, 사람들의 선호노는 기대효용이론에서 예상하는 것과는 다르다는 것을 예를 들어 설명하였다. 좀더 구체적으로 말하자면, 선호도의 측면에서, 확률 0.99와 1.00사이가 0.10과 0.11사이보다 커 보인다는 것이다. 직관적으로도 이 두 차이가 우리에게 동일한 의미로 다가 온다고 느끼지 않는다. 합리적인 선택(기대효용이론)

에 의하면 확률의 차이 1%는 그것이 0.30과 0.31 사이든지, 제로 즉 0.00에서 0.01사이든지, 또는 거의 확실함과 확실함 사이인 0.99와 1.00 사이든지 동일한 가중치를 부여받도록 되어 있다. 이것은 기대효용이론을 잘 모르는 사람에게는 놀라움으로 다가온다. 그러나 직관적으로 불가능과 가능성사이나 확률과 확실성사이의 질적인 차이는 특별한 의미를 지닌다. 따라서, 많은 사람들은 바람직한 결과를 얻을 확률이 0.80에서 0.85로의 증가보다 0.99에서 1.00으로 증가하는 것에 대해 더 많은 금액을 지불하는 것은 현명하다고 여긴다. 마찬가지로 사람들은 위험발생 확률을 0.0015에서 0.0005로 줄이는 것보다 0.005에서 제로로 줄이는 것에 당연히 더 많은 금액을 지불하려고 할 것이다(Viscusi, Magat, and Huber 1987). 발생확률이 숫자로 표시되고 정형적 의사결정 프로세스와 연관 된 상황에서, 확실성 효과의 존재가 확인되었다. 그렇지만, 불확실성하에서의 의사결정은, 대부분 모호한 우발상황과 모호한 확률을 포함하게 된다. 여러 가지 증거에 의하면 애매하거나 모호한 점이 있으면 확실성효과는 더욱 명백해진다(Hogarth and Einhorn 1990 ; Tversky and Fox 1994). 따라서 사람들이 계약이나 약정 대안들을 평가할 때에, 영업권과 같은 불확실한 결과는 과소평가될 것이다. 이렇게 믿을만한 충분한 이유가 있는 것이다.

불확실한 이득은 과소평가된다는 원칙은 '우발사항의 발생 여부에 좌우되는 확실한 결과'(CCO : contingently certain outcomes)에는 적용되지 않는다. 특정 자산의 손실에 대한 보험금 지급이나 의료 행위가 필요한 상황에 보험금을 지급하는 것은 CCO에 대한 좋은 예가 된다. 이에 관한 증거에 의하면, 사람들은 확률적으로 지급받는 보험보다는 해당되는 우발상황이 발생하면 확실하게 지급받는 보험에 대해 훨씬 더 많이 지급할 용의가 있다고 한다. 이와 밀접하게 관련된 증거도 있는데 이를 유사확실성 효과pseudocertainty effect라고 한다. 카네만과 트베르스키는 다음의 한 쌍의 의사결정 문제를 이용하여 이 효과를 예시하고 있다.

문제 1 : 다음의 두 단계로 된 게임을 생각해보자. 첫 단계에서는 아무 것도 얻지 못하고 게임이 끝날 확률이 75%이고 두 번째 단계로 넘어갈 확률은 25%이다. 두 번째 단계에서는 다음의 두 가지 선택권이 있다.

A. 확실한 $30의 확실한 이득

B. $45를 벌 수 있는 80% 가능성

선택은 게임이 시작되기 전에 이루어져야 한다. 즉 첫 단계의 결과가 나오기 전이다. 당신이 선호하는 대안을 선택하시오.

문제 2 : 다음의 대안 중 어느 것을 선호하는가?

C. $30을 벌 수 있는 25%의 확률

D. $45를 벌 수 있는 20%의 확률

문제 1의 두 번째 단계로 진입할 가능성이 25%이므로, 대안A는 $30을 벌 확률이 25%이다. 대안 B는 0.20 (0.25 * 0.8)의 확률로 $45를 벌 수 있다. 따라서 문제 1과 2는 확률과 결과에 있어서 동일하다. 그러나 이 두 문제는 상이한 선호도를 이끌어내고 있다. 문제 1에서는 대다수가 B보다는 A를 선택했고 문제 2에서는 C보다 D를 선택했다(Tversky and Kahneman 1986). '확실성 효과' 및 '의사결정에 직접 관련된 결과outcomes에 집중하는 경향'의 결합 때문에 이런 현상이 나타난다.

사람들이 A나 B 어느 쪽을 선택해도 게임의 두 번째 단계로 들어가지 못하면 결과(즉, 아무런 이득이 없음)는 동일하기 때문에, 사람들이 두 번째 단계에 들어간 것처럼 이들 대안들을 비교하는 것이다. 이 경우, 사람들은 확실한 $30과 80% 확률의 $40 - 두 가지 중 하나를 선택하도록 되어있다. 불확실한 결과보다 확실한 것을 과대평가하는 경향 때문에 순차적 결정 상황에서 B보다는 A를 선호한다. 사람들은 불확실한 사건(게임의 두번째 단계로의 진입 여부)을 확실한 것처럼 가중치를 부여한다. 이러한 현상을 유사확실성효과pseudocertainty effect라고 부른다.

비스쿠시 · 매가트, · 허버트(1987)의 연구에서 우리는 확실성효과와 유사확실성효과의 좋은 예를 만날 수 있다. 실험참가자들은 주어진 가격으로 살 수 있는 살충제 앞에 있다. 경고문을 읽고나서 여러 가지로 더 안전한 제품에 돈을 더 지불할 용의가 있는지 질문을 받게 된다. 두 가지 위험이 설명되는데(흡입과 아동 중독) 각각의 확률은 0.0015이다. 이 두 가지 위험을 0.0015에서 0.0005로 줄이는데 기꺼이 지불하려는 액수의 평균은 $2.38(아동이 있는 집)이었는데 이 0.0005를 없애는 데는 $5.71을 지불할 의사가 있었다. 이 큰 차이가 확실성효과의 예시이다. 동일한 응답자들이 흡입과 아동중독 위험 중 하나만을 추가로 지불할 의사가 있는 금액의 평균은 각각 $2.69와 $4.29였다. 그러나 두 위험을 0.005로 줄이는 데는 $1.84만 지불하려고 했다.

이것이 유사확실성 효과의 예이다. 응답자는 확인된 위험을 완전히 제거하는데 돈을 지불할 용의가 있지만 그들이 사고자하는 확실성에는 착각의 여지가 있다. 즉 그들이 사려고하는 살충제는 여전히 어떤 위험과 관련이 있다. 여하튼 흡입이나 아동 중독의 위험을 제거하기 위해 돈을 지불하더라도 그러한 위험요소를 줄일 뿐이며, 다른 방법으로 위험이 발생할 가능성은 여전히 남아 있는 것이다.

우발사항의 발생여부에 좌우되는 확실한 결과는 최소한 두 가지 경우에, 협상에서 중요할 수 있다.

첫째, 상대방이 약정을 불이행시 일방을 지켜주기 위한 벌칙 및 보험 규정이 있다. 물론 규정이 충분히 시행가능하고 따라서 우발적으로 확실하게 되는 한도 내에서만 그렇겠지만-이러한 조항은 당사자들의 입장에서 보면 중요하게 보인다.

둘째, 우발적인 확실성은 당사자 간에 갈등이 발생할 때 중요시 될 자산에 대한 협상에서 덜 명확한 형태로 관계되어 있다.

이스라엘과 그 이웃사이에 벌어진 협상들은 많은 사례를 보여준다. 시나이의 밀타파스나 시리아 국경의 골란 고원과 같은 전략적 자산은 전쟁이 발발하면 이스라엘에게 우발적으로 확실한 이득을 가져다 준다. 그러나 그러한 자산을 가짐으로써 긴장을 고조시키고 무력충돌의 가능성을 높인다. 재앙적인 패배의 가능성을 최소화하려는 이스라엘 지도자는 철수할 때와 철수하지 않을 때의 패배가능성을 각각 반영한 전쟁발생의 확률을 고려해야 한다. 여기서 그러한 확률을 추정해보려고 하는 것은 아니다.

우발적 확실성이 단순한 확률보다는 우월하기 때문에 -전략적 자산을 보유하자고 주장하는 쪽이 정치적 논쟁에서 우위를 차지할 수 있을 것이라고 예상된다. 따라서 전쟁에서 전략적 자산이 갖는 명확한 이점은 전략적 양보 혹은 영토상의 양보로 생길 전쟁 가능성에 대한 불확실한 축소를 상쇄시킨다.

불확실한 이득에 대한 과소평가 경향이 가끔 유사지배효과pseudo-domonance effect를 일으킨다. 전시에나 평화 시에나 전략적 자산을 유지하는 것이 이득이라면 영토의 양보는 핵심적 전략 위치를 유지하는 전략에 지배되는 것처럼 보인다. 이러한 견해는 영토양보와 관련된 약정이 전쟁 발발 가능성을 줄인다는 것을 고려하지 않는다는 점에서 오류가 있다. 전략적 요충지를 유지하는 것이 그 나라에 가장 이득이 된다고 해도 이것을 포기해서 전쟁의 가능성이 줄어든다면 포기하는 것이 바람직하다. 그러나 이것의 결과는 불확실하고, 그 확률을 알 수가 없기 때문에 정치가나 국민은 포기가 주는 이득을 과소평가하거나 무시한다. 그렇지만, 언제나 전략적 양보가 있어야 함을 의미하는 건 물론 아니다. 다만 그러한 경우에 우월하다는 인식이 환상일 수 있다는 것을 여기서 지적할 뿐이다.

4. 손실 회피

손실회피란 일반적으로 손실이 그와 대응되는 크기의 이익보다 더 중대하게 보인다는 것이다. 가치함수에서 손실부분이 이익부분보다 더 가파르다는 점에서 이러한 개념을 파악할 수 있다. 위험하의 의사결정상황에서 손실회피는 수령액이 매우 유리하지 않으면 동일 확률의 게임을 피하게 한다. 예를 들면 많은 사람들이 이득이 손실보다 적어도 두 배 이상 되는 게임에만 응한다. 확실성하의 의사결정상황에서 사람들은 손실회피경향으로 인하여 장단점의 평가에서 체계적인 차이를 보인다(Tversky and Kahneman 1991; Kahneman, Knetsch, and Thaler 1991). 일반 원칙은 간단하다. 즉 사람들은 대안을 판단기준점과 비교한 후, 대안의 장단점을 코드화한다. 손실회피와 관련하여 특별히 중요한 경우는 판단기준점이 **현상태**status quo이고, 현상태를 유지하는 것이 하나의 대안일 때이다. 사람들은 현상태 이외의 다른 대안들의 평가에서 그 장점보다 단점에 더 많은 가중치를 부여한다. 즉 현상유지를 선호하는 편견이 강하게 관측되었다(Samuelson and Zeckhauser 1988).

논의를 국제적인 분쟁과 협상분야에 확장해보자. 저비스(1992)는 다음과 같이 주장한다. "손실회피경향이 광범위하게 펴져있다면, 현상태를 유지하려는 국가가 협상에서 유리한 위치를 선점한다. 즉 국가는 이득을 추구할 때보다는 손실에 직면했을 때 더 높은 대가를 지불하려하고 더 큰 위험을 감수하려고 한다."

판단기준점의 위치는 대안들 사이의 차이를 평가할 때 영향을 미친다. 대체로 단점들 사이의 차이는 장점들 사이의 차이보다 더 큰 가중치가 부여된다. 그 이유는 가치 함수에서 단점은 더 가파른 경사면에서 평가되기 때문이다. 예를 들면 현재의 연봉이 3천5백만원인 사람에게 4천만원과 4천5백만원의 연봉 안이 제시되었다고 해보자. 연봉제시액 두 가지의 차이는 이득 대안들 간의 차이로 보인다. 현재의 연봉이 5천만인 사람에게 위 두 가지 연봉 안이 제시된다면, 그 차이는 두 가지 손실대안들 간의 차이로 보인다.

대안들 사이의 심리적인 차이는 후자의 경우가 더 크다.그것은 가치함수의 기울기가 손실 영역에서 더 가파르기 때문이다. 판단기준점이 높은 상황에서 더 낮은 연봉을 수락하는 사람은 손실의 증가를 경험할 것이며, 판단기준점이 낮다면 지나간 과거의 이득을 생각할 것이다. 전자의 경우가 더욱 고통스럽다.

머그잔 실험 카네만과 그의 동료는 다음과 같은 실험을 실시하여 손실회피의 원리를 예시했다(Kahneman, Knetsch and Thaler 1990; Knetsch and Sinden 1984).

강의실에서 학생들 중 3분의 1(A집단)에게 매력적인 컵(장식한 머그잔)이 한개 씩 배포되었다. 컵을 받은 학생들은 나중에 컵을 팔수 있으므로 판매자이다. - 아마도 컵의 소유자로 묘사함이 더 적합한 표현이다. 실험자는 학생들에게 이 컵을 미리 정해진 어떤 가격으로 팔 수 있다고 알려 준다. 학생들은 각 가격대별로 선택을 어떻게 할 것인지를 말한다. 그리고 머그컵을 가지고 있는 학생은 그 컵을 내놓는데 요구하는 최저 금액(그 '이하로는 팔지 않겠다'고 한 가격)을 제시한다.

강의실에 있는 나머지 3분의1의 학생(B집단)에게는 선택권이 부여되었다. 즉 그들은 A집단의 친구가 가진 동일 종류의 컵과 현금 중 한 가지를 택할 수 있는 선택자다. 그들은 제시된 몇 가지 금액에 대해 자신의 선택여부를 말한다.

나머지 학생들(C집단)은 구매자이다. 이들은 제시된 몇 가지 가격대에서 그 돈을 지불하고 컵을 살 것인지 여부를 이야기한다.

실험결과 나타난 가격의 평균치는 다음과 같다. 즉 판매자의 중위수 가격은 $7.12였고 선택권이 부여된 B집단의 중위수 현금 등가액은 $3.12였고, 구매자의 중위수 지급액은 $2.88이었다.

컵을 가지고 집으로 가거나 또는 미리 정해진 금액의 돈을 가지고 가는 것 - 양쪽 집단이 동일한 선택문제에 처해 있지만, A집단과 B 집단의 평가에는 차이가 발생하였다. 그러나 주관적인 관점에서 보면, B 집단과 A집단은 다른 상태에 있다. 전자는 컵을 이득으로 보고 후자는 무언가를 포기하는 것으로 본다. 손실회피 경향 때문에, 컵의 소유자로 하여금 컵을 내놓도록 하기위해서는 B집단에 속한 학생들이 느끼는 그 물건의 매력도에 상응하는 가격보다도 더 많은 돈이 필요하다.

포도주 애호가가 5달러짜리 포도주 몇 병을 사서 저장고에 넣어두었다고 가정해보자. 10년 후 그 포도주는 한 병에 200달러가 되었다. 그는 어떻게 할까? 그것을 팔아서 값싼 여러 병을 더 살까? 그냥 놔둘까? 아니면 한 병에 200달러인 똑같은 포도주를 더 구입할까? 탈러 교수(1980)는 그 포도주를 팔지도 않고 동일한 값으로 더 구입하지도 않는다고 하였다. 사람들은 자신이 소유하고 있는 물건을 포기할 때 생기는 고통에 영향을 받는 것으로 보인다.

소유자, 선택자, 및 구매자들이 각각 매기는 가격의 차이는 어느 순간에 나타나는가? 이에 대한 실험실 연구결과, 손실기피현상은 즉시 나타날 수 있다. 즉 그것은 소유한 물건에 점차적으로 귀속되는 것이 아니다. 구매자와 판매자 사이의 홍정실험(Neale, Huber, and Northcraft 1987)에서 관찰된 차이와 다르게, 위의 효과는 역할에 따라 달라지지 않는다.

카네만 · 크네치 · 탈러(1990)가 수행한 마켓 실험에 의하면, 구매자와 소유자 사이에는 큰 차이가 있다. 즉 경제 이론에서 예측하기보다 훨씬 적은 건수의 거래만 이루어진다. 50%의 학생에게 컵이 주어지고 그것을 잠재적 구매자에게 팔 시장이 형성되어 있다고 가정해보자.

경제이론의 예측은 다음과 같다. : 시장에서 일어나는 모든 거래가 마무리된 후, 컵은 그 가치를 가장 높게 평가하는 사람들의 손에 넘어가 있을 것이다. 왜냐하면 처음에 무작위로 컵이 배포되었으므로, 당초 배포된 컵의 반 정도는 소유자가 바뀌어야 할 것이다. 그러나 추가 실험에서, 관찰된 거래는 약 4분의 1,즉 예상된 건수의 반에 불과했다. 소유자와 잠재적 구매자가 가격을 직접 흥정할 수 있는 실험에서도 동일한 결과가 나왔다.

양보의 기피

손실의 혐오 내지 손실의 기피가 갈등문제를 해결하는데 큰 영향을 줄 수 있을 것이다. 두 국가가 모두 **미사일**을 보유하고 있으며 서로를 겨누고 있는 상황에서, 양국이 미사일 갯수를 협상하는 경우를 생각해 보자. 각 국가의 안보는 자국의 미사일에서 확보되는 한편, 다른 나라의 미사일이 자국의 안보를 위협한다. 따라서 현상태status quo와의 비교에서, 다른 나라의 미사일의 제거는 이득이고 포기해야하는 자국 미사일은 손실로 평가된다. 손실이 이득보다 두 배의 충격을 지닌다면, 각 국가는 상대방이 자신들이 없애려는 미사일 갯수의 두 배를 없애라고 요구할 것이다. 이렇게 되면 협상에서 좋은 결론이 날 수 없다. 양측의 포지션이 균형 상태에 있으면, 협상자들이 미사일 거래문제를 동등하게 다시 프레임하기가 좋다

그렇지만. 대부분의 협상에서, 양 측이 포기한 것들은 쉽게 비교될 수가 없다. 예를 들면 노사협상에서 경영진은 조종실에 3등 조종사를 두지 않는 대신에 처우개선 또는 보다 후한 퇴직금제도를 노조측에 제의한다. 이러한 것들이 우리가 양보 회피현상을 발견할 수 있을 것으로 기대되는 환경이다. 양보를 한 측과 받은 양보를 받은 측의 평가가 체계적으로 다르다.

양보의 회피는 반응적 과소평가 reactive devaluation현상과 유사하다. 협상당사자가 상대방의 양보는 자신의 양보보다 그 가치가 적은

것으로 여기는 것이다. 그러나 그 과정은 상당히 다르다: 반응적 과소평가는 상대방의 오퍼에 대응하여 어떤 제안서의 평가를 변경시키는 것인데, 반하여 손실 회피는 이득과 손실에 대한 비대칭적 평가를 반영한다.

손실회피가 모든 거래에 영향을 미치는 것은 아니다. 그것은 사용할 목적으로 보유중인 물건에는 적용되지만, 교환을 위해 보유중인 물건에는 적용되지 않는다. 교환대상 재화에 세 가지 - 쓰기 위해 보유중인 현금, 판매위해 보유중인 재화, 및 '바게인용 칩' 즉 단지 거래될 수 있기 때문에 가치를 지니는 재화- 범주가 있다.

예를 들어, 미사일을 전략적인 자산이 아니라 바게인용 칩으로 취급한다면, 그 중요성이 상당히 떨어진다. 후자의 경우, 양보회피는 협약의 체결을 단지 억제할 뿐이다. 손실회피는 일상적인 경제 거래 즉 판매자와 구매자가 재화와 돈을 교환하는 거래에서는 아무런 역할을 하지 않는다. 양쪽 모두 그러한 목적으로 보유하고 있었기 때문이다.

이와 대조적으로, 노사 협상에서 흥정의 대상들(작업의 안전, 후생복지, 고충처리절차 등)은 '사용 재화'이지 교환용 재화가 아니다. 노사 양측이 기존 계약을 자신들에게 유리한 방향으로 수정하려고 하므로, 노사협상은 양보 회피의 전형적인 케이스이다.

양보 회피현상을 분석해보면 처방적인 시사점을 즉각적으로 얻을 수 있다. **당신이 할 수 있는 가장 효과적인 양보는 상대방의 손실을 줄이는 것이다**. 상대방이 어떤 요소에서 이미 이득영역에 놓여 있는 경우, 가장 비율적인 양보는 당신이 그 요소를 증진시키는 방안이다. 손실감소는 가치함수에서 기울기가 급한 부분이다. 그리고 손실의 제거는 가장 기울기가 급한 영역이다. 반대로 이득이 증가는 상대적으로 가치가 적다.

상대방에게 이득을 주기보다는 상대방의 손실을 줄여주는 것이 좀 더 효율적이라는 주장은 프러이트(1983)연구에서 논의된 협상전략과 일관성이 있다. 원가절감 전략을 하기위해서, 양보를 요구하는 한쪽은 상대편에게 그 양보로 인해 발생되는 코스트를 줄여주기 위한 방법, 즉 손실부과의 회피 방법을 찾아내어야 한다. 원가절감전략은 상대방에게 이득을 주는 양보전략보다 선호된다. 오늘날의 분석관점에서 보면, 원가절감전략으로 제거되는 손실은 가치함수에서 기울기가 가파른 영역에서 평가되지만, 이득의 한계가치는 상대적으로 가파르지 않다.

요 약

이 장은 카네만· 슬로빅 · 트베르스키(2000) 교수의 연구성과를 중심으로, 개인의 판단과 의사결정을 인지적으로 분석하는 과정에서 나타는 주요한 세 가지 현상(낙관적 과신, 확실성효과, 손실 회피)을 논의하였다. 이러한 현상은 정통경제학의 합리적 선택이론과 괴리되는 것이다. 여기에서 합리적 선택이론에 의하면, 모든 경제주체가 합리적이라는 전제하에, 결과를 확률에 의거 평가하고, 의사결정의 결과를 이득이나 손실이 아닌 자산상태의 관점에서 평가한다는 이론이다.

증거에 대한 평가나 결과에 대한 평가 시에 나타나는 이러한 편견들은 갈등을 성공적으로 해결하는데 방해가 된다고 생각한다. 특히 낙관적 과신은 상대방으로 하여금 자신들이 이길 수 있으므로 양보하지 않아도 된다고 믿게 만든다. 확실성효과는 논쟁의 당사자가 영업권과 같은, 결과를 과소평가하게 하는데 그 이유는 확실하지 않기 때문이다. 마지막으로 손실회피는 수용 가능한 협정이나 약정의 범위를 좁힌다. 그 이유는 일방의 양보는 자신에게는 손실로 평가되고 상대방의 양보는 이득으로 평가되기 때문이다. 이러한 현상들은 사람사이의 갈등을 성공적으로 해결하는데 가로놓인 심리적인 장애물을 제거시키는 것이 아니라 오히려 성공적인 협상에 중요한 장애물로 작용하기도 한다.

갈등 해결에 장애가 되는 인지상의 특성을 이해하면 우리는 두 단계의 통찰력을 얻을 수 있다..

첫째 단계에서, 협상의 한 당사자는 상대방이 합리적인 행동의 표준규칙에 따라 행동하지 않을 수도 있으며, 상대방은 낙관적 과신의 믿음을 지니고 있고, 불확실한 양보를 과소평가하고, 손실을 회피하려는 성향을 지니고 있다는 점을 인식할 것이다. 라파의 처방적 분석(Bell, Raiffa, and Tversky 1988)에 의하면, 합리적인 협상자는 상대방이 전적으로 합리적인 사람은 아닐 수도 있다는 것을 염두에 둔다.

좀 더 높은 단계의 통찰력으로, 협상자는 자신도 항상 합리성 공리에 따라 행동하지는 않는다는 점을 인식하고 자신도 과신과 확실성효과와 손실 회피를 보인다는 것을 인식할 것이다. 판단과 선택에 관한 논문(Bazerman 1994 ; Dawes 1988 ; Kahneman, Solvic, and Tversky 1982)에 의하면 편견이나 인지상의 착각은 지식이나 경고로 없어지지 않는다. 그럼에도 불구하고 자신뿐 아니라 상대방의 편견을 알면, 우리가 갈등을 해결하는데 무엇이 장애가 되는지를 이해하는데 도움이 되고 그것에 대한 극복 방법을 찾아내는데도 유익하다.

제10장 합리적 선택을 위한 지혜

합리적인 선택과 결정을 위하여 우리는 어떻게 해야 하는가? 본장은 판단과 선택행위라는 주제하에 제1장에서 제9장까지 논의된 여러 개념과 사고들을 종합정리하고 있다. 이하에서는 합리성의 의미, 휴리스틱의 본질, 제한된 합리성과 심리계정, 확률적 판단과 판단착오의 유형, 선호도의 구성과 역전현상, 자기통제 · 프레이밍 · 손실기피 · 멘탈회계 등 주요 행동변수들을 살펴보기로 한다.

1. 합리성

정통적인 경제학이 설정하고 있는 가장 기본적인 가정의 하나는 개인과 조직(모든 경제주체)이 합리적으로 행동한다는 것이다. 이준구(2002)교수는 만약 합리성의 가정이 부정된다면 경제학의 모든 이론체계가 거의 송두리째 부정될 수밖에 없을 정도로 중요한 의미를 갖는다고 하면서, 합리성rationality 개념을 다음과 같이 설명하고 있다.

"어떤 사람은 이 합리성의 가정에 강한 불만을 표시하기도 한다. 인간의 합리성에 한계가 있기 때문에 완벽한 합리성을 전제로 하여 도출된 이론이 현실에 맞을 리 없다는 것이다. 그렇지만 경제학자들은 합리성의 가정이 현실의 사회현상에 대해 유용한 예측을 제공해 주고 있다는 사실에 주목한다. --- 사회현상이 많은 사람들의 총체적 행동의 결과로서 나타나는 것이라면, 합리적 행동의 가정하에서 도출된 이론이 현실의 사회현상을 그런 대로 잘 설명해줄 수 있는 것이다. --- 합리적인 방법이라 해서 반드시 좋은 결과를 보장해주는 것은 아니다. 그러나 합리적이란 신중한 고려의 토대위에서 어떤 선택을 하는 것을 뜻하며, 이 점에서 본다면 비합리적인 방법보다 더 나을 것이 분명하다. 그렇다고 해서 모든 경우에 더 나은 결과를 보장해 준다는 의미는 결코 아니다. 단지 여러 경우를 놓고 보았을 때, 확률적 의미에서 합리적인 방법이 한층 더 낫다는 뜻일 뿐이다(pp11-12)."

2. 휴리스틱의 본질

'휴리스틱heuristics'은 "무언가를 찾아내거나 발견하는 데 도움이 되는 것 " 이라는 그리스 용어에서 유래되었다. 아인슈타인(1905)은 그의 노벨수상 논문에서, 제한적인 우리의 지식속에서 ,불완전하기는 하지만, 유용한 것으로 간주되는 아이디어를 지칭하기 위하여 휴리스틱 이란 용어를 사용하였다. 수학자인 폴라(1954)는 휴리스틱한 사고를 논리나 확률이론으로는 풀 수 없는 문제에 대한 고도의 수학적 사고로 간주하였다. 예를 들어 체스나 고스톱 화투 같은 게임에서 조차도, 명확한 규칙이란 거의 없고, 최적전략에 대해서도 알려진 것이 없다. 체스 마스터나 체스 컴퓨터는 게임에서 승리하기 위하여 휴리스틱에 의존할 수밖에 없다. 휴리스틱은 몇 가지 상황 - 불확실성이 높고, 최적화에 도달할 수 없는 상황이고, 결정시한이 촉박한 경우상황 - 에서 적극적인 도구로 고려되어왔다.

휴리스틱은 어떤 결정을 생성시키는 인지적 과정cognitive process을 지칭한다. 이 프로세스의 단계들을 묘사한 것이 휴리스틱 모델이다. 이들 단계에는 탐색 규칙, 중단 규칙, 결정규칙 등이 포함되어 있다. 진화론자들의 은유적 표현을 빌리자면, 휴리스틱은, 두 가지 관점에서, 일종의 상황적응적인 도구박스라고 할 수 있다.

첫째, 진화란 어떤 장대한 플랜에 따라 일어나는 것은 아니며, 개개 문제별 해결책들은 진화의 결과로 모이게 되는 것이다. 이 도구박스에도 동일한 관점이 적용된다. 휴리스틱은 일반적이 아닌, 영역 특정적인 개념이다.

둘째, 적응적 도구박스로서의 휴리스틱은 단지 어떤 환경(상황)에 관련된 개념이다. 그 자체로서 좋다거나 나쁘거나 한 것이 아니며, 합리적이거나 비합리적인 것도 아니다. 적응이란 것은 특정 맥락에 국한되는 개념인 것과 마찬가지다. '문제의 구조'라고도 불리는, 환경의 구조는 환경의 통계적 구조 및 의사결정자의 목표를 포함한다.

1970년 무렵 휴리스틱이란 용어가 인지적 착각 프로그램에 사용되게 되자, 몇 가지 면에서 그 의미상에 변화가 있었다. 이제는 이 용어가 확률이론으로 해결할 수 있는 문제들에 사용되었다. 이들 문제에서 휴리스틱은 정의상 오직 좋지 않은 판단으로 귀결되는 경우만을 의미하고 또한 각 예시들은 부정적인 것들이었다.

사실상, 휴리스틱과 편견 bias란 용어는 거의 동의어화 되었다. 따라서 이들 용어가 호환적으로 사용되었다. 예를 들어, 졸스, 선슈디인 & 탈러(1999)는 "판단의 오류"란 제목하에서 편견들과 가용성 휴리스틱 양쪽을 모두 제시하고 있다. 라흐린스키(2000)는 **후견편향(hindsight bias)**과 **전형성(대표성) 휴리스틱**을 "인지적 현상"과 " 인지적 과정"으로 부르고 있다. 이로 인하여 용어상의 혼란이 야기된다. 휴리스틱은, 주먹구구식 편법, 편견, 판단착오 등과 유사한 의미로 사용되고 있다.

휴리스틱은 또 하나의 다른 오류가 이니라, 편견이나 오류를 설명하는 용어다. 편견은 인지적 과정의 결과이며, 과정 그 자체는 아니다. 보다 중요한 점은 각 분야(법학, 경제학, 회계학 등)의 학자들에게 심각하지만 아직 미해결상태의 문제가 한 가지 있다. 제시된 휴리스틱들의 모호성으로 인하여 창조적인 이야기꺼리가 양산될 수 있다는 점이다.

3. 제한된 합리성과 심리계정

정통적 경제학의 특징인 합리적 선택모형은 여러 가지 이유로 도전을 받아왔다. 노벨상 수상자인 허버트 사이몬은 경제학자들의 마음속에 다음과 같은 말을 깊이 새겨준 최초의 인물이다.

“사람은 표준적인 합리적 선택 모델들에서 묘사된 합리적 인간처럼 행동할 수는 없다.”

우리 자신이 어떤 퍼즐에 직면한 경우, 깔끔한, 선형(직선적) 형태로 퍼즐에 대한 해결책에 도달하는 경우는 드물다. 우리는 잠재적으로 관련되는 사항과 정보를 이리저리 탐색한다. 일단 우리의 지식이 어떤 문지방 수준에 도달하면, 보통 탐색행위를 중단한다. 우리 인간이 내리는 결론은 흔히 일관성이 결여되어 있으며, 심지어 명백히 틀린 결론을 내리기도 한다. 그렇지만, 많은 경우, 불완전하기는 하지만 그래도 쓸만한 해결책에 도달한다.

사이몬 교수의 용어를 빌리자면, 우리 인간은 “만족형 추구자”이지, “극대화 추구자”는 아니라는 것이다. 사이몬의 연구를 이어받은 후속 이코노미스트들은 불완전 정보하의 의사결정 문제에 대하여 대단히 정교한 이론을 전개하였다. 정보수집 비용과 인지적 처리능력의 한계로 인하여, 전통모델에서 묘사된 완전정보하의 선택행위 조차 합리적일 수 없음을 우리는 이제 알고 있다. 역설적으로, 완벽한 정보를 입수하는 것이 꼭 합리적인 행위는 아니다. 불완전 정보하의 의사결정 문헌들이 이러한 견해를 뒷받침해주고 있다.

전통모델에 덜 우호적인 사이몬 연구의 지류가 또 하나 있다. 인지심리학자인 다니엘 카네만 & 아모스 트베르스키 교수의 지배적인 영향을 받은 연구들이 있다. 극히 단순한 문제에서 조차, 사람들은 흔히 합리적 선택에 관한 가장 기본적 공리에서 조차 벗어난 행동을 보인다. 예를 들어, 합리적 선택 모델이 가장 신봉하는 공리중의 하나는 부wealth란 대체가능하다는 것이다. 특히, 대체가능성 공리가 의미하는 것은 다음과 같다 : 우리가 무엇을 구매할 것인지는 특정 계좌에 넣어둔 돈이 아니라, 우리의 총체적 부에 의하여 결정된다.

그렇지만, 카네만 & 트베르스키는 이와 반대되는 생생한 사례를 실험을 통하여 예증하였다. 실험에 참가한 두 피험자 집단에게 다음과 같은 질문을 각각 한 후, 그래도 공연관람을 할 것인지를 물었다.

(제1집단) 당신은 관람위해 공연장 입구에 도착하였으나, 며칠 전 10달러주고 구입한 공연 티켓이 분실되었음을 알았다.
(제2집단) 당신은 공연티켓을 구입하려고 극장 앞에 도착했으나, 지갑에 있던 10달러가 분실되었음을 알았다.

합리적 선택모델의 경우, 양 집단에서 의사결정을 지배하는 힘은 동일하다. 10달러짜리 티켓 분실과 10달러 지폐 분실의 영향은 정확히 동일해야만 한다. 그렇지만, 반복 측정을 해본 결과, 티켓 분실을 한 집단 사람들은 대부분 공연을 보지 않겠다고 말했으나,10달러 지폐를 분실한 집단 사람들의 88%는 공연관람을 할 것이라고 응답했다.

카네만 & 트베르스키에 의하면, 사람들은 소비예산을 자신의 "심리계정 mental account"에서 식료비, 주거비, 오락비, 일반비용 등의 항목별로 편성한다. 티켓을 분실한 사람들은 심리계정의 오락항목에서 빼낸 10달러를 오락비계정 차변에 기입한 것으로 생각한다. 반면에 10달러를 분실한 사람은 일반비용 계정의 차변에 기입한다. 제1집단의 사람들은 분실로 인하여 관람비용으로 도합 20달러가 든다고 느낀다. 즉 10달러의 티켓을 실제로 두 장을 사게 되는 셈이다. 반면 제2집단에 속한 대부분의 사람들에게 있어 관람료는 여전히 10달러이다. 잃어버린 현금 10달러와 티켓을 구입하는 10달러는 "심리적으로' 서로 별개라는 계산이 나온다. 운이 좋지 않았지만 그 둘 사이에는 아무런 관계가 없다는 것이다. 합리적 선택 모델은 제2집단의 평가가 옳다는 것을 명확히 하고 있다. 가만히 생각해보면, 실제로 대부분의 사람들은, 10달러짜리 티켓분실이 10달러 현금분실 경우보다 관람포기 할 더 좋은 구실은 되지 않는다는 데 동의할 것이다.

확률적 판단에 관한 연구는 합리적 행동을 바탕으로 하는 규범적 모형과 의사결정자의 실제적 행동과의 불일치 원인을 설명하는데 초점을 두고 있다. 베이즈 정리는 많은 의사결정이론가에 의해 불확실한 상황에서 의사결정자가 따라야 할 규범적인 모형normative model으로 제시되었다. 댐스키는 정보평가자가 불확실성이 내포된 정보를 통합할 때 베이wm 정리에 의하여 주관적인 확률을 수정한다는 가정하에 정보시스템 평가를 위한 모형을 제시하였다. 팰삼은 다단계 multi-stage 정보시스템 평가모형을 제시하면서 의사결정자가 베이즈 정리에 따라 주관적인 확률을 수정한다고 가정하였다.

많은 연구들에서 인간은 정보처리능력의 한계로 인하여 의사결정상황에서 규범적인 모형과는 전혀 다른 휴리스틱을 이용하여 복잡한 문제들을 해결한다고 한다. 트베르스키 & 카네만(1974)은 확률을 평가하고 값을 예측하는 복잡한 과업을 간단한 판단과정으로 축소시키기 위하여(즉, 복잡한 인지과정을 줄이기 위하여) 사람들은 몇 가지 휴리스틱에 의존한다는 연구결과를 발표했다. 이러한 휴리스틱에는 전형성 representativeness, 가용성availability, 그리고 준거점조정현상ancho- ring and adjustment 등이 있다. 이와 같은 단순화된 휴리스틱의 사용은 확률적 판단에 필요한 인지노력을 감소시킨다는 점에서 효익이 있으나 옳지 않은 판단 및 판단상의 편의bias를 가져올 위험도 있다.

카네만 & 트베르스키는 합리적 선택으로부터 벗어난 체계적인 일탈의 목록을 제시하였다. 이들 목록의 대부분은 사람들이 판단과 결정을 내릴 때 휴리스틱(주먹구구식 편법)을 적용하는 데서 나온 것들이다. 예를 들어, 우리는 흔히 사건이나 사건의 유형의 발생빈도를, 기억으로부터 관련 예를 쉽게 인출해내는 정도에 의하여, 추정한다. 어느 모로 보나, 일반적으로 자주 발생하는 사례를 회상시키기가 더 용이하기 때문에, **가용성(회상용이성) 휴리스틱**은 일종의 효율적인 주먹구구법이다. 빈도는 회상용이성에 영향을 미치는 유일 요인이 아니라는 것이 문제다. 예를 들어, 매년 미국 캘리포니아 주에서 자살보다 살인으로 인한 사망자수가 더 많은지 여부에 대한 질문을 받으면, 대다수 사람들은 살인으로 인한 사망자수가 더 많을 것이라고 대답한다고 한다. 살인의 빈도가 더 높아서가 아니라 언론 등을 통해 그에 관한 뉴스를 자주 접하다보니 사람들은 살인 사건들의 사례를 더 두느러시게 회상한다는 것이다.

게 회상한다는 것이다.

판단과 결정의 과정에서 휴리스틱방식의 적용으로 인지상의 오류 cognitive errors가 발생할 수 있다. 이로 인하여, 사람들은 흔히 합리적 선택모델의 예측과는 다른 행동을 보이게 된다. 사람들이 자신들의 인지적 오류를 일단 인식하고 나면, 앞으로는 그런 오류를 재차 범하지 않으려고 할 것이다. 전통적인 경제모델의 지지자들은 대체로 모델을 수정하여, 체계적인 인지오류를 반영하길 꺼린다. 예를 들어, 혹자는, 그러한 오류나 실수에 벌금으로 제재를 가하면, 경쟁적 환경하에서는, 우리가 안심할 수 있을 정도로 그 발생빈도를 줄일 수 있다고 주장한다. *단지 사람들이 인지적 오류를 범한다는 사실 때문에, 휴리스틱에 의존한 판단이나 결정이 전체적으로 볼 때 나쁘다거나 혹은 불량하다는 것을 의미하지 않는다.*

휴리스틱 이외의 어떤 대안적 전략을 따르면 평균적으로 보다 나은 결과를 얻을 수 있는지 여부가 중요한 의문사항이다.

가용성(회상용이성) 휴리스틱 같은 룰은 적용하기가 극히 쉬울 뿐 아니라 많은 경우 적용의 결과도 양호하다. 가끔 잘못된 결정으로 인한 코스트와 단순한 결정 및 판단의 룰에 의존함으로 인한 분명한 이점을 비교·분석해 볼 필요가 있다. 여하튼, 체계적인 인지오류가 존재하며 광범하게 확산되어 있다는 명확한 증거들이 있다. 휴리스틱에 의존하면 결국 실패전략이 된다는 명확한 증거는 없다. 이러한 상태에서, 개인행동에 관한 기술적 모델에 인지적 오류를 명시적으로 고려해야한다는 강력한 방법론적 주장이 제기되고 있다.

4. 확률적 판단과 판단착오의 유형

여러 사건들의 발생가능성을 판단하는 일은 인간 경제생활의 중심에 자리 잡고 있다. 이 세상에 판단착오 없이 항상 확률이론(베이즈 정리)에 따라 완벽한 판단을 할 수 있는 사람은 아무도 없다. 인간의 판단착오 유형은 다양하다. 카네만 · 슬로빅 · 트베르스키(1982)는 일련의 연구를 통하여 사람들이 어떻게 확률판단을 하며 사람들이 쓰는 주먹구구식 방법으로 인하여 어떤 판단착오(판단의 편향 혹은 편견)가 나타나는지를 제시한바 있다. 이미 제4장에서 판단착오 관련 개념들을 소개하였다. 여기서 중요한 몇 가지를 다시 한번 살펴보기로 한다.

가용성

이것은 어떤 사건의 빈도나 확률을 판단할 때 구체적인 예를 기억으로부터 회상 또는 인출해내기가 얼마나 쉬운가에 의존해 판단한다는 휴리스틱이다. 즉 예가 쉽게 머릿속에 떠오르면 빈도도 높게 판단하는 것이다. 가용성도 유용한 주먹구구식 방법이기는 하지만 실제 빈도나 확률에는 영향을 미치지 않는 요인들의 영향을 받으므로 편향된 판단을 하게 한다.빈도를 판단할 때 그 예가 친숙할수록, 현저할수록, 그리고 최근의 것일수록 인출하기 쉽다. 가용성 휴리스틱으로 인하여 후견편향 hindsight bias 등 추가적인 편향을 초래할 수 있다.

후견편향이란 사람들이 이미 나타난 결과에 대해서 그럴 수 밖에 없었다고 결정론적으로 판단함을 가리킨다. 사람들에게 어떤 특정사건이 일어나기 전에 그 사건의 여러 가능한 결과에 대해 확률추정을 하게하고 실제 그 사건이 일어나 어떤 특정한 결과를 가져온 후 여러 결과들에 대해 확률추정을 다시 하게 하였을 때 사람들의 반응이 달라진다. 일어나지 않은 사건counterfactual events보다는 실제로 발생한 사건을 상상해내기가 더 쉽기 때문에, 사건이 일어난 후 사람들은 이미 일어난 결과의 확률을 흔히 과대 추정한다. 이러한 편향은 자신의 이전 예측을 정확하게 기억하려고 동기화된 경우에도 나타난다. 이러한 편향은 "2차적인 추측" 또는 월요일 아침의 쿼터백(어떤 일이 일어난 후에 충고하기; Monday- morning quarterbacking)으로 이어진다. 투자손실을 입은 고객이 월요일 아침 증권회사의 중개인을 상대로 소송을 제기하는 경우 부분적으로 이러한 현상에 기인될 수 있다(고객은 중개인들이 " --- 알고 있어야 했다"고 생각하는 것이다.). 좀더 일반적인 것으로 "**지식의 저주**"란 편향이 있다. 즉 많은 지식을 가진 사람은 타인이 얼마나 모르는지를 상상하기가 어렵다(예를 들어,경제학 교수가 학부 학생들에게 소비자 무차별곡선이나 내쉬 균형 같은 "명확한" 어떤 개념들을 설명하기가 어찌 그렇게도 어려운가?).

전형성(대표성)

어떤 구성원 A가 집단 B 또는 범주 B에 속할 확률을 판단하거나, 사건 A가 B라는 과정을 통해 초래되었을 확률을 판단할 때, 사람들은 A가 B의 속성을 얼마나 전형적으로 드러내는가의 정도에 따라 확률을 판단하곤 한다.

사람들은 종종 발생확률을 "A가 B를 대표하는 정도" 또는 "A가 B를 닮은 정도"로 판단한다. "A"와 "B"는 무엇인가?

이는 당신의 판단에 달려있다. 만약 당신이 A가 B로부터 나올 확률을 추정한다면, A는 사례나 표본example or sample이 될 것이며 B는 범주class or category나 모집단parent population이 될 것이다. 예를 들어, A는 사람이고 B가 그룹이라고 한다면, 질문에 대한 판단은 A가 B의 구성원일 확률이 될 것이다. 또한 A가 B에 의해서 산출될 확률을 측정하고자 한다면, A는 사건이나 효과가 될 것이고 B는 과정이나 원인이 될 것이다.

대부분의 휴리스틱과 마찬가지로, 이 전형성 휴리스틱의 경제적 이점은 많은 경우에 최소한의 인지적 노력으로 합리적인 판단을 도출해 낸다는 것이다. 그러나 휴리스틱 이용의 단점은 규범적으로 도출된 답에서 이탈된 체계적인 편견을 초래할 수도 있다는 것이다. 상당히 구체적이고 특정적인 경우를 일반적인 경우보다 발생확률을 더 높게 평가하는 경향이 있다. 예를 들어 깍두기 머리의 젊은이를 "조폭"으로, 거친 언어를 구사하는 학생을 "불량학생"이라고 단정하는 식이다. 이 경우 사람들은 자신들이 나름대로 정의해 둔 조폭집단, 불량학생집단과 유사한 특징을 가진 사람을 만나면 그 집단의 일원이라고 판단해 버린다.

전형성 휴리스틱으로 인하여 사람들은 **소수의 법칙**law of small numbers을 믿는 경향이 있으며, **기저확률**base rate(사건이 발생하는 상대적 빈도)정보를 무시하는가 하면, **평균으로의 회귀**regression toward mean현상을 간과함으로서 판단에 결정적인 실수를 범할 수 있다.

통계학에서 **대수의 법칙**law of large numbers이 있다. 이것은 모집단에서 추출한 표본의 크기가 클수록 그 표본이 모집단의 특성을 더 잘 대표해주며, 표본평균이 모집단 평균과 비슷할 것이라는 법칙이다. 소수의 법칙은 통계학에서 알려진 대수의 법칙에 정반대로 위배된다.

예를 들어, 동전을 세 번 던져보니 매번 동전의 앞면이 나왔다고 가정해보자. 다음 동전던지기에 10만원을 건다면, 어느 면을 선택할 것인가? 어떤 사람은 앞면이 연속 세 번 나왔으니 다음번에는 뒷면이 나올 차례라고 믿는다. 이러한 잘못된 신념을 소위 '**도박꾼의 오류**'라고 하며, 이것은 사람들이 소수의 법칙을 활용한다는 증거가 된다.

농구나 야구에서 **연속성공**hot hand을 잘하는 선수란 슛이나 안타를 실패한 이후 보다는 하나 또는 그 이상의 슛이나 안타를 성공한 후에 득점을 잘 올리는 장점을 지닌 선수를 의미한다. 선수들의 전반적인 득점가능성이 거의 다르지 않다고 할 때, 다음 득점을 올릴 수 있는 확률은 몇 번의 성공적인 슛(안타)을 한 후에 증가한다고 생각하는 사람들이 있다. 케머러(1989)나 길러비치 등(1985)의 실험연구에 의하면, 아무런 통계적 증거가 없지만 선수들이나 팬들은 연속성공의 효과가 존재한다고 믿는다고 한다.

전형성에 대한 의존은 사람들로 하여금 사건의 상대적 발생빈도(기저율) 정보를 간과하도록 한다. 또한 회귀현상을 간과함으로서 판단상의 실수를 범하는 예를 보기로 한다.

이스라엘 항공학교 이스라엘 항공학교에서 교관들이 비행연습을 훌륭히 해낸 연습조종사를 칭찬했더니, 그 다음 비행의 성과가 나빠졌다. 좋지 못한 비행에 대해 교관으로부터 힐난 받는 연습조종사들은 다음 비행연습시간에는 성과가 거의 대부분 향상되었다. 그래서 교관들은 꾸지람을 받은 연습조종사는 그 다음의 비행을 잘하게 되고, 칭찬을 받은 연습조종사는 무슨 영문인지 모르지만 그 다음의 비행성과가 나빠진다고 결론 내렸다. 좋건 나쁘건 한번 비행한 후의 다음 비행은 그 조종사의 장기간에 걸친 평균 비행능력에 근접하거나 회귀할 것이라는 '평균으로의 회귀'현상을 교관들은 몰랐던 것이다. 큰 완두콩이 자신보다 작은 완두콩 자손을 만들고 그 반대로 작은 완두콩에서는 좀 더 큰 완두콩이 생겨나듯이, 모든 분야에서 일의 성과는 무한정 향상되거나 나빠지지 않는 다는 것이었다. 우리가 수행하는 모든 일에 발전과 퇴보가 있다 하더라도, 결국 우리는 우리의 평균성과로 밝혀질 어떤 수준을 향해 계속적으로 회귀한다는 얘기다. 결국 연습조종사가 다음 비행에서 잘 할지 못 할지는 누군가가 '잘했다' 또는 '잘못했다'고 말해주는 것과는 아무런 관계가 없을 가능성이 큰 것이다.

준거점 조정현상

많은 상황에서 사람들은 어떤 초기값 initial value을 출발점으로 지표설정(앵커링:anchoring)한 다음, 이를 조정하여 최종 해를 산출해내는 방식으로 추정을 한다. 여기서 초기값 혹은 출발점starting point이 어떻게 설정되는가는 분명치 않으나 보통 과거경험, 부분적인 계산 또는 제시된 과업(외부 정보)등을 기초로 하여 설정될 수 있을 것이다. 어느 경우이든, 조정은 일반적으로 불충분하다(Solvic and Lichtenstem, 1971). 즉 출발점이 다르면 추정치도 달라지게 되며, 이 추정치는 초기값 쪽으로 편향 bias되어 있다. 이러한 현상을 앵커링이라 부른다. 준거점조정 휴리스틱에 의존하는 사람들은 의사결정 상황에서 어떤 초기값 혹은 앵커 initial value or anchor에 초점을 맞춘 다음, 그 값으로부터 자신들의 반응을 조정 adjust or refine한다고 한다. 전형적으로, 조정의 방향은 바르게 right 이루어지지만 앵커링이 일어나지 않았을 경우의 값 즉, 정확한 correct 값에 판단이 이르기에는 불충분하다는

다.

리히텐슈타인과 슬로빅(1973)은 실험실 실험과 라스베가스 카지노 실험을 통해 도박에서의 배팅bet choice에 대한 반응행태를 앵커링 즉 초기값 설정anchoring으로 분석하고 있다. 즉, 같은 기대값을 가진 대안에 대하여 피험자들은 딸 확률이 큰 쪽보다 딸 금액이 큰 쪽에 더 많은 투기를 하는데, 이는 딸 금액에 초기값(앵커)을 설정한 후 다른 속성을 고려하여 아래쪽으로 수정하여 투자금액을 결정하기 때문이다.

카네만 & 트베르스키(1973)에 의하면 휴리스틱의 이용과 편견의 발생은 비숙련자에게만 해당되는 것이 아니라 숙련자(전문가)도 직관적으로 생각할 때는 같은 편견을 가질 수 있다고 한다. 카네만 & 트베르스키는 인간의 추론과정과 준거점 조정 휴리스틱의 이용에 관한 연구를 다음과 같이 수행하였다.

- **불충분한 조정** -

UN에 가입된 국가 중 아프리카 국가들이 차지하는 백분율(%)을 구하는 문제에서, 피험자에게 0%에서 100%까지 적힌 회전판을 돌려 무작위로 백분율 수치를 선택하게 한 다음 이 수치를 상하로 조정하여 이 문제의 추정치를 구하도록 하였다. 피험자 집단별로 각기 상이한 수치(앵커)를 부여 받았으며, 이들 임의적인 수치들이 피험자의 추정에 뚜렷한 영향을 주었다.

출발점이 피험자에게 주어지는 경우만이 아니라, 어떤 불완전한 계산결과를 토대로 피험자가 추정을 할 때도 앵커링이 발생한다. 즉 두 집단에 각각 8×7×6×5×4×3×2×1과 1×2×3×4×5×6×7×8의 값을 5초 이내에 추정하도록 한 결과 평균 추정값은 첫 번째 집단에서 512, 두 번째 집단에서는 2,250로 나왔다. 정확한 값은 40,320이다. 여기서 피험자들은 처음 몇 단계를 계산(왼쪽에서 오른쪽으로 수행)하여 구한 값을 조정 혹은 외삽시켜 추정했을 것이다. 그러나, 불충분한 조정으로 인하여 전형적으로 이런 절차는 과소추정에 이르게 되는 것이다.

- 결합사상과 분리사상의 평가에 내포된 편견-

바히랠(1973)은 피험자들에게 세 가지 내기 즉 단순사상simple cvent, 결합사상conjunctive event 및 분리사상disjunctive event을 제시하고 가장 높은 확률을 갖는 사상을 선택하도록 했다. 실험실 실험의 결과, 결합사상의 확률이 가장 낮고 분리사상의 확률이 가장 높았다. 사람들의 선호순위는 결합사상, 단순사상, 분리사상 순으로 나타났다. 이러한 편견은 약식 의사결정기법으로 사용되는 휴리스틱 가운데 준거점조정효과로 설명될 수 있다. 즉 요소사상elementary event에 대해 제시되는 확률은 불충분한 조정이 이루어지는 자연스러운 출발점 a natural starting point 역할을 하기 때문이다.

- 주관적 확률분포 사정에서의 앵커링 -

어떤 주어진 수(다우존스 평균값)에 대한 주관적 확률분포는 두 가지 다른 방법으로 구해질 수 있다. 즉 (i) 피험자에게 자신의 주관적인 확률분포이 특정 백분율에 대응하는 다우존스 값을 선택하게 하거나, (ii) 피험자에게 다우존스의 실제값 true value이 어떤 특정한 값을 초과하게 될 확률을 추정하도록 요구한다.

이를 두 절차는 공식적으로는 동등하며 따라서 동일한 분포를 산출해 내어야만 한다. 그렇지만 서로 다른 앵커로부터 초래되는 서로 다른 조정 형태를 암시해 준다. 즉 절차(i)에서 자연스러운 출발점은 자신의 최선의 추정값이며, 한편 절차(ii)에서 피험자는 질문항에 나타난 값에 앵커되거나, 혹은 50-50 비율로 앵커될 것이다. 이것이 가능성 likelihood 평가에 있어서 하나의 자연스러운 출발점이 된다. 어느 경우든 절차(ii)는 절차(i)에 비하여 덜 극단적인 차이를 산출해 내어야 한다.

자기과신

이 현상은 자신의 판단이 옳다고 실제 이상으로 확신을 갖는 것을 가리킨다. 자신이 다른 사람보다 덜 똑똑하다고 인정할 사람은 별로 없을 것이다. 일반적으로 자만심에 빠져있는 투자자는 자신의 지식이나 경험을 과대평가하는 경향이 많다. 사람들이 저마다 자신만은 타인에 비하여 더 나은 정보를 입수하고 있고, 또한 보다 높은 수익을 올릴 수 있다는 확신은 주식시장에서 종종 과민반응으로 이어진다. 사람들은 좋은 뉴스에는 천천히 반응하지만 나쁜 뉴스에는 빠른 반응을 보인다고 한다. 행동심리학자들은 이를 '과민반응 편집증'이라고 부른다. 탈러 교수는 증권시장에서 단기적인 수익 실적에 과민반응을 보이는 현상을 '투자 근시안'이라고 명명 하였다.

통제에의 착각

사람들은 종종 우연사건에 대해 자신이 통제력을 가지고 있다고 생각한다. 흔히 일상적으로 볼 수 있는 통제에의 착각은 윷놀이나 주사위 게임에서 사람들이 윷이나 주사위를 던질 때 자신이 원하는 수가 나오기를 바라면서 정신을 집중하여 던지거나, 낮은 수는 약하게, 높은 수는 강하게 던지는 등의 기술을 부리는 것에서 관찰할 수 있다.

확증편향

이는 사람들이 자신의 머릿속에 가지고 있는 가설을 검증할 때 그 가설이 틀릴 수 있음을 확인하기보다 그 가설이 맞는지를 확인하는 경향을 가리킨다. 이러한 경향으로 자신의 가설이 맞는지 틀리는지를 검증하기위한 정보를 구할 때에 자신의 가설과 일치되는 정보만을 구하게 된다.

5. 선호도의 구성과 역전현상

선호도preference란 일반적으로 어떤 대상을 좋아하는 정도를 말한다. 선택이란 겉으로 보이는 행동을 통해 선호도가 드러난다(revealed preference). 선호도에 대한 이러한 이해는 인간의 선택행위에 대해 규범적인 이론을 제시하는 쪽이나 기술적인 이론을 제시하는 쪽 모두 받아들이는 것이다. 그러나 선호도에 대한 기본전제는 양쪽이 다르다(안서원, 2001). 경제학자는 사람들 머릿속에 잘 정리된 선호도 순서가 있으며 사람들은 그것을 읽어내기만 하면 된다고 보는 것이다. 따라서 선호도란 것이 시간과 함께 변화거나 상황에 따라 달라진다고 보지 않는다.

이에 반해 심리학자들은 선호도를 어떻게 유발하느냐에 따라 선호도가 달라질 수 있으며, 선호도의 역전현상은 선호도가 구성된다(preference constructed)는 것을 보여주는 경험적 자료라고 보고 있다. 사람들의 선호가 구성된다는 관점은 판단 및 의사결정의 심리학에서 확고하게 자리를 잡아가고 있다. 그러나 선호의 형성과정이 인지적인가 아니면 인지적 과정을 필요로 하지 않는 감정적(정서적) 처리 과정인가에 대해서는 아직 여러 이론이 혼재해 있다.

기대효용이론의 공리(원칙)에 의하면, 문제 상황을 어떤 식으로 표현했느냐와 상관없이 선호도는 항상 일정해야 한다. 하지만, 사람들은 종종 이 원칙으로부터 이탈한 행동을 보인다. 사람들의 선호도는 문제 상황을 어떻게 표현(제시)하느냐에 따라 달라질 수 있으며, 이를 프레이밍효과(틀효과 : framing effect)라고 한다. 카네만 & 트베르스키는 문제 상황을 간단하게 편집하는 과정에서 이 효과가 일어난다고 하였다. 다음은 이 효과를 단적으로 보여주는 "아시아 지역의 전염병"사례이다.

당신이 의사로 근무 중인 아시아지역에 600명의 생명을 위협하는 전염병이 돌기 시작했다고 가정해보자. 두 가지 치료법이 있다. 전문가는 각 치료법의 결과를 다음과 같이 예측하고 있다.

(긍정적 프레임) 만약 A를 채택하면 당신은 200명을 확실하게 살릴 수 있다. B를 채택하면 600명 모두를 살릴 수 있는 확률이 3분의 1이고, 아무도 살릴 수 없는 확률이 3분의 2이다.
당신은 A와 B중 어느 방법을 택하겠는가?

(부정적 프레임) 만약 C를 채택하면 400명이 확실하게 죽게 된다. D를 채택하면 아무도 죽지 않을 확률이 3분의 1이고, 600명이 죽게 될 확률이 3분의2이다.
당신은 C와 D중 어느 방법을 택하겠는가?

위의 두 문제는 다른 식으로 표현되었지만 각 결과의 기대값은 동일하다. 일반적 반응을 보면 긍정적 프레임을 제시받은 응답자들은 대개 치료법 A를 선호하지만, 부정적 프레임을 제시받은 응답자들은 대개 치료법 D를 선호한다. 같은 상황이라도 어떤 프레임을 가지고 문제를 보느냐에 따라 사람들의 선호가 뒤바뀌게 된다. 프레이밍효과는 게슈탈트Gestalt 심리학자들에 의해 연구된 시각 착시에서와 마찬가지로 그 효과가 쉽게 사라지지 않는다고 한다.

6. 중요 행동변수들

지금까지 앞장에서 소개된 내용을 통하여 독자들은 인간의 합리성에 대해 다소 부정적인 시선을 갖게 되었을지 모른다. 판단과 선택을 함에 있어서 종종 사용되는 휴리스틱들과 함께 소개된 여러 편견과 착오들은 우리 자신과 타인의 판단·선택에 대해 회의를 갖게 하고 과연 인간이 올바르고 정확한 판단과 선택을 한다는 것이 가능한 것인가에 의문을 갖게 한다. 심지어 사람들은 자신이 왜 그런 판단과 선택을 하였는지에 대해서도 종종 통찰을 갖지 못한다고 한다. 인간의 합리성에 대한 근거 없는 낙관도 위험하지만 비관적인 자세도 좋을 것 같지는 않다. 여기서 우리를 움직이게 하는 심리와 마음에 대한 공부의 필요성이 제기된다.

사람들은 투자 저축 소비 등의 경제활동을 하면서 여러 가지 판단과 선택을 한다. 일상 생활속에서 사람들은 감정에 기초하여 의사결정을 내리는 경향이 많고 감정은 이성보다 훨씬 강력하게 작용한다.

전통 경제이론에 내재된 가정들은 현실과 괴리되어 있다는 비판을 종종 받아왔다. 예를 들어, 소비자들이 우연한 이득의 연금가치에 대한 계산법을 알고 있는 것처럼 저축한다는 가정, 또는 소비자는 장래

벌게 될 소득의 현재가치를 계산할 수 있다는 가정 등에 대한 비판이 있다. 이런 류는 진부한 비판이다. 다음의 세 가지 중요한 행동변수들은 경제분석에서 일반적으로 간과되어 왔다. 쉐프린과 탈러 교수 등은 보다 좋은 저축 소비이론의 구축을 위하여 이들 변수를 라이프사이클 모델에 포함시키는 것이 좋다고 주장한다.

(1) **자기통제** : 자기통제에는 희생과 고통이 수반되며, 사람들은 은퇴시까지 소비의 상당부분을 유예시키는데 따르는 어려움에 대처하기위하여 주먹구구식 편법과 연금플랜 같은 여러 수단을 이용할 것이다. 소비에 대한 유혹을 떨쳐버리고 저축하려면 자제심이 요구됨을 우리는 알고 있다.

(2) **멘탈회계** : 행동경제학이나 행동재무학 분야에서 주목을 끄는 또 하나의 개념이 바로 멘탈회계이다. 기업, 비영리조직(학교·교회·사찰 등), 그리고 정부기관에 이르기까지 모든 조직은 회계시스템을 활용하여 돈의 흐름을 추적·기록하고, 일정 방식으로 분리하거나 통합한다. 반면에 사람들의 마음속에는 멘탈회계 시스템이 작동한다. 사람들은 돈을 여러 '다른 심리계좌'에 넣어두고, 어떻게 그 돈들을 사용하면 좋을지 결정한다고 한다. 즉 각각의 돈을 해당 계좌에 저장해둔다. 각 계좌(계정)에는 한 가지 결정(투자나 소비)과 관련된 비용과 효익이 기입된다. 일단 결과가 계좌에 할당되면 그것을 다른 방식으로 생각하기는 어렵다. 멘탈회계는 예기치 않는 방식으로 우리 인간의 판단과 선택행위에 영향을 미친다.

기업은 재무예산을 편성하여 지출을 추적하고 통제한다. 사람들은 심리예산을 활용하여 소비의 효익을 심리계좌의 비용과 관련시킨다.

심리예산은 재화와 용역의 구매에 수반된 고통(금전적 손실)과 그 소비에 따른 기쁨을 조화시켜준다. 사람들은 대체로 맞돈(현금)지불방식을 선호한다. 이것은 소비의 효익과 구매비용을 엄격하게 일치시키기 때문이다.

그런데 여행사의 관광 상품이나 냉장고 같은 내구재 등 구매대상에 따라 선호하는 대금지불방식에 차이가 날 수 있다. 후불지급보다 선불지급 후 관광 여행하는 것이 즐겁다고 믿는다. 관광을 시작할 무렵에는 이미 비용지급의 고통에서 벗어났기 때문이다. 냉장고 사용으로 인한 효익은 구매 후 몇 년 동안 지속되므로, 사용하면서 대금을 분할지급하는 방안은 심리적 비용과 효익을 대응 시켜준다. 화폐의 시간가치를 고려한다면 후불방식이 유리하지만, 멘탈회계 관점에서 인간은 때로는 선불방식으로 더 많은 기쁨을 얻는다고 느낀다. 사람들은 멘탈회계를 근거로 심리적 비용과 구매의 효익을 일치시키려 하며, 그에 다른 결정은 종종 비싼 대가를 치르기도 한다.

경제활동을 할 때 대부분의 가계는 심리계정들을 이용하는 것으로 보인다. 이는 '대체가능성'원칙과 상치된다. 심리계정들 중, 특히, 부(자산)계정은 소득계정에 비하여 소비에 대한 유혹이 약하다.

효용이론의 가정에 의하면, 투자의 보수는 화폐금액에 의하여 '객관적' 시장가치를 나타낼 수 있다. 이러한 관점에서, 화폐금액 즉 돈은 그 발생 원천에 관계없이 돈인 것이다(money is money).

돈이 어디서 나왔는지는 중요하지 않으며, 한 개인이 가진 자산가치는 여러 종류의 부와 미래소득의 예상금액을 합친 것이다. 돈의 한계효용감소법칙을 가정해도, 돈은 돈이라고 가정함이 편리하나. 이것을 돈의 '**대체가능성**' 개념이라고 부른다. 그렇지만 조금만 생각해보면,

우리들 대부분은 각각의 돈들이 서로 대체가능하지 않음을 알게 된다. 어떤 사람은 연 4% 이자수익을 가져다주는 은행예금에 2,500만원을 넣어두고, 2,000만원 하는 신차를 연 7% 이자의 할부로 구매하고 예금통장은 그대로 둔다. 또는 3만원짜리 수영복이 너무 비싸다고 구매하지 않고 있다가, 7만원에서 4만원으로 가격 인하된 비슷한 품질의 수영복은 구입한다. 은행 통장의 2,500만원과 차 구입 위해 할부금융회사로부터 차입한 돈은 자동차구매자에게는 다른 종류의 돈인 것이다. 그리고 세일 행사때 3만원 절약한 돈은 정상가격으로 구매했더라면 낭비되었을 3만원의 돈과는 다르다. 돈의 가치는 다 같은 데도 직장에서 받는 봉급에 비하여 노름이나 복권 등으로 번 돈의 가치를 낮게 평가한다는 것이다. *여기서 포인트는 사람들이 돈의 종류나 범주별로 가치를 각각 다르게 부여한다는 것이다. 이러한 사실은 효용이란 것이 생각보다 훨씬 복잡한 개념이라는 것을 암시한다.*

50대의 어느 직장인은 자신의 재정상태를 구성하는 돈을 다음과 같은 4가지로 분류했다.

신속자산 : 지갑속의 현금, 신용카드, 보통예금

자본자산 : 살고 있는 아파트에 들어간 돈, 승용차, 투자자산, 퇴직자금

소득 및 고정지출 : 봉급, 세금, 주거관련 지출, 전기통신비용, 보험료

문화생활용 돈 : 휴가, 가정 생활관련 추가항목, 위험자산투자, 스포츠 카

이러한 분류 또는 카테고리를 '심리계정'이라고 부른다. 사람들은 보유자산의 각 부분을 각각 다르게 취급하면서 소비를 스스로 통제한

다. 봉급에서 일정액을 크리스마스 예금통장(이자가 없음)에 자동으로 계속 불입하는 방식은 돈을 스스로 절약하도록 자신에게 강제하는 효과가 있다. 연 20% 이자의 신용카드 현금서비스를 받은 상태에서도 그렇게 불입한다. 호주머니의 돈은 오락용으로 쓰는 것이 허용되지만, 식료비 용도의 돈은 다른 목적으로 전용할 수 없는 것이다. 신년 화투놀이에서 딴50만원은 "진정한 의미의 돈"이 아니라고 생각하여, 헤프게 쓰는 경향이 있다.

자동차 구입을 위해 3% 이자의 은행예금 2,000만원을 갖고 있는 사람이 통장에서 그 돈을 인출하는 대신, 6% 이자부담으로 자동차를 할부 구매하기로 결정한다. 할머니로부터 받은 돈을 예치해둔 예금통장 금액은 함부로 쓸 수없는 돈으로 생각한다.

(3) 프레이밍 : 심리계정의 종류에 따라 소비에 대한 유혹의 강도가 서로 다르다. 이것은 무엇을 시사하는가? 부의 증가(증분)을 어떻게 프레임 혹은 묘사해서 제시하는가에 따라 사람들의 저축률이 영향을 받을 수 있다. 보너스의 지급시기와 금액이 확정되어 있어서 보너스에 대한 완전한 예측이 가능하다고 해도, 아마도 사람들은 매월 받는 봉급과 일시불 형태의 보너스를 다르게 처리할 것이다. 가계가 실제로 보이는 저축행위는 전통경제학의 라이프사이클모델과는 다를 것이다.

(4) 손실기피 :투자자의 행위는 손실기피와 멘탈회계 개념으로 그 설명이 가능하다. 손해로 인한 고통의 강도는 수익을 얻었을 때의 즐거움보다 2배 내지 2.5배 정도 더 크다고 한다. 그러므로, 사람들은 확률이 50대 50인 경우 차라리 아무것도 하지 않으려하며, 최소한 기대수익이 기대손실에 비하여 두 배 이상은 되어야 모험을 걸어볼 생각을 한다는 것이다.

이런 현상은 위험에 대한 회피심리가 비대칭적임을 보여준다. 이것을 주식시장에 적용한다면, 투자자들이 투자에서 손해를 보았을 때 느끼는 고통이 투자수익을 올렸을 때 느끼는 만족감보다 두 배 더 크다는 의미가 된다. 이런 현상은 거시경제학적인 접근법으로도 추론할 수 있다. 호경기 때 미국 소비자들은 추가소득 1달러 당 평균 3.5센트 만큼 소비를 늘리지만, 불경기 때는 감소소득 1달러 당 약 6센트만큼 소비를 줄인다고 한다.

이러한 손실기피 심리는 투자자들로 하여금 비싼 대가를 치르더라도 매우 보수적인 성향을 띠게 한다. 우리는 모두 자신이 의사결정을 잘 했다고 믿고 싶어 한다. 그러므로 결과적으로 잘못되었더라도 상황이 호전될 것이라고 막연하게 기대하면서 처음의 잘못된 의사결정을 오랜 기간 고수하는 것이다. 상승주는 너무 빨리 팔고 하락주는 너무 오래 보유하는 소위 '**기질 효과**'가 나타난다. 투자자는 하락하고 있는 주식을 처분하기까지는 실패로 인정하지 않아도 된다. 하지만 실수를 인정하고 처분하지 않는 한, 그 자금으로 다른 주식에 투자하여 얻을 수 있는 기회를 놓치게 된다.

투자자들은 감정적 고통이나 후회를 경험하길 원하지 않으므로 손실종목의 처분을 기피한다. 새로운 종목의 매수는 심리계좌(심리계정)의 개설로 생각한다. 손실종목의 매각과 타 종목의 매수 등 상호작용을 통하여 투자자의 부를 증대시킬 수 있다. 손실종목의 매도는 심리계좌를 폐쇄시키고 손실(후회)를 유발한다. 투자자들은 계좌간의 상호작용을 무시하는 경향이 있다. 따라서 투자들은 부의 극대화보다는 손실(후회)의 회피를 추구한다. 멘탈회계는 또한 포트폴리오 위험에 대한 투자자의 인식에도 영향을 미친다. 자신이 근무하는 회사의 주식이나 국내주식에 돈을 지나치게 집중하는 등, 투자대상 간의 상호 삭용을 간과하는 경향으로 인해 기존 포트폴리오에 특정 주식의 추가로 총 위험이 어떻게 변하는지 제대로 인식하지 못하기도 한다. 비전문가 뿐만 아니라 전문가들도 재무금융 의사결정상의 실수를 범한다.

요 약

본장은 합리성과 휴리스틱의 본질, 그리고 손실회피, 자기과신, 멘탈회계 등의 주요 개념들을 요약 제시하였다. 본서는 여러 사례를 이용하여 멘탈회계, 손실회피성향, 자기과신, 휴리스틱(주먹구구식 간편법)으로 인한 편향, 프레이밍(문제의 틀 짜기) 효과 등의 개념들을 중심으로 경제주체의 경제적 판단과 선택의 본질을 설명하였다. 우리가 심리적 편견들을 극복하고 보다 합리적인 선택을 하려면 어떻게 하는 것이 좋을까?

- 우선 휴리스틱 편견이나 착오의 유형과 발생 원인을 충분히 이해하여야 한다. 그러면 편견들을 줄이거나 피할 수 있는 방법을 생각해낼 수 있을 것이다. 더 나아가 적극적으로 편견들의 특성을 역이용한다.
- 합리적인 판단과 선택을 위하여 우리는 항상 투자 · 저축 · 소비의 목적과 이유를 분명히 할 필요가 있다.

참 고 문 헌

제Ⅰ부 인지행위적 선택이론의 전개

제1장

안진환 · 김성우 역, 리스크, 한국경제신문사, PP427-428.

정창영, 경제학원론, 법문사, 2000. pp 130-135.

한국경제신분, 개인택시 "아, 옛날이여" 2006.4.8

Kahneman, D., and A. Tversky(1979). Prospect theory: An analysis of decision under risk. Econometrica(March), pp263 - 291.

Kahneman, D., and A. Tversky(1984). Choices, values and frames. American Psychologist(April),pp 341 - 350.

Richard H. Thaler(1985), Mental Accounting and Consumer Choice. Marketing Science,4:pp199-214.

Richard H. Thaler(1999), Mental Accounting Matters, Journal of Behavioral Decision Making,,John Wiley and Sons Limited, pp183-206

Tversky. A., and D. Kahneman(1981). The framing of decisions and the psychology of choice. Science(January),pp 453 - 458.

Tversky. A., and D. Kahneman, "The Framing of Decisions and The Psychology of Choice," Science(January 1981), pp. 453-458.

제2장

김준식, 십자군전쟁과 백년전쟁, 계몽사, 1989

김호중 · 최성규 · 한봉희, 회계학원론, 창민사, 2006, 제1장-제3장.

윤금상, 최신회계원리, 두남, 2005, 제1장-제5장

송태영, 근대회계학, 법문사, 1966, 제1장

최영곤, 회계정보시스템원론, 법영사, 1994,제1장

한국회계연구원 회계기준위원회, 재무회계개념체계, 2003

제 3 장

김광일, 납세자의 위험선호에 관한 연구, 박사학위논문,2002,pp10-35
김동철 최원욱 이윤종, 프로스펙트이론의 손실기피현상과 개인 투자자들의 매도행태, 경영학 연구 pp.603-628.
노병탁 · 김태환, 「정보경제학」, 박영사, 1984. pp8-86
안서원, 의사결정의 심리학, 시그마프레스, 2001, pp1-34
이성규, 「행동회계」, 인화대학교 출판부, 1992. pp151-190
이준구, 「미시경제학(제3판)」, 법문사, 1998. pp187-199
형선호 역 ,선택의 패러독스 웅진닷컴 ,2004, P74
Allais, M. 1953. Le comportement ge l"homme rationnel devant Le risque : Critique des postulats et axiomes de l"ecole americaine. Econometrica, 21, pp503-5468.
Kahneman, D. and A. Tversky, "Prospect Theory: An Analysis of Decision under Risk," Econometrica(March 1979). pp. 263-291.
Kahneman, D. and A. Tversky, "The Psychology of Preferences," Scientific American
(January 1982), pp. 163-173
Kahneman, D. and A. Tversky, "Choices, Values, and Frames,"American Psychologist(April 1984) pp341-350
Schoemaker, P., The Expected Utility Model: Its Variants, Purposes, Evidence and Limitations," Journal of Economic Literature(June 1982),
pp. 529-563. Simon, H., "Rational Decision Making in Business Organizations,"
American Economic Review(1979), pp. 493-513
Scott Plous, The Psychology of Judgment and Decision Making, McGraw- Hill,inc,(1993), pp. 77-106
Tversky, A.and D. Kahneman, "Intransitivity of Preferences," Psychological Review(1969), pp. 31-48.
Tversky, A.and D. Kahneman, "The Framing of Decisions and The Psychology of Choice," Science(January 1981), pp. 453-458.

von Neumann, J. and O. Morgenstern, Theory of Games and Economic Behavior(Princeton University Press, 1944).

제 4 장

석기용 역, 지혜와 성공의 투자학, 이끌리오, 2001,제5장
현대경제연구원 역, 협상 테이블의 핵심전략, 청림출판, 2004. 제4장
Andre Shleifer,"Inefficient Markets: An Introduction to Behavioral Finance (Clarendon Lectures in Economics).
De Bondt, Werner, and Richard Thaler : Does the Stock Market Overreact?"Journal of Finance,1985,793-805
Gross,Leroy, The Art of Selling Intangibles. NewYork : NewYork Institute of Finance, 1982
Hersh Shefrin, Beyond Greed and Fear: Understanding Behavioral Finance and the Psychology of Investing, 2002.
Kahneman, D. A Slovic and A. Tversky, Judgment under Uncertainty:. Heuristics and Biases,1982,
Kahneman, Tversky,(editor), Choices, Values, and Frames, 2002.

제Ⅱ부 선택이론의 응용

제 5 장

김동철 최원욱 이윤종, "프로스펙트이론의 손실기피현상과 개인 투자자들의 매도행태," 경영학 연구,2005,pp.603-628.
정운찬 김영식, 거시경제론 제6판, 율곡출판사, 2003, pp310-356.
Colin F. Camerer, Prospect Theory in the Wild: Evidence from the Field, In Choices, Values, and Frames, edited by Kahneman, D. and A. Tversky, Russel Sage Foundation and Cambridge University Press, 2000
Scott Plous, The Psychology of Judgment and Decision Making, McGraw-Hill,inc,(1993) pp77-106
Shefrin, Hersh, and Meir Statman,"The Disposition to Sell

Winners Too Early and Rider Losers Too Long : Theory and Evidence." Journal of Finance.1985 pp777-790
Kahneman, Tversky,(editor), Choices, Values, and Frames, 2002.

제 6 장

김순기 · 이남주 · 황국재, 관리회계, 홍문사, 2002, 제12장
김준석, 정보시스템, 법문사, 2001, 제4장
송자외 6인 공역, 원가회계, 대영사, 1992. 제11장
신준용 · 정명환, 원가관리회계, 학현사, 2002, 제11장
신홍철, 관리회계, 경문사, ,2002, 제9장
이상문, 경영정보시스템, 형설출판사, 1998, 제9장
이준구 · 이창용, 경제학 들어가기, 법문사, 2003, 제1장
이창우 · 고종권 · 전규안, 원가관리회계, 박영사, 2001. 제2장
정기화, Posner Richard A, 법경제학(상), 자유기업원, 2003, 제1장
정창영, 경제학원론, 법문사, 2003. 제1-5장
최영곤 · 김광일, 납세자의 위험대처 경향에 대한 프로스펙트 이론의 적용, 경영연구, 18(3), 2003. 1-24.
최영곤. 의사결정 관련 비용연구, 경영경제, 제37집, 2004.
Kahneman, D., & Tversky, A. Prospect theory : An analysis of decision under risk. Econometrica, March, 263-291. 1979.
Kahneman, D, Jack L, and Thaler R H, Anomalies : The Endowment Effect, Loss Aversion and Status Quo Bias, Journal of Economic Perspectives, 5:1,193-206. 1991.
Kahneman, D., and A. Tversky. The psychology of preferences. Scientific American, 163-173. January,1982.
Weisman,"How Cost Allocation Systems Can Lead Managers Astray," Management Accounting 5, no.1. Spring, 1991.
Ghosh,"Throwing Good Money after Bad," Journal of Cost Management, 51-54. July, 1995,
Ross Westerfield Jordan, Essentials of Corporate Finance, McGraw-Hill, 2002.
Slovic, P Fischhoff, B., & Lichtenstein, S. Behavioral decision

theory. Annual Review of Psychology, 28, 1-39. 1977.
Slovic, P, Choice between equally valued alternatives, Journal of Experimental Psychology: Human Perception and Performance, 1975
Thaler R, Quasi Rational Economics, 1991.
Thaler R, Mental Accounting Matters, Journal of Behavioral Decision Making,1999
Thaler R, Toward a Positive Theory of Consumer Choice, Journal of Eoconomic Behavior and Organization,,39-60,1980

제 7 장

박정구 김석환 역, 워렌비펫 포드폴리오, 나무와 숲, 2000, 세7상
이수정 역, 돈 어디에 있을까, 청림출판, 2002. pp376-378.
정종락, 투자론, 세경사, 2003.
한국경제신문. 2003. 11. 17
Andre Shleifer, "Inefficient Markets: An Introduction to Behavioral Finance (Clarendon Lectures in Economics) ,2000.
Hersh Shefrin, Beyond Greed and Fear: Understanding Behavioral Finance and the Psychology of Investing, 2002.
Kahneman, D. A Slovic and A. Tversky, Judgment under Uncertainty:. Heuristics and Biases,1982,
Kahneman, Tversky,(editor), Choices, Values, and Frames, 2002.
Thaler, Richard H., Advances In Behavioral Finance , Princeton Univ Pr, 2005.
Statman & Shefrin, "Explaining Investor Prefence for Cash Dividends."Journal of Financial Economics 1984, 253-282
Lopes,"Between Hopes and Fear: The Psychology of Risk."Adances in Experimental social Psychology 20:1987,pp255-295

제 8 장

이성규, "회계정보의 이용에 있어서 기능적 고착현상과 중요성간의 관계 연구", 동국대학교 대학원 박사학위논문, (1989).
이학종, 「조직행동론」, 세경사, (1987).

최영곤,"기능적 고착에 대한 회계연구 동향" 한국상업교육학회지,1996.

Abdel-khalik, A. R., and T. F. Keller, "Earnings or Cash Flows: An Experiment on Functional Fixation and the Valuation of the Firm," Studies in Accounting Research #16, American Accounting Association, (1979).

Ashton, R. H., "Cognitve Changes Induced by Accounting Changes : Experimental Evidence on the Functional Fixity hypothesis." Human Information Processing in Accounting, Supplement to Journal of Accounting Research, 197 pp. 1-17.

Belkaoui, A., "Learning Order and the Acceptance of Accounting Techniques," The Accounting Review, (October 1975) pp. 897-899, Behavioral Accounting, New York, Quorum Books(1989).

Chang, D. L., and J. G. Birnberg, "Functional Fixity in Accounting Research: Perspective and New Data," Journal of Accounting Research(Autumn,1977), p. 302.

Dunker, K., "On Problem Solving." Psychological Monograph(1945), pp. 1-113.

Gonedes, N., J. and N. Dopuch, "Capital Marker Equilibrium. Information Production and Selecting Accounting Techniques", Studies in Financial Objectives (1974), Supplement to Vol. 12, Journal of Accounting Research, pp. 48-129.

Haka, S., L. Friedman and V. Jones., "Functional Fixation and interference Theory: A Theoretical and Empirical Investigation," The Accounting Review, Vol. LXI, No.3(July 1986) pp. 455-474.

Ijiri, Y., R. K. Jaedicke, and K. E. Knight, "The Effects of Accounting Alternatives on Management Decisions," in R. K Jaedicde, Y. Ijiri and O. Nielsen(des.), Research in Accounting Measurement, Sarasota, Fla., American Accounting Association(1966), pp. 186-199.

Kahneman, D. and A. Tversky, "Prospect Theory: An Analysis of Decision under Risk," Econometrica, No. 47(1979), pp. 263-291.

Revsirte, L., Replacement Cost Accounting, Englewood Cliffs, N. J.

Prentice-Hall.(1973).
Sterling, R, R,. "On Theory Construction and Verification," The Accounting Review(July, 1970), p. 433.
Watts, R. L., and J. L. Zimmerman, Positive Accounting Theory, Prentice-Hall, Inc., Englewood Cliffs, N. J. (1986).
Wilner, N. and J. Birnberg, "Methodological Problems in Functional Fixation Research: Criticism and Suggestions," Accounting Organizations and Society, Vol. 11, No.1 (1986), pp. 71-80.

제Ⅲ부 갈등해결과 결론

제 9 장

김남현 역, Robbins, 조직행동론, 경문사, 1985, pp.258-259
이주형 옮김, Nofsinger, 투자의 심리학, 스마트비즈니스,2005,pp46-49
Kahneman, D. A Slovic and A. Tversky, Conflict Resolution: A Cognitive Perspective, In Choices, Values, and Frames, edited by Kahneman, D. and A. Tversky, Russel Sage Foundation and Cambridge University Press, 2000
Kahneman, D. and A. Tversky, "Prospect Theory: An Analysis of Deci-
sion under Risk," Econometrica(March 1979). pp. 263-291.
Kahneman, D. and A. Tversky, "The Psychology of Preferences," Scientific American(January 1982), pp. 163-173
Kahneman, D. and A. Tversky, "Choices, Values, and Frames,"American Psychologist(April 1984) 341-350pp474-487
Kahneman, Tversky,(editor), Choices, Values, and Frames, 2002.

제 10 장

안서원, 의사결정의 심리학, 시그마플러스, 2001, 제4장-제10장.
이준구 미시경제학,2002, 법문사, 제1장

최영곤, 앵커링 조정현상과 감사인의 판단, 경영경제,1990

Demski, J.S., Information Analysis, 2nd ed., Addison Wesley Publishing Company, 1980.

Feltham, G.A., "The Value of Information", The Accounting Review, Oct. 1968, pp.684~696.

Lichtenstein, S. and Paul Slovic, "Reversals of Perference Between and Choices in Gambling Decision", Journal of Experimental Psychology, 1973, pp.16~20.

Newell, A. and H.A. Simon, Human Problem Solving(Englewood Cliffs, N.J. : Prentice-Hall, 1972).

Slovic, P. and S. Lichtenstein, "comparison of Bayesian and Regression Approacnes to the Study of Information Processing in Judgment", Organizational Behavior and Human Performance(June 1971) pp649~744.

Slovic, C.P., Fischhoff and S. Lichtenstein, "Behavioural Decision Theory", Annual Review of Psychology, 1977, p.5.

Tversky, A. and D. Kahneman, "Beliefin the Law of Small Number", Psychological Bullentin(1971) :pp105~20.

Tversky, A. and D. Kahneman, "Availabiljty : A Heuristic for Judging Frequency and Probability," Cognitive Psychology(1973) pp 207~32.

Tversky, A. and D. Kahneman, "Judgment under Uncertainty : Hauristics and Biases, " Science(1974) pp1121~1131.

찾 아 보 기

ㄱ

ㄴ

ㄷ

저자소개

연세대학교에서 경영학(학사 · 석사 · 박사)과 서울대행정대학원에서 행정학(석사)을 전공하고. 옛 체신부(정보통신부) · 감사원 · 경제과학심의회에서 정보통신과 공공부문감사 업무 등을 수행(행정고시, 제19회)했다. Fulbright Scholar로 미국 University of Rhode Island 교환교수를 역임했다. 현재 계명대학교 경영대학 교수로 재직하고 있으며 공인회계사 · 세무사이다.

저서(역서)에는 통계적표본 회계감사론(법문사, 1983), EDP시스템 감사론 (법영사, 1989), 기초적 감사개념에 관한 보고서 (계명대학교출판부, 1992), 회계정보시스템원론 (법영사, 1994) 디지털정보의 보안(박영사, 2000), 회계와 사회(명경사, 2002), 회계감사이론(법영사, 2003), 판단과 의사결정의 행동회계학(계명대학교출판부, 2005), 범죄사정감사론(계명대학교출판부, 2005) 회계시스템감사 (계명대학교출판부, 2005), 회계감사(법영사, 2005) 등이 있다.

인 지

소비와 투자의 경제심리학

초 판 1쇄 인쇄 —— 2006년 6월 26일
초 판 1쇄 발행 —— 2006년 6월 30일
지은이 —— 최 영 곤
펴낸이 —— 전 두 표
펴낸데 —— 도서출판 두남

서울시 강동구 성내1동 455-12

등록 : 제2 - 624호(1988. 7. 21)

TEL : 478 - 2066 / 2067 / 2311
FAX : 478 - 2068
E-mail : dunam1@unitel.co.kr
http://www.dunam.co.kr
http://두남.kr, 두남.com, 대학교재.net

정가 16,000원
ISBN 89-8404-778-3 13320